思政课创新与发展

党史融入“马克思主义基本原理”课程创新案例

董　慧 / 主编

当代中国出版社
Contemporary China Publishing House

图书在版编目（CIP）数据

思政课创新与发展：党史融入“马克思主义基本原理”课程创新案例／董慧主编．--北京：当代中国出版社，2025．4．--ISBN 978-7-5154-1534-5

Ⅰ．A81；G641

中国国家版本馆 CIP 数据核字第 2025C8C770 号

出 版 人　蔡继辉
责任编辑　徐　芳
责任校对　贾云华　康　莹
印刷监制　刘艳平
封面设计　鲁　娟
出版发行　当代中国出版社
地　　址　北京市地安门西大街旌勇里 8 号
网　　址　http：//www. ddzg. net
邮政编码　100009
编 辑 部　（010）66572154
市 场 部　（010）66572281　66572157
印　　刷　北京润田金辉印刷有限公司
开　　本　710 毫米×1000 毫米　1/16
印　　张　19. 5 印张　1 插页　225 千字
版　　次　2025 年 4 月第 1 版
印　　次　2025 年 4 月第 1 次印刷
定　　价　98. 00 元

目　录

引　言

在2021年2月20日召开的党史学习教育动员大会上，习近平总书记强调，在全党开展党史学习教育，是党中央立足党的百年历史新起点、统筹中华民族伟大复兴战略全局和世界百年未有之大变局、为动员全党全国满怀信心投身全面建设社会主义现代化国家而作出的重大决策。全党同志要做到学史明理、学史增信、学史崇德、学史力行，学党史、悟思想、办实事、开新局，以昂扬姿态奋力开启全面建设社会主义现代化国家新征程，以优异成绩迎接建党一百周年。[①] 除此之外，习近平总书记在多个场合均对党史学习教育提出明确要求，为新时代思想政治教育课程改革提供了基本遵循，对党史融入“马克思主义基本原理”课程教学研究具有重要指导意义。本书是华中科技大学贯彻习近平总书记关于党史学习教育重要指示精神，进行思想政治教育课程改革的探索性成果。

---

① 《习近平在党史学习教育动员大会上强调　学党史悟思想办实事开新局　以优异成绩迎接建党一百周年》，《人民日报》2021年2月21日。

本书是基于华中科技大学教学改革项目——“党史融入‘马克思主义基本原理’课程研究”的重要研究成果，旨在从党史教育的指导方针和“马克思主义基本原理”课程教学的现实需要着手，深入探讨党史为什么融入“马克思主义基本原理”课程、如何融入“马克思主义基本原理”课程等重要问题，挖掘党史与马克思主义基本原理的深层联系，构建党史融入“马克思主义基本原理”课程的教学体系，设计党史融入“马克思主义基本原理”课程的具体案例，形成系统全面可推广的教学案例集。基于深入考察相关理论基础、发放调查问卷、了解“马克思主义基本原理”课程教学的现实问题，以及将党史针对性融入“马克思主义基本原理”课程具体问题等一系列前期准备工作，本书中的教学案例设计得以形成，充分展现了党史、马克思主义基本原理与现实的密切关联，当代大学生对马克思主义基本原理的深刻认知和对党史的浓厚兴趣。本案例集既体现了马克思主义基本原理的科学内涵和精神实质，又推动了马克思主义基本原理在实践、中国实践与中国共产党实践中的发展，尝试真正做到理论、历史与实践的统一，发挥好“马克思主义基本原理”课程立德树人、铸魂育人的主阵地作用，为高校思政课改革提供新思路。

本书实现了原理与党史案例的有机结合，在以下几个方面体现了创新性。其一，本课程教学案例集的编撰以大量相关实践教学为实践来源，保证了课程教学案例集的合理性和可靠性。在为本科生授课的“马克思主义基本原理”课堂上，老师组织学生进行党史知识的学习、党史故事的收集，思考其与马克思主义基本原理知识点的关联，并以小组为单位，在课堂上进行展示，依据党史、案例编写特点、“马克思主义基本原理”课程教学目标等，有针对性地设计问卷并收集学生反馈意见，让马克思主义学院研究生在本科生课堂上展示对党史的理解以及如何通过党史来阐释马克思主义基本原理相关知识，有效调动了学生学习“马克思主义基本原理”课程的积极性。这一系列教学实践，得到了学生的高度认可与积极参与，为课程教学案例集的撰写积累了大量实践材料。其二，在“马克思主义基本原理”课程教学改革方面，目前尚无类似的课程教学案例集。本课程教学案例集将党史人物、事件、精神等与马克思主义基本原理知识点相关联，运用党史资源丰富教学大纲，发挥“马克思主义基本原理”课程立德树人的作用，通过阐明理论内涵和实践意义深化学生认知，推动“马克思主义基本原理”课程教学的全面创新，具有高度的推广意义。其三，本课程教学案例集将党史的具体实践和理论创新与马克思主义基本原理相融合，使马克思主义基本原理讲解生动具象，富有感染力、吸引力，使党史学习更具理论深度和哲学高度，从而在党史和“马克思主义基本原理”课程的紧密互动中实现互补和发展。其四，本课程教学案例集的编撰运用了哲学思维挖掘党史与马克思主义基本原理的逻辑契合，借助社会学、心理学理论开展问卷调查，融合教育学、新闻传播学知识构建“马克思主义基本原理”课的教学体系，实现了多学科视角的融合。

本课程教学案例体现了党史与马克思主义基本原理的密切关联，是对党中央相关决策部署的落实，有利于夯实思政课铸魂育人主阵地，扎实推进党史学习教育要求。在推动思政课教学改革创新方面，这本系统全面可推广的课程教学案例集有利于丰富现有的“马克思主义基本原理”课程教学案例设计，进而推动构建党史融入“马克思主义基本原理”课程教学体系，创新高校思政课建设与改革的路径。在“马克思主义基本原理”课程教学方面，本课程教学案例集也可以增强教师的历史视野，为高校从事“马克思主义基本原理”课程教学的教师提供教学参考。同时，本课程教学案例集还有利于助力大学生更好地学习马克思主义基本原理内容、贯彻唯物史观、践行方法论原则、塑造价值信念，全面地帮助大学生增进对党和国家的认同感、信念感、使命感，强化其爱国情、强国志、报国行。

导论

马克思主义是由马克思和恩格斯创立，并为后继者所不断发展的科学理论体系，是关于自然、社会、人类思维发展一般规律的学说，是关于社会主义必然代替资本主义、最终实现共产主义的学说，是关于无产阶级解放、全人类解放的学说，是无产阶级政党和社会主义国家的指导思想，是指引人民创造美好生活的行动指南。

十月革命一声炮响，给中国送来了马克思列宁主义。《共产党宣言》等在中国的传播使马克思主义真正走入中国，为无数仁人志士提供了观察国家前途命运的新工具，激发了其挽救中国命运的热情。1921 年，中国共产党成立时便将马克思主义确立为指导思想。在发展的不同时期，党不断将马克思主义与中国具体实际相结合，领导全国各族人民取得了革命、建设、改革的伟大胜利，推进马克思主义中国化，产生了毛泽东思想、邓小平理论、“ 三个代表 ”重要思想、科学发展观、习近平新时代中国特色社会主义思想，丰富和发展了马克思主义。

如今，马克思主义不但没有过时，而且日益焕发旺盛的生命力，具有鲜明的科学性、人民性、实践性、发展性，既体现着马克思主义的本质和使命，也为中国的发展提供着理论指引和方法指导。

本章的学习目标是通过马克思主义基本原理与党史的融合，了解马克思主义在中国的传播，掌握马克思主义的鲜明特征，深刻认识马克思主义的当代价值，增强学习和运用马克思主义的自觉性。

本章结合新民主主义革命时期中《共产党宣言》在中国的传播与发展，共产党早期组织在工人中进行宣传工作，政治短评《问题就是时代的口号》及湖北努力建设全国构建新发展格局先行区等案例，对马克思主义在中国的传播、马克思主义的人民性和实践性及马克思主义的当代价值等原理和观点进行了阐述。

案例一：马克思主义在中国的传播——《共产党宣言》在中国的传播与发展

一、马克思主义基本原理

十月革命一声炮响，给中国送来了马克思列宁主义。中国共产党从成立起就不断探索马克思主义，并将其与中国具体实际相结合，不断推进马克思主义中国化。马克思主义是指引当代中国发展的精神旗帜、推动中国发展的精神力量、引领中国实践的行动指南。（参见马克思主义理论研究和建设工程重点教材《马克思主义基本原理（2021年版）》，第8—15页，以下简称“教材”）

二、案例内容

十月革命之后，近代中国一部分寻求救亡图存的知识分子把追求真理的目光转向了苏俄，转向了社会主义。《共产党宣言》作为科学社会主义的经典著作，成为早期中国共产党人认识人类社会发展规律的重要途径，为他们探求中国的出路提供了全新的视野。1919年，五四运动爆发，这场以先进青年知识分子为先锋、广大人民群众参加的彻底反帝反封建的伟大爱国主义运动，也让早期共产主义知识分子意识到了民众的伟大力量。以《共产党宣言》在武汉的传播为例，早期共产主义知识分子董必武在李汉俊那里读到了包括《共产党宣言》在内的一些书籍，并听了李汉俊的详细介绍，他深刻地认识到十月革命的伟大历史意义和马克思主义的精髓。正是在阅读包括《共产党宣言》在内的马克思主义书籍过程中，董必武深刻认识到中国要革命、要独立、要解放、要自由、要民主，必须唤醒民众、接近民众、组织民众、依靠民众。

为了传播马克思主义，董必武在湖北武汉创办了私立武汉中学。在私立武汉中学，董必武把全部心血倾注在培育新人上。为了引导学生学习革命思想，董必武通过恽代英主办的利群书社，设法为学生购买了《共产党宣言》《新青年》《湘江评论》《武汉星期评论》等书刊。他把《共产党宣言》等马克思主义书刊作为重要教材，采取各种方式对学生进行马克思主义的启蒙教育。

1971 年 8 月 4 日，董必武在谈到中国共产党第一次全国代表大会和湖北共产主义小组时回忆说：“那个时候，我们看到的马列主义的东西是很少的，当时有个《共产党宣言》翻译本，是从日本翻译过来的，是陈望道译的”①。从董必武的回忆中，我们可以知道，在董必武参与组建武汉共产主义小组和出席中国共产党第一次全国代表大会的过程中，陈望道翻译的《共产党宣言》是他能读到的为数不多的马克思主义书籍，对于他开展建党工作发挥了重要的指导作用。

参考文献

徐丙祥：《董必武在建党初期的贡献》，人民网，2016 年 7 月 11 日。

三、案例解析

《共产党宣言》作为马克思主义政党的基本纲领和共产主义者的第一个宣言，自传入中国以来，对中国革命和中国社会产生了深远影响，教育引导了一大批先进知识分子和有志青年走上革命道路。

---

① 中国社会科学院现代史研究室、中国革命博物馆党史研究室选编：《“一大”前后：中国共产党第一次代表大会前后资料选编（二）》，人民出版社 1980 年版，第 367 页。

以武汉为例，早期共产党人董必武，正是通过学习《共产党宣言》，确立了马克思主义信仰。同时，《共产党宣言》是董必武在湖北武汉中学传播马克思主义的生动教材，也为董必武组建中国共产党湖北早期党组织提供了重要的指导。

第一，《共产党宣言》是董必武在私立武汉中学传播马克思主义的生动教材。他把《共产党宣言》等马克思主义书籍作为重要教材，采取各种方式对学生进行马克思主义启蒙教育。他通过指导学生办刊物，发表反帝反封建、推动教育改革的文章，编写《政治问答》等介绍新思想。他还先后邀请李汉俊、钱亦石、恽代英、刘子通、黄负生到校讲解社会主义问题，灌输革命思想。他亲自为学生出作文题，修改文稿，使学生得以在学业和思想上并进。

在董必武等的努力下，私立武汉中学成为培育新型革命人才的摇篮。不少学生在这所学校第一次读到了《共产党宣言》，受到了马克思主义的熏陶，树立了共产主义信仰，走上了革命道路。来自董必武故乡黄安县（今红安县）的学生张行静从董必武那里得到了一本《共产党宣言》，如获至宝，每读一句，都用笔在旁边做上记号，并写下了万余字的读书笔记。如今这本封面印有马克思头像、扉页上写着张行静名字的《共产党宣言》被国家文物专家确定为一级革命文物，被红安县博物馆作为镇馆之宝收藏，成为珍贵的革命文献。毫无疑问，这件珍贵的革命文物同时也是董必武在武汉中学把《共产党宣言》作为传播马克思主义生动教材的历史见证。

第二，《共产党宣言》为湖北早期党组织的建立提供指导。董必武在参与组建武汉共产主义小组和出席中国共产党第一次全国代表大会的过程中，陈望道翻译的《共产党宣言》是他能读到的为数不多的马克思主义书籍，对于他开展建党工作发挥了重要的指导作用。在创建湖北早期党组织的过程中，《共产党宣言》对董必武的影响是显而易见的。董必武通过认真学习《共产党宣言》，在马克思列宁主义建党理论的指导下，与陈潭秋等紧密结合，积极投身湖北地区早期党组织的创建实践并奠定坚实基础，为党组织的大力发展而努力奋斗。

回望中国共产党的历史，老一辈革命家身上留下了《共产党宣言》的深深烙印。中国共产党的创始人之一董必武，正是通过阅读《共产党宣言》等马克思主义的书籍，找到了中国革命新的希望和通往理想社会的真正道路，并将《共产党宣言》作为创办学校的教材，推动了《共产党宣言》在中国的传播。

案例二：马克思主义的人民性——共产党早期组织在工人中进行宣传工作

一、马克思主义基本原理

马克思主义认为，人民群众是历史的创造者，是社会主义事业的依靠力量。因此，人民至上是马克思主义的政治立场。马克思主义政党把人民放在心中最高位置，一切奋斗都致力于实现最广大人民的根本利益。（参见教材第 10 页）

二、案例内容

19 世纪中叶，马克思和恩格斯将他们的思想向世界各地传播。1915 年 6 月，陈独秀留日归国，3 个月后，陈独秀主办主编的《青年杂志》（1916 年改名为《新青年》）在上海创刊，创刊号发表《敬告青年》一文，陈独秀在文中写道：今日之社会制度“倘不改弦而更张之，则国力将莫由昭苏，社会永无宁日”，正式吹响了新文化运动的号角，在中国社会掀起了一股思想解放的潮流。

1917 年 11 月 7 日，停泊在俄罗斯圣彼得堡涅瓦河畔的“阿芙乐尔”号巡洋舰，发射了一枚攻打冬宫的信号弹，宣告了十月革命的爆发。十月革命的胜利，使中国先进分子看到了解决中国问题的出路。正如毛泽东后来所说：“十月革命帮助了全世界的也帮助了中国的先进分子，用无产阶级的宇宙观作为观察国家命运的工具，重新考虑自己的问题。走俄国人的路——这就是结论。”① 李大钊在中国大地上第一个举起了社会主义革命的旗帜，成为中国最早的马克思主义传播者。1918 年 7 月开始，他连续发表《庶民的胜利》《布尔什维主义的胜利》等文章和演讲，热情讴歌十月革命。这一系列文章和演讲对马克思主义的传播起到了积极的推动作用。

1919 年 5 月 4 日，五四运动爆发，新民主主义革命由此发端。五四运动加速了马克思主义在中国的传播。李大钊在《新青年》连续发表《我的马克思主义观》一文，系统介绍马克思主义理论，在当时思想界产生重大影响，标志着马克思主义在中国进入比较系统的传播阶段。他还帮助《北京晨报》副刊开辟“马克思研究专栏”。杨匏安、李达等留日归来的先进青年，也纷纷撰写马克思主义研究宣传文章。张闻天、邵飘萍等也在国外著书撰文，介绍和宣传马克思主义学说，并在国内出版。

1920 年 5 月，陈独秀发起组织马克思主义研究会。之后，决定成立党组织，经征求李大钊意见，此党组织被定名为“共产党”。8 月，中国共产党上海发起组成立。两个月后，李大钊等在北京成立共产党早期组织。在上海及北京党的早期组织的联络和推动下，武汉、长沙、济南、广州等地，以及旅日、旅法留学生和华侨先进分

---

① 《毛泽东选集》第四卷，人民出版社 1991 年，第 1471 页。

子，也都成立了党的早期组织。各地共产党早期组织成立后，就开始有计划地研究、宣传马克思主义。

为了向工人宣传马克思主义，启发他们的阶级觉悟，各地共产党早期组织创办了一批通俗的专门供工人阅读的刊物。例如，上海有《劳动界》，北京有《劳动音》和《工人周刊》，广州有《劳动者》，济南有《济南劳动月刊》；同时，还创办了各种形式的工人学校，其中最有名的有北京邓中夏等在长辛店开办的劳动补习学校，上海李启汉等在沪西开办的工人半日学校。开办学校，是党对工人工作的入手方法，借此以接近群众，目的在于组织工会。经过宣传教育，醒悟的工人有了组织起来的要求。1920 年 11 月，共产党领导的第一个工会——上海机器工会宣告成立，最初会员有 370 余人；不久，又成立了上海印刷工会，会员有 1300 余人。1921 年五一国际劳动节，长辛店有 1000 余工人参加庆祝游行，并宣布成立工人俱乐部（工会）。武汉、长沙、广州、济南的部分产业工人和手工业工人也相继成立工会。工会开始发动工人举行罢工。

共产党早期组织的成员大多是知识分子。为了能在工人中进行有效的宣传和组织工作，他们穿起工人的服装，学习工人的语言，从事工人的劳动，力求与工人打成一片。例如，俞秀松“改名换服”，到厚生铁工厂做工，并给工人讲课。当时是社会主义青年团团员的李中，“以一师范（湖南第一师范）学生在江南造船厂打铁”，并帮助陈独秀等组织机器工会。

参考文献

中共中央党史研究室：《中国共产党的九十年》，中共党史出版社、党建读物出版社 2016 年版，第 33—35 页。

《马克思主义在中国的早期传播》，中国共产党新闻网，2022 年 9 月 13 日。

三、案例解析

人民群众是历史的创造者，是社会主义事业的依靠力量。人民性是马克思主义与生俱来的理论品格。人民至上是马克思主义的政治立场。马克思主义政党把人民放在心中最高位置，一切奋斗都致力于实现最广大人民的根本利益。

中国共产党早期组织积极在工人运动中活动，充分宣传马克思主义，体现了马克思主义的人民性。马克思主义在中国的传播，最初限于少数知识分子的范围。后来，各地成立了中国共产党早期组织，开始有计划、有组织地研究宣传马克思主义。他们贯彻了马克思主义关于人民群众是历史的创造者的思想，积极促使马克思主义同中国工人运动相结合，为中国共产党的创建做了思想上、组织上的准备。

中国共产党早期组织选择工人进行传播马克思主义，体现了马克思主义人民性的基础——阶级性。马克思主义的人民性是以阶级性为深刻基础的，是无产阶级先进性的体现。马克思主义是无产阶级的世界观，是关于无产阶级解放的学说。无产阶级解放和全人类解放是完全一致的。只有无产阶级这样的先进阶级，才能领导全人类解放的伟大事业；而无产阶级也只有解放全人类，才能彻底解放自己。反对私有制社会特别是资本主义社会的经济剥削和政治压迫，建立社会主义社会，最终实现共产主义，这既是无产阶级解放的事业，也是广大人民群众和全人类解放的事业。可以说，中国的马克思主义思想运动从一开始就是一个知识分子同工人群众相结合的运动，这体现了马克思主义人民性的基础——阶级性。

案例三：马克思主义的实践性
——《问题就是时代的口号》

一、马克思主义基本原理

马克思主义是从实践中来、到实践中去、在实践中接受检验，并随实践而不断发展的学说。从马克思主义的使命和作用来说，它不是书斋中的学问，不是一种纯粹解释世界的学说，而是人民群众改造世界的实践活动的科学理论。（参见教材第 10—11 页）

二、案例内容

习近平于 2006 年 11 月 24 日在“之江新语”专栏发表短评《问题就是时代的口号》。

习近平引用马克思的名言：“问题就是公开的、无畏的、左右一切个人的时代声音。问题就是时代的口号，是它表现自己精神状态的最实际的呼声”。他指出每个时代总有属于它自己的问题，只要科学地认识、准确地把握、正确地解决这些问题，就能够把我们的社会不断推向前进。

结合当时的时代背景和实践要求，习近平强调，构建和谐社会就是一个解决这些时代问题的持续过程。我们国家发展的阶段性特征，决定了我们在和谐社会建设过程中面临许多与别的时代、别的国家所不同的社会问题。特别是现阶段就业、社会保障、协调发展、收入分配、安全生产、社会治安等与群众切身利益关系比较密切的问题还比较突出。这些问题就是我们这个时代的口号，就是时代的声音，也就是我们构建和谐社会必须要逐步解决的问题。对这些时代问题，首先要从时代的高度、大局的高度去看待、去研究，科学分析当前在和谐社会建设中所面临的问题和矛盾，分析成因，寻找对策，科学解决。只有立足于时代去解决特定的时代问题，才能推动这个时代的社会进步；只有立足于时代去倾听这些特定的时代声音，才能吹响促进社会和谐的时代号角。

参考文献

习近平：《之江新语》，浙江人民出版社2007年版，第235页。

三、案例解析

哲学家们只是用不同的方式解释世界，而问题在于如何改变世界。马克思主义是从实践中来、到实践中去、在实践中接受检验，并随实践而不断发展的学说。从马克思主义的使命和作用来说，它不是书斋中的学问，不是一种纯粹解释世界的学说，而是人民群众改造世界的实践活动的科学理论。习近平在2006年发表短评《问题就是时代的口号》，具有强烈的问题意识。问题意识就是通过发现问题和解决问题推动经济社会发展进步，这凸显了马克思主义鲜明的实践精神。

问题意识就是强调从实践中来、到实践中去，坚持理论与实践的统一。从马克思主义的内容来看，实践的观点是马克思主义首要的和基本的观点，这一基本观点体现在马克思主义全部思想内容之中。马克思主义具有突出的实践精神，它始终强调理论与实践的统一，始终坚持与社会主义实际运动紧密结合。一方面，问题意识要通过扎实的调查研究准确发现社会发展中客观存在的问题，这就是从实践中来。只有深入群众、深入实践，在实践中才能发现客观存在的真问题。另一方面，问题意识还要求以科学的态度和方法分析问题的成因，以踏实的工作方法去解决这些问题，这就是到实践中去。

另外，习近平新时代中国特色社会主义思想也是实践的真理。一方面，习近平新时代中国特色社会主义思想坚持从实践中来。这一思想一切从实际出发来研究和解决问题，坚持理论联系实际来制定和形成指导实践发展的正确路线方针政策，坚持在实践中检验真理和发展真理。党的十八大以来，从贯彻新发展理念到构建新发展格局，从社会主要矛盾变化到我国进入新发展阶段，从全面建成小康社会到全面建设社会主义现代化国家等一系列重大论断、重要思想的提出，都是实践中的真理。另一方面，习近平新时代中国特色社会主义思想坚持到实践中去。党的十八大以来，我们党直面矛盾、改革创新、攻坚克难，不断推进发展，推动全面深化改革涉险滩、破坚冰，持之以恒纠“四风”、刮骨疗毒反腐败，啃下贫中之贫“硬骨头”，打赢蓝天碧水净土保卫战等，都是聚焦我国发展和我们党执政面临的重大理论和实践问题，充分彰显了强烈的鲜明的实践导向。

案例四：马克思主义的当代价值——湖北努力建设全国构建新发展格局先行区

一、马克思主义基本原理

马克思主义自诞生以来，在世界上产生了巨大的影响，改变了世界尤其是中国的历史进程。时代在变化，社会在发展，马克思主义基本原理依然是科学真理。马克思主义在当今世界不但没有过

时，而且日益焕发旺盛的生命力。（参见教材第 12—16 页）

二、案例内容

2022 年 6 月 18 日，中国共产党湖北省第十二次代表大会召开。这次大会是在喜迎党的二十大胜利召开的重要时刻、向第二个百年奋斗目标进军的关键节点，召开的一次十分重要的会议。大会的主题是：高举习近平新时代中国特色社会主义思想伟大旗帜，深入贯彻落实习近平总书记关于湖北工作的重要讲话和指示批示精神，立足新发展阶段，完整准确全面贯彻新发展理念，努力建设全国构建新发展格局先行区，加快“建成支点、走在前列、谱写新篇”，奋进全面建设社会主义现代化国家新征程。湖北省第十二次党代会报告擘画了湖北省未来五年的发展蓝图，并从准确把握新发展阶段的时代特征、构建新发展格局对湖北发展的内在要求、湖北在构建新发展格局中的有利条件三个方面，分析了湖北建设全国构建新发展格局先行区的必要性和可行性。

2022 年 8 月 19 日，“中国这十年”系列主题新闻发布会湖北专场举行。时任湖北省委书记王蒙徽介绍，今天的湖北，发展动力和活力明显增强，高质量发展的成色越来越足，全省党风政风持续向上向好，民生福祉持续改善。湖北将坚决贯彻落实党中央决策部署，找准在国内大循环、国内国际双循环中的科学定位和比较优势，努力建设全国构建新发展格局先行区。

十年来，湖北深入实施创新驱动发展战略，持续推动经济高质量发展。规上工业产值迈上 5 万亿元台阶，15 个产业营业收入超过千亿元，高新技术企业数量、科技型中小企业数量、高新技术产业增加值实现“三个过万”，三次产业结构由 2012 年的 11.8∶49.4∶38.8 调整到 2021 年的 9.3∶37.9∶52.8。

全面深化改革开放，纵深推进供给侧结构性改革，持续优化营商环境，自贸区开放创新引领作用凸显，目前来鄂投资的世界500强企业达324家，比2012年增加219家，2021年进出口总额是2012年的2.6倍。

湖北高效统筹疫情防控和经济社会发展，千方百计稳企业强根基、扩投资增后劲、抓创新转动能、优环境激活力，经济发展呈现稳中向好、进中提质的态势。时任湖北省省长王忠林介绍，湖北近3年招商引资签约亿元以上项目15831个，总金额10.9万亿元，经济活跃度、开放度、影响力进一步提升。

参考文献

《湖北努力建设全国构建新发展格局先行区》，《人民日报》2022年8月20日。

《王蒙徽在中国共产党湖北省第十二次代表大会上的报告》，《湖北日报》2022年6月24日。

三、案例解析

结合马克思主义基本原理，湖北深入学习贯彻习近平总书记关于湖北工作的重要讲话和指示批示精神。今天的湖北，发展动力和活力明显增强，高质量发展的成色越来越足，全省党风政风持续向上向好，民生福祉持续改善。这说明时代在变化，社会在发展，马克思主义基本原理依然是科学真理。马克思主义在当今世界不但没有过时，而且日益焕发旺盛的生命力。

其一，湖北作为中部地区崛起重要战略支点，需要立足中国、放眼世界，用更加宏大开阔的视野来观察社会，实现自身的发展。时任湖北省委书记王蒙徽表示，进入新发展阶段，湖北要加快“建成支点、走在前列、谱写新篇”，就必须按照党中央作出的决策部署，找准在国内大循环、国内国际双循环中的科学定位和比较优势，努力建设全国构建新发展格局先行区。湖北省立足于自身的发展定位谋求发展，体现了宏大开阔胸怀、站位和视野，看到了自身与其他地区多种多样的联系，能够把握整体上的真实，为自己确立合理的定位。

其二，立足于“两个大局”，湖北省也要担负起解决大量亟待回答的现实问题的历史责任，这就需要马克思主义给予的透视时代风云的锐利目光。马克思主义掌握了人类社会发展的规律，具有唯物辩证的科学方法，善于透过现象看本质，能够从扑朔迷离的复杂现象中把握问题的实质，从局部的变幻中把握住总体和大局。面对复杂多变的世界形势，湖北省要善于运用矛盾分析的方法，既能看到众多矛盾相互交织的复杂局势，又能从中找出具有决定性作用的主要矛盾，紧紧抓住问题的症结，掌握事物矛盾斗争转化的根本所在。湖北运用科学的方法，找到了矛盾的核心所在，明确了建设全国构建新发展格局先行区的目标任务和实施路径，将大力发展三大都市圈，提高经济集聚度和城市竞争力；实施强县工程，促进农民增收，推动城乡协调发展；建设综合交通运输体系和全国重要物流枢纽。

其三，马克思主义给予我们展望未来世界的长远眼光和战略定力。马克思主义方法论告诉我们，观察当今世界局势和社会发展，不仅要看到现状，更要看到未来；不仅要把握变化脉络，更要观察演化趋势。王蒙徽表示，湖北有基础、有条件、有信心在探索促进全国构建新发展格局的有效路径中走在前列，建设全国构建新发展格局先行区，由沿海开放的“后队”转变为新时代内陆发展的“前队”。努力建设全国构建新发展格局先行区，是湖北深入学习贯彻习近平总书记关于湖北工作的重要讲话和指示批示精神的实践要求，必须一张蓝图干到底、久久为功抓落实，全面提升发展能级和核心竞争力，全面增强战略牵引能力、要素集聚能力、资源配置能力、区域辐射能力，全面发挥湖北在中部地区崛起中的支撑、服务、链接、引领作用，全面筑牢未来发展的战略优势。同时，这也是服从、服务国家发展战略的具体行动，要充分发挥经济大省、科教大省、生态大省、农业大省优势，为推动中部地区加快崛起国家战略实施作出更大贡献。努力建设全国构建新发展格局先行区，是推动湖北高质量发展的战略指引，需要整体把握、一体落实、持续推进。

第一章 世界的物质性及其发展规律

“世界是什么”“世界从哪里来”“世界与人的关系是什么”，这是人们在浩瀚宇宙中不断思考的问题。对这些问题的回答深刻影响着人们的世界观、人生观、价值观。马克思主义对上述问题的回答所形成的科学世界观揭示了世界的本质及发展规律，既为我们提供了认识世界和改造世界的科学方法论，也为我们确立科学的人生观和价值观提供了坚实的基础。在党的漫漫百年路上，马克思主义的科学世界观影响着中国人民逐渐形成科学的人生观和价值观，引导其遵循世界发展规律，科学地认识世界和改造世界，推动中国历史进程。

本章的学习目标是学习和掌握辩证唯物主义基本原理，把握物质和意识的辩证关系，世界的物质统一性，事物联系和发展的基本规律、基本环节，坚持科学的世界观和方法论，运用唯物辩证法分析和解决问题，不断增强思维能力。

本章结合新民主主义革命时期的南昌起义、井冈山革命根据地的创立、“农村包围城市，武装夺取全国政权”的道路选择、武汉会战以及毛泽东在党的七大上提出“十七条困难”以及提出要准备吃亏、重庆谈判；社会主义革命和建设时期的三大改造；改革开放和社会主义现代化建设时期的湖北九八抗洪；习近平总书记在中国特色社会主义新时代不断丰富和发展的人类命运共同体理念等案例，对物质观、唯物辩证法的总观点、矛盾分析法、矛盾论、底线思维能力、辩证否定观及量变质变规律、意识的能动作用、创新思维能力等原理进行分析和阐述。

案例一：物质观——南昌起义

一、马克思主义基本原理

世界是物质的世界，对物质的正确理解是我们认识和把握世界本质和规律的前提。人类社会生活本质上是实践的，而实践活动本质上是客观的，自然界和社会存在的共同特性是客观实在性。物质的根本属性是运动，物质世界的运动是绝对的，静止是相对的。时间和空间是运动着的物质的基本存在形式。物质、运动、时间、空间具有内在统一性，要求我们想问题、办事情都要以具体的时间、地点、条件为转移。（参见教材第 21—25 页）

二、案例内容

1927 年，由于蒋介石和汪精卫先后叛变，第一次国内革命战争失败。在革命遭受严重失败的严峻形势下，中国共产党为了挽救革命，派遣李立三等同志前往九江，准备组织中国共产党在北伐军中的力量并联合国民革命军第十二师师长张发奎重返广州，发动农民暴动，建立新的革命根据地。同年 7 月 20 日，因发现张发奎已经站在汪精卫一边，李立三等立即抛弃依赖张发奎的计划，提议独立发动反对南京和武汉国民党政府的军事行动，集中武装力量，进行南昌起义，并派中央常委周恩来赴南昌，组成前敌委员会领导暴动。

同年 7 月 27 日，周恩来到达南昌，并在江西大旅社召开会议，宣告前敌委员会正式成立。委员会由周恩来任书记，谭平山、李立三、恽代英、彭湃任委员。会议决定贺龙任起义总指挥，叶挺任前敌总指挥，刘伯承任参谋长。朱德为南昌起义做了很多准备工作。起义时间定于7月30日晚。由于来南昌传达共产国际驻华代表及中央反对起义指示的张国焘提出应争取张发奎的意见，起义时间又推迟到8月1日凌晨4时。但因起义时间泄露，前敌委员会决定将起义提前到8月1日凌晨2时。当时南昌城内国民党的武装力量仅有1万多人，而共产党掌握和影响的武装力量有贺龙、叶挺、朱德领导的国民革命军，共约2万余人。8月1日凌晨2时，贺龙、叶挺、朱德、刘伯承等率部举行起义，经过4个多小时的激烈战斗，起义军全歼守敌3000余人，起义部队占领了南昌城。

参考文献

中共中央党史研究室：《中国共产党历史》第一卷，中共党史出版社2011年版，第234—235页。

《南昌起义》，中国共产党新闻网，2004年5月31日。

三、案例解析

第一次国内革命战争失败后，国内政治形势发生了巨大的逆转，反革命势力已经大大超过中国共产党领导的有组织的革命力量，革命形势转入低潮。但是，在国民党的反动统治下，引起中国革命的基本矛盾不仅一个没有解决，而且越来越激化，中国仍然需要进行一场彻底的反对帝国主义和封建主义的资产阶级民主革命。为挽救第一次国内革命战争，中国共产党前敌委员会发动了与其所处时间、地点、条件相适应的武装暴动，打响了武装反抗国民党反动派的第一枪。

第一，南昌起义这一事件是实践的，其本质是客观的，是中国共产党科学把握当时中国革命发展客观规律所作出的实践选择。列宁指出：“对象、物、物体是在我们之外、不依赖于我们而存在着的，我们的感觉是外部世界的映象。这个结论是由一切人在生动的人类实践中作出来的”。人类的社会生活本质上是实践的，而实践活动本质上是客观的。对当时中国革命发展客观规律的正确认识，是南昌起义行动的前提。

第二，南昌起义的整个过程表明运动是绝对的，静止是相对的。其一，第一次国内革命战争失败后，国内局势并不是静止的，而是复杂的、不断变化的，由于国民革命军第十二师师长张发奎实行“清共”政策，使得中国共产党组织北伐军中力量的计划落空，不得不重新对局势进行深入分析，采取独立的军事行动，集中武装力量，进行南昌起义。其二，在周恩来到达南昌并确定起义时间后，张国焘提出争取张发奎的意见，中国共产党不得不再次改变起义时间。其三，在连续 4 个多小时的起义过程中，双方的兵力、战斗力也是持续运动变化的。

第三，南昌起义遵循了物质、运动、时间、空间的内在统一性，体现了在想问题、办事情的过程中一切以具体的时间、地点、条件为转移。其一，起义地点的选择。中国共产党选择南昌作为暴动的地点，是综合国共两党军队人数、地区地势、第一次国民革命失败的时间以及在南昌的现实情况等条件而确立的。但随着战争形势的变化发展，起义部队的战斗地点也在不断发生变化。南昌起义后，汪精卫再次发起对南昌的攻击，保留下来的起义部队被迫一部分前往湖南南部，另一部分前往海陆丰地区斗争。其二，起义时间的选择。南昌起义的时间经历了多次变动，从 1927 年 7 月 30 日晚到 8 月 1 日凌晨 4 点，再到 8 月 1 日凌晨 2 时，中国共产党不断分析当时的形势和条件，适时地调整和改变时间，以较快的速度占领南昌城。其三，起义路线的选择。为挽救中国革命，中国共产党起初派李立三等同志前往九江，进而重返广州。而面对张发奎的“清共政策”、国民党军队向南昌进攻等现实条件的局限和影响，起义部队调整起义路线，采取先撤离南昌、再到达广州的路线。

世界是物质的世界，对物质的正确理解是我们认识世界和把握世界本质和规律的前提。人类的社会生活本质上是实践的，而实践活动本质上是客观的，自然界和社会存在的共同特性是客观实在性。物质世界的运动是绝对的，时间和空间是运动着的物质的基本存在形式，物质、运动、时间、空间具有内在统一性。在南昌起义过程中，中国共产党正确认识其客观实在性，以具体的时间、地点、条件为转移，打响了武装反抗国民党反动派的第一枪。

案例二：意识的能动作用——湖北九八抗洪

一、马克思主义基本原理

物质决定意识，意识对物质具有反作用，这种反作用就是意识的能动作用。第一，意识具有目的性和计划性。第二，意识具有创造性。第三，意识具有指导实践改造客观世界的作用。第四，意识有调控人的行为和生理活动的作用。（参见教材第 26—27 页）

二、案例内容

1998 年夏，长江流域普降大到暴雨，长江干流水位跳涨，特大洪水自下而上迅速展开，全面突破警戒水位。“万里长江，险在荆江”。荆江河段蜿蜒，宣泄不畅，是长江流域受洪水威胁最严重最频繁的河段。荆江告急！荆江安危关乎湖北。湖北告急！

面对来势汹汹的洪水，1998 年 7 月 1 日，湖北省委、省政府向全省发出迎战长江大洪水的号令。全省军民在党中央、国务院、中央军委的坚强有力领导下，全力以赴，迎险而上，奋起抗洪，顽强拼搏，与洪水展开了艰苦卓绝的殊死大搏斗，迎战了一次又一次的洪峰，排除了一处又一处的险情，夺取了一个又一个的胜利，先后战胜了八次大洪峰，确保了长江大堤安全，确保了武汉等重要城市安全，确保了人民群众生命财产安全，取得了抗洪抢险斗争决定性的胜利。

在抗洪斗争中，有党中央的直接领导和亲切关怀，有省领导的第一线指挥，有关键时刻赶赴抗洪一线的解放军指战员、武警官兵，还有广大人民群众，他们共同汇聚起一股强大的力量，与洪水搏斗。危难关头，广大党员干部与人民群众同生死、共患难，起到了骨干带头作用，在群众中树立了榜样，也密切了党群关系、干群关系、军民关系，表现了中国共产党的强大凝聚力，表现了中华民族的强大凝聚力，创造和展现了“万众一心、众志成城，不怕困难、顽强拼搏，坚韧不拔、敢于胜利”的伟大抗洪精神。

参考文献

中共湖北省委党史研究室编著：《红色荆楚》（第二卷），中国和平出版社 2016 年版，第 144—145 页。

《亲历九八抗洪》，湖北党史网，2020 年 7 月 7 日。

三、案例解析

物质决定意识，意识对物质具有反作用。湖北九八抗洪是意识能动性的生动体现。在难以控制的自然灾害面前，人类总是显得渺小，突如其来的洪水危及荆江、危及湖北、危及中国，在这关键时刻，省领导毅然前往一线指挥工作，解放军指战员、武警官兵不畏生死，勇毅前行，广大群众听党指挥，尽力做好力所能及之事，终于获得了抗洪抢险斗争的胜利。

首先，面对来势汹汹的洪水，为控制险情，保证人民群众的生命财产安全，党中央统一领导，党员干部发挥先锋模范带头作用，依照险情作出合理的解决方案，形成系统科学的抗洪计划和方略，始终以尽可能地控制损失，保证人民群众的切实安全和利益为目的，并根据洪水的来源、走势等状况，有计划地实施抢险方案，是意识具有目的性和计划性的体现。

其次，荆江位置关键、形势严峻，有效抗洪需要较强的随机应变能力，及时根据实际情况作出重要判断并不断创新抢灾形式，使洪水真正被控制，灾难真正被化解。面对荆江复杂蜿蜒的河段特征，解放军指战员、武警官兵及时调整抢灾方式，在抗洪抢灾中发挥自身主观能动性，充分体现了意识的创造性。

再次，洪水是自然灾害，其突发性、严峻性、灾害性是不可控的，但通过灾害预警，开展抢灾抗洪培训提升人民群众的抗灾意识和自救能力，形成训练有素、敢于拼搏的解放军指战员、武警官兵并建立系统完善应急管理方略是能够切实减轻灾害、风险的有效措施。正是在以往抗洪实践中不断总结出的历史经验使得人们重视自然灾害，并不断做到防患于未然，才能冷静应对九八抗洪中的风险和挑战。意识指导人们做好防灾减灾预防工作，有效应对客观世界的变化，体现了意识具有指导实践、改造客观世界的作用。

最后，在抗洪抢险斗争中，解放军和武警部队出动了 30 余万人，他们毅然前往最紧急、最危险的地方。他们有的带病坚持抗洪，不怕疲劳，有的奋不顾身、舍生忘死，总是在坚守大堤、抢堵溃口、阻截漫堤洪水的火线上，背起最重的沙包，搬运最重的石料，以最快的速度抢险排难。在洪水泛滥、横流狂泻的紧要时刻，他们冲洪浪、迎急流，挽起臂膀，拉起人墙，俨然忘记了身体的痛苦和疲惫，用行动实践着“人与大堤共存亡”的庄严承诺。为了人民、捍卫人民生命财产安全的意识使他们忘记了疲劳和痛苦，忘记了伤口和疾病，推动他们奋力抢险。在抗洪中，李向群等26名烈士献出了宝贵的生命。这些事迹生动地体现了意识在调控人的行为和心理活动中的作用。

案例三：唯物辩证法的总观点——井冈山革命根据地的创立

一、马克思主义基本原理

唯物辩证法认为，世界上的万事万物都处于普遍联系之中，普遍联系会引起事物的运动发展。联系和发展的观点是唯物辩证法的总观点，集中体现了唯物辩证法的总特征。（参见教材第31—34页）

二、案例内容

1927年7月15日，国共合作全面破裂，大革命宣告失败。根据国际共产主义的经验，革命工作以城市为中心，武装起义以夺取城市为首要目标。中国共产党为了坚持革命道路发动了武装起义，以南昌起义为标志，打响了武装反抗国民党反动派的第一枪。由于敌对势力强大，主客观条件不充分，中国共产党在此阶段展开的一系列夺取中心城市的武装起义均以失败告终。革命失败带来的惨痛教训促使中国共产党重新思考革命道路问题。依据中国是一个农业大国的实际国情，中国共产党开始摸索将大部队转移到偏僻农村和山区进行革命斗争的道路。

1927年10月，毛泽东带领秋收起义部队进入敌对势力相对薄弱的井冈山农村地区。1928年4月，朱德、陈毅率领南昌起义剩余部队转移到井冈山地区，与毛泽东顺利会师，成立工农革命军第四军。此后，在以毛泽东为书记的中共湘赣边界特委的领导下，中国共产党在井冈山地区建设了红色政权，恢复了党组织；制定部队纪律，加强军队建设；进行土地改革，建立农村革命根据地；展开一系列反围剿斗争，以此保存与壮大了革命力量，开创了一条农村包围城市、武装夺取政权的道路。井冈山革命根据地的创立，为中国共产党领导的各地区的武装斗争提供了农村革命根据地创立与反围剿的斗争经验，引导中国革命从革命低潮走向高潮的历史性转变。

参考文献

中共中央党史研究室：《中国共产党的九十年》，中共党史出版社、党建读物出版社2016年版，第135页。

《第一个革命根据地：井冈山，开辟中国革命新天地》，央广网，2017年7月6日。

三、案例解析

井冈山革命根据地的创立既体现了事物是普遍联系的观点，是革命斗争中内外因素的相互联系和相互作用；又体现了事物是不断发展的观点，展现出中国革命从低潮向高潮的发展。

第一，井冈山革命根据地的创立体现了事物是普遍联系的观点。井冈山革命根据地的创立与中国革命斗争的历史进程普遍联系在一起，它是中国共产党面临主客观条件做出的正确选择。井冈山革命根据地将中国革命斗争从低潮引向了发展高潮，推动了中国革命的蓬勃发展。

一是中国共产党早期的革命经验为路线方针的调整奠定了基础。

国共合作的大革命失败后，中国仍旧处于半殖民地半封建社会，中国共产党人和革命群众遭到国民党的围剿屠杀，各地党组织被破坏。为了反抗国民党围剿，中国共产党发动了以南昌起义、秋收起义、广州起义为代表的武装起义，它们的共同特征是以攻打中心城市为目标，并都以失败告终，导致中国共产党损失严重。大革命失败和武装起义相继失败的客观不利条件，导致中国共产党不得不退回敌对势力相对薄弱的湘赣边界农村地区，保存革命队伍实力，探索一条创建农村革命根据地，走农村包围城市、武装夺取政权的革命道路。

二是井冈山地区客观的自然地理条件和革命性的社会条件，为井冈山革命根据地的创建提供了重要基础。井冈山地处湘赣交界的罗霄山脉中段，远离湖南和江西两省的中心城市，敌对力量相对薄弱；井冈山地势险要，易守难攻，益于大部队的隐匿；气候温和，雨量充沛，农作物产量高，可以为部队提供物质补给，有利于部队休养生息；井冈山地区有良好的革命群众基础，袁文才和王佐领导的农村武装队伍有丰富的革命经验和斗争意识，有利于壮大工农革命军的队伍。在这些内外因素的共同作用下，中国共产党创立了中国第一个农村革命根据地。

第二，井冈山革命根据地的创建体现了事物不断发展的观点。事物的发展实质上是新事物的产生与旧事物的灭亡。井冈山革命根据地是中国革命历史上的第一个农村革命根据地。井冈山革命根据地作为一个新事物，符合中国革命历史的发展趋势，代表了中国革命发展的先进力量和正确方向。在面临中国革命的低潮形势时，中国共产党党内的一部分成员对革命道路持有消极悲观的态度，甚至产生了“红旗到底打得多久”的怀疑。为此，中共中央纠正了以往革命工作以城市为中心的观点，指出“红军在农村的斗争将必然要成为全国革命高潮的动力之一”。中国共产党开辟了井冈山农村革命根据地，开展农村斗争工作的实践；毛泽东以井冈山革命根据地的建设经验为基础，撰写了《中国的红色政权为什么能够存在?》《星星之火，可以燎原》《井冈山的斗争》等理论著作，从理论上对中国革命的未来发展趋势作出了科学说明。以红四军为主的革命力量在井冈山上的反“围剿”斗争取得了多次胜利，井冈山上的红旗不倒，极大地鼓舞了各地的武装革命，井冈山上的星星之火，必将形成不可逆转的燎原之势。

联系和发展的观点是唯物辩证法的总观点，集中体现了唯物辩证法的总特征。中国第一个农村革命根据地——井冈山革命根据地的创立，既体现了革命斗争中内外因素的相互联系和相互作用，也呈现了中国红色革命从低潮走向高潮的发展趋势。

案例四：量变质变规律——社会主义三大改造

一、马克思主义基本原理

事物包含质、量、度三个方面的规定性，质是一事物区别于其他事物的内在规定性，量是事物数量关系的规定性，度是保持事物质的稳定性的数量界限。量的变化超出度的范围，就会引起事物的质变。量变与质变相互依存、彼此渗透。（参见教材第 37—38 页）

二、案例内容

新中国成立后，1952 年底，随着国民经济恢复任务基本完成，中共中央提出了党在过渡时期的总路线，明确规定党在这个过渡时期的总路线和总任务，是逐步实现国家的社会主义工业化，并逐步实现国家对农业、手工业和资本主义工商业的社会主义改造。过渡时期要实现“一化三改”，即在大力推进国家工业化的同时，开展对农业、手工业和资本主义工商业三个行业的社会主义改造，建立社会主义的基本制度，保障社会主义工业化的进行。

整个改造过程从 1952 年下半年开始至 1956 年完成。1952 年底，土地改革基本完成，国民经济得到一定程度的恢复，在这一基础上，党中央决定从 1953 年开始实行发展国民经济的第一个五年计划，开启了社会主义工业化步伐。1953 年，国家开始对农业、手工业和资本主义工商业进行有计划、成系统的社会主义改造。在党的领导下，我国对农业进行农业合作化改造，对手工业进行手工业合作社改造，对资本主义工商业采取和平赎买的政策，通过国家资本主义形式，逐步将其改造成社会主义公有制企业。1956 年 1 月 15 日，北京各界 20 多万人在天安门广场举行庆祝社会主义改造胜利联欢大会。同年 1 月 21 日，上海和重庆同时举行了欢庆进入社会主义社会的集会和游行。到 1956 年底，加入合作社的农户达到全国农户总数的 96.3%；参加合作社的手工业人员已占全体手工业人员的 91.7%；全国私营工业户数的 99%，私营商业户数的 82.2%，纳入了公私合营或合作社的轨道。至此，社会主义三大改造基本完成。这一年，中国大地上到处张灯结彩，锣鼓喧天，庆祝社会主义改造的胜利完成。

社会主义三大改造，极大地促进了农业、手工业和资本主义工商业以及整个国民经济的发展，变生产资料私有制为社会主义公有制，建立了社会主义基本经济制度，社会主义基本制度在我国建立起来，为社会主义工业化准备了条件，新中国由此进入社会主义初级阶段。

参考文献

《中国共产党历史大事记（1921年7月—2011年6月）》，人民出版社2011年版，第76页。

《共和国的足迹——1956年：庆祝社会主义改造完成》，中国政府网，2009年8月7日。

三、案例解析

量变与质变相互依存、彼此渗透。三大行业的社会主义改造是在不断推动进行量变的过程，当量变积累到一定程度，三大行业的性质转变为社会主义性质，最终完成经济形态性质的转变。

第一，三大行业在社会主义改造前，主要是个体的、私有的或资本主义的经济形态；改造后，转变为社会主义的经济形态，性质发生了根本变化，而这种改变则是经过量变过程一步步推进完成的。对农业的改造是通过最初临时性的或常年的，由几户农民在保留生产资料私有基础上自愿组成的小规模互助组，上升到大致一个村庄为一个单位的初级社。初级社具有半社会主义性质，集体劳动，计工获产，按劳分红，有一定的公共财产，但是农民仍然保留自有土地、农具及牲畜等。到农业合作的高级社，则几个村甚至更大范围为一个社，土地、农具等生产资料并入合作社，集体劳动，按劳计分，统一分配。手工业和资本主义工商业也是如此，手工业从最初的手工生产合作小组到手工业供销合作社，再发展到手工业生产合作社。资本主义工商业则是国家通过“利用、限制、改造”的政策，采取和平赎买的方针，经过委托加工、计划订货、统购包销、委托经销代销等一系列从初级到高级的国家资本主义形式进行过渡完成的。整个改造过程从各自行业特点出发，采取试点、小规模、多步骤循序渐进的措施向前推进，前一步的措施往往为后一步的措施提供了客观的操作条件和心理思想准备，实际上是积极地通过改造来为下一步的深入改造创造更适宜的环境。三大改造及事件中的主体，往往具有自身的连续性特点，若断然否定和打断这种连续性，一下子改变原有事物的性质，试图实现质变，在没有客观条件和心理基础等量变准备的条件下，往往会激起巨大的抵制和阻力，破坏生产力的正常发展，难以顺利完成质变过程。量变是质变的准备，要想完全地改造一个事物，不是一次行动就能够完成的，无法一下子实现天翻地覆。改变总是在不经意间进行的，这种“不经意”需要极大的耐心，能够经受住过程的消耗，并以积极的措施控制全局，最终积累出质变的能量。虽然在改造后期出现了一些过粗过急的现象，但总体上比较平稳，在基本没有破坏生产力的前提下，建立起了社会主义性质的经济结构，为社会主义基本制度的确立奠定了坚实的基础。

第二，三大行业经过社会主义改造，提高了经济发展的规模效应和储备能力，极大地增强了国家工业化的能力，为中国从传统农业社会向现代工业社会的转变建立了基础。中共中央提出了党在过渡时期的总路线，明确规定党在这个过渡时期的总路线和总任务，是逐步实现国家的社会主义工业化，并逐步实现国家对农业、手工业和资本主义工商业的社会主义改造。在总路线的“一化三改”中，“三改”之前有一个“一化”，即工业化。比较来看，工业是不同于传统农业的现代经济部门，而从产业生产特性来看，工业化的投入往往具有资金规模大、收益见效慢、资金链周期长等特点，这种大的现代化投入无法建立在分散的小农经济基础上，特别是在新生人民政权刚刚建立、急需巩固的年代，重工业和军事工业的投入尤为急切和重要。在外部受到封锁的情况下，国家经济来源单一，分散的小农经济以及工商业经济无法进行规模积累和转移，形成投资主体，难以支撑工业化。并且，依靠政府与无数分散的独立小农进行对接，工作任务细致繁重，成本过高。而经过改造后的经济结构，有效地克服了这些问题，直接形成了对工业化的推动力。我国正是在这种艰苦的环境中建立了当前世界上最为齐全的工业化门类和体系，在根本意义上推动了农业国向工业国的转变，并有效地保障了我国经济的独立性。

社会主义三大改造根据行业特点，通过选试点、分层次、划阶段、有步骤，轻重缓急、循序渐进地进行合作化和公有制改造，变个体性的、私有经济为公有制经济，体现了质量互变规律。

案例五：矛盾论——抗日战争中的武汉会战

一、马克思主义基本原理

一切事物都充满着矛盾，矛盾是推动事物变化发展的根本动力，矛盾双方的彼此斗争和相互作用促使事物向自身的对立面转化，推动事物前进发展。(参见教材第 34—36 页)

二、案例内容

1937 年 12 月 17 日，南京失守后，国民政府迁都武汉。日本大本营为了尽快结束对中国的战争，统治中国，于 1938 年 5 月攻占徐州后，决定攻占中国腹心要地——武汉，并制订进攻路线。日本投入包括航空兵团、骑兵团、海军陆战队、机械化兵团在内的立体作战兵种近 40 万人，飞机 300 架，各型舰艇 120 艘，孤注一掷，发动攻占中国抗战中心武汉的大会战。国民党政府以积极防御、持久抗战为战略指导方针，投入包括第九战区、第五战区共计100余万人的参战部队。而早在徐州会战时，中共中央就提出保卫武汉的任务。1938年2月23日，中共中央发出《关于保卫西安、武汉的战略计划及我军将来之行动问题的指示》，并派出董必武、叶剑英、博古、邓颖超等领导干部来到武汉，加强统一战线，宣传动员青年和人民群众保卫武汉。以敌后游击战配合武汉会战，特别是八路军在华北广阔的敌后抗日根据地牵制了大量的日军。日本原定的以华北军沿平汉线南下为主攻一方，以长江西进为主攻另一方的进攻方案无法实现，改为以主力沿长江南北两岸向西合击武汉，以徐州兵力沿大别山北麓向西集结，助攻武汉。同年6月12日，日军占领安庆，揭开武汉会战序幕。8月2日，日军侵占黄梅，自9月中旬开始，向武汉东面门户、位于广济（今武穴）境内的田家镇要塞发起强攻。9月29日，日军攻破田家镇要塞，从东面逼近武汉。10月12日，日军另一部占领河南信阳，沿京汉铁路南下，直逼武汉。蒋介石于10月14日要求参加武汉会战的国民党军队转移阵地，武汉周边的中国守军随后退出阵地，武汉会战结束。10月26日，日军进入武汉，武汉沦陷。武汉会战历时4个半月，大小战役数百次，是抗战以来战线最长、持续时间最长、规模最大、具有重要意义的一次会战，是抗日战争的重要转折点，标志着我国由战略防御阶段向战略相持阶段转变。

参考文献

《抗战中发生在湖北的重要战役》，抗日战争纪念网，2017年11月17日。

钟抗：《中国抗日战争全景录·总述卷》，人民出版社2015版，第147—150页。

三、案例解析

诸多矛盾贯穿于武汉会战的全过程，它们彼此交织、互相作用，共同形塑了武汉会战的发生与走向。在永不停息的斗争运动中，武汉会战这一矛盾统一体的性质也发生了变化，成为14年抗战的重要转折点，标志着抗日战争战略防御阶段向战略相持阶段的转变。

第一，一切事物都充满着矛盾，矛盾是推动事物变化发展的根本动力。武汉会战的发生和实际发展过程，是由内在于整个事件的各方力量所形成的张力性共在关系共同决定的。宏观来看，它是一个客观的历史进程。中国共产党领导的抗日力量、国民政府以及日本大本营三者之间存在性质不同、程度各异的矛盾，这些矛盾相互作用，彼此牵制，交织斗争，构成了整个事件的内在逻辑，实际地形塑了整个事件的发生发展。例如，中国共产党领导的八路军在华北敌后的抗日斗争，深入敌后，广泛开展斗争，有效地牵制了日军的机动力量，使最初进入中国的日军难以放松，使日本方面既无法集中精力准备武汉会战，也无法抽调兵力南下作战，导致原定的以华北军沿平汉线南下为主攻一方的作战方案失败，调整原作战计划。又如，中国共产党与国民党政府之间也存在着矛盾。在此期间，国共两党的革命力量和社会理想是这一时期的根本矛盾主线。两者之间的矛盾形式虽然有所调整，但却始终存在。即使在武汉会战过程中，共产党从各个方面支持、保卫武汉——敌后抗战、干部队伍、社会宣传、工人组织等，与国民党建立了统一战线，但这个矛盾依然存在，关键是如何在既已存在矛盾的前提下实现合作，这需要大智慧。有时人们比较纯粹，在实践中由于有了矛盾，心理上不能适应，无法面对这种情景，常常导致不能合作，这实际上是缺乏矛盾思维，也是在否定矛盾。矛盾是推动事物发展的根本动力，不能直面矛盾，分析矛盾，掌控矛盾，摒除心理和情感的主观干扰，就难以找到着力方向，推动事物向前发展，而共产党在武汉会战中的实践则充满了大智慧。

第二，矛盾双方的彼此斗争和相互作用促使事物向自身的对立面转化，推动事物前进发展。武汉会战粉碎了日本速战速决全面控制中国的企图，是抗日战争的重要转折点，标志着抗日战争由战略防御向战略相持阶段转变。由战略防御向战略相持阶段的转变，是敌我双方力量相互转化的结果。在战略防御阶段，日军由于武器、训练等方面的优势，处于战略进攻阶段，刀锋所向，生灵涂炭。但是随着日军战线越来越长，占领区越来越大，这大量牵制了日军有生力量。武汉会战后，加之伤亡巨大，日军难以再从国内补给更多年轻士兵，再也没有力量发动更大规模的会战。而在这个过程中，我方力量不断积累成长，压迫逾深，反抗逾活跃，战略相持凸显了我方力量的对等变化。同时，我们也看到，这种力量对比的变化，并不是在和平安宁中实现的，也不是通过一方对另一方的附庸来完成的，而是通过真实的斗争和坚定的毅力对抗取得的。虽然，战争年代，民不聊生，人们对和平的渴望尤为强烈，乃至一些人通过伪政权的方式，获取所谓暂时的和平。但是，在不对等状态下求得的暂时和平，实际上是一种屈服，而不是对矛盾的真正解决。真正的和平，即矛盾的真正解决，需要通过坚毅的斗争来推动。武汉会战能够实现战略转变，是无数血肉之躯用子弹和钢枪拼搏出来的，即使在力量弱小的情况下，也能够坚持斗争，在斗争中寻求生存机会。如果在战略防御的艰苦环境中，不能忍受这样的不利局面和艰苦过程，早早地放弃了抵抗，那么也就放弃了矛盾转化的可能，也难以有机会到达武汉会战这个转折点。

一切事物充满着矛盾，武汉会战是抗战以来持续时间最长、规模最大的一次战役，是各方力量之间矛盾充分爆发和展开的过程。

案例六：矛盾分析法——“农村包围城市，武装夺取政权”的道路选择

一、马克思主义基本原理

矛盾分析法是人们认识世界和改造世界的根本方法。矛盾具有同一性，矛盾着的双方互为存在的前提和发展的基础，彼此在张力中不是要脱离彼此、远离对方。矛盾具有斗争性，矛盾的同一性并不意味着妥协，而是在斗争中积累成长的力量，发展自身。(参见教材第 34—37 页)

二、案例内容

1927 年大革命失败后，中国社会时局急剧变化，国民党四一二、七一五反革命政变等政治军事反叛大大削弱了中国共产党的革命力量，城市党组织遭到了严重破坏，中国共产党被迫从城市转向农村。而当初“会师武汉，饮马长江”的城市革命战略构想也难以实现，当时许多人所怀揣的革命理想面临破灭。加之井冈山内部条件艰苦、外部敌军围困，党内弥漫着一股悲观的革命思想，甚至提出红旗到底能打多久的疑问，对艰难条件下继续革命态度悲观消极，革命出路希望渺茫。

为了进一步推进革命的发展，1928 年 10 月，毛泽东写了《中国的红色政权为什么能够存在?》，首次提出“工农武装割据”的重要

思想，回答了“红旗到底打得多久”的问题。同年11月，毛泽东写了《井冈山的斗争》，分析了帝国主义、各派军阀之间的矛盾，阐述了党领导的土地革命、武装斗争与建立工农民主政权三者之间的关系，进一步阐明“工农武装割据”的思想。1929年1月，毛泽东、朱德率领红四军的主力从井冈山出发，在赣南、闽西地区建立了中央革命根据地。同一时期，赣东北、洪湖、湘赣边、鄂豫皖以及其他农村革命根据地也都在敌军的进攻中站住了脚，并获得了初步发展。党深刻把握“统治阶级在乡村的力量薄弱”的关键，以农村为工作重点，到农村去发动农民，进行土地革命，开展武装斗争，建设根据地。党把土地革命、武装斗争和根据地的建设三者统一起来，经历土地革命、抗日战争、解放战争，最终在农村动员了广大革命力量，获得了巨大的物质支撑，走出了一条“农村包围城市，武装夺取政权”的革命道路。

参考文献

中共中央党史研究室：《中国共产党的九十年》，中共党史出版社、党建读物出版社2016年版，第113、120—123页。

《农村包围城市、武装夺取政权思想的提出》，新华网，2013年9月6日。

三、案例解析

在国内外各种矛盾彼此交织、相互作用的客观实际中，中国的救亡图存事业一定要坚持对立统一观点，正视并分析各种社会矛盾，以其中的主要矛盾为重要抓手，变通寻找中国革命的出路。“农村包围城市、武装夺取政权”的道路选择便是以毛泽东同志为主要代表的中国共产党人正确运用矛盾分析法所取得的成果。

第一，矛盾是事物之间力量对抗的分布逻辑，科学分析这种分布逻辑，能够找到真实的生存空间和用力方向。一方面，中国革命的主观力量虽然弱，但是立足于中国落后的脆弱的社会经济组织之上的反动统治阶级的一切组织（政权、武装、党派等）也是弱的。毛泽东从总体上分析了敌我双方力量的对比，指出中国半殖民地半封建社会之上的敌对力量也是相对弱小的，并没有表象中那样强大。另一方面，中国处处充满着矛盾，帝国主义与中国、帝国主义之间、工人与资产阶级、农民与地主阶级等矛盾交织在一起。帝国主义之间的矛盾表现在中国代理人之间的利益矛盾，而国内各军阀派系之间的矛盾和他们内部与无产阶级之间的矛盾都为红色政权和建立根据地提供了条件。这些“白色恐怖”之间的缝隙地带是敌人力量的薄弱之处，他们之间的这些矛盾大大削弱了对这些地方的围剿力度。而这些矛盾中又充满了斗争，蕴藏着力量，这些劳苦大众有着强烈的变革动力，渴望改变社会现实和自身处境。中国共产党有效动员和组织广大群众汇聚成的强大力量，成为发动革命、改造旧社会、组建新社会不可抗拒的时代力量，这为红色力量的存在和成长提供了生存空间。因而，正如毛泽东批判当时的一些消极思想时所说的那样，他们“没有在游击区域建立红色政权的深刻的观念，因此也没有用这种红色政权的巩固和扩大去促进全国革命高潮的深刻观念”[①]。因此，毛泽东在分析了国内各个集团之间的错综复杂的矛盾的基础上，科学地回答了红旗到底能打多久的疑问，指出了红色革命继续存在和发展的可能。

第二，矛盾具有同一性，矛盾着的双方互为存在的前提和发展的基础，斗争不是要远离对方，也不是在彼此联系中妥协，而是在斗争中积累成长的力量，发展自身。在《星星之火，可以燎原》中，毛泽东对中国革命道路作了比较系统而成熟的阐述，后来研究

① 《李达文集》第四卷，人民出版社 1988 年版，第 693 页。

者将此文作为“农村包围城市、武装夺取政权”的革命道路理论初步形成的标志。正如毛泽东写道，“红军、游击队和红色区域的建立和发展，是半殖民地中国在无产阶级领导之下的农民斗争的最高形式……而朱德毛泽东式、方志敏式之有根据地的，有计划地建设政权的……，无疑意地是正确的”。[①] 在农村建立红色政权和发展革命根据地是必要的，也是必须的。农村是敌人力量薄弱的地带，中国共产党领导的革命力量还是新事物，处于幼年时期，需要经过较长时间的发展，慢慢壮大起来。这种壮大不是在夹缝中消解妥协，而是在夹缝中持续斗争。农村有处于水深火热之中的广大农民群众，在这里建立根据地、组织政权、发动群众和领导武装，在根据地组建乡赤卫队、区赤卫大队、县赤卫总队、地方红军及正规军，能够有效地形成革命力量，从而奠定群众基础、培育革命信念，最终壮大革命力量，取得全国胜利。大革命的失败虽然大大削弱了革命力量，但毛泽东深刻地认识到革命力量壮大的可能性，以及在艰难的环境中通过斗争实现自我的方式。因而，毛泽东“农村包围城市、武装夺取政权”的革命道路思想，为中国革命继续发展和最终占领城市，夺得全国政权的胜利奠定了理论基础和指明了前进方向。

矛盾分析法是人们认识世界和改造世界的根本方法，大革命失败后，以城市为暴动中心的革命道路面临失败，在帝国主义、军阀官僚、地方势力重重围堵中，中国革命的道路何去何从？矛盾分析法为创立“农村包围城市、武装夺取政权”的道路选择提供了思想武器。

---

① 《毛泽东选集》第一卷，人民出版社 1991 年版，第 98 页。

案例七：辩证否定观——重庆谈判：“前途是光明的，道路是曲折的”

一、马克思主义基本原理

事物的发展是通过其内在矛盾运动以自我否定的方式而实现的。任何事物的内部都包含着肯定与否定的因素，通过肯定因素与否定因素的相互作用，事物的自我发展要经历“肯定—否定—否定之否定”的规律过程。坚持辩证的否定观，认识到事物的发展过程并不是呈直线进行的，而是呈现波浪式前进的总趋势。（参见教材第38—39页）

二、案例内容

1945年8月15日，日本无条件投降，中国的抗日战争取得胜利。经过抗日战争的磨难，大后方人民反对战争，迫切地希望以和平、民主的方式进行新中国的建设。面对复杂的国内外形势，中国共产党考虑与国民党通过谈判方式，实现和平建设新中国的目标。1945年8月28日，毛泽东、周恩来、王若飞作为中国共产党的代表从延安出发去重庆，与国民党进行相关问题的谈判。重庆谈判历时43天，1945年10月10日，中国共产党与国民党正式签署《政府与中共代表会谈纪要》（即“双十协定”），国民党当局承认和平建国的基本方针，但在军队和解放区政权的问题上谈判双方争执不断，未达成协议。重庆谈判中，“和平建国”虽然只是取得了国民党的承认，尚未将其变为现实，但中国共产党在国内国际关系上赢得了主动地位，国民党则陷入了被动地位。这是中国共产党在抗战胜利后的又一个胜利，凸显了战后人民群众对和平建国的共同期待，也宣扬了世界和平与发展的未来主旋律。但是，重庆谈判后，国民党并未履行政协协议，且不断打击、残害人民革命力量，导致全面内战爆发，中国广大人民群众和平建国的美好愿望再次需要革命斗争来实现。

参考文献

《毛泽东文集》第二卷，人民出版社 1993 年版，第 216 页。

中共中央党史研究室：《中国共产党的九十年》，中共党史出版社、党建读物出版社 2016 年版，第 336 页。

三、案例解析

以辩证否定观来理解事物的发展过程，就是既要看到事物的肯定因素，也要看到事物的否定因素。认识到事物的发展变化不是直线式过程，而是充满曲折的波浪式的前进过程。新中国的成立，是经历了无数革命先烈的革命斗争才成功的。抗日战争胜利后，中国共产党和国民党进行的重庆谈判典型地说明了事物发展规律中的辩证否定观，即事物的发展都要经历“肯定—否定—否定之否定”三个阶段，正如毛泽东总结的那样：“总的前途是光明的，但必然经过长期的斗争与曲折的斗争。”①

第一，事物内部存在肯定因素和否定因素。国共达成重庆谈判表明了和平建国的光明前景。抗日战争的胜利让广大人民群众看到了成立新中国的希望。由于战争给人民和国家带来巨大损失与伤害，广大人民群众期待抗战胜利后可以通过和平的方式建设国家。这种美好的愿望既符合人类社会历史状态向前发展的趋势，也符合

① 《毛泽东文集》第二卷，人民出版社 1993 年版，第 216 页。

人民群众和平生活的需求。中国共产党和国民党进行的重庆谈判，是在各种内外因素的综合考量下作的决定，目的是避免内战爆发，以和平的方式成立新中国。重庆谈判中，国民党当局口头上表示承认和平建国的基本方针等内容，并召开各党派代表讨论和平建国方案的政治协商会议。这是共产党为和平建国做出的积极努力，也显示了和平建国的可能性，说明抗日战争后，中国发展的光明前景。

第二，在自我发展的第一次否定中事物仍然具有片面性。国民党发动内战证明了想要实现和平建国的道路曲折。重庆谈判过程中，虽然中国共产党为和平建国争取到了一定的主动性，但是和平建国的基本方针并未实现。实现和平建国的道路充满了曲折性。国民党当局一方面口头承认和平建国方针，另一方面又在谋划通过战争消灭人民革命力量，意图占领抗日战争的革命成果。同时，在国际上，美国政府和英国政府都对国民党的反共方针持有支持态度，美国在经济、政治、军备等方面给国民党实际的援助。国民党的阳奉阴违和国际不利因素都阻碍了中国共产党和广大人民群众和平建国的美好期望的实现。

第三，事物的辩证否定实现对立面的统一。人民解放战争的胜利瓦解了国民党当局的野心。1945 年的重庆谈判是一次积极的、肯定意义上的和平谈判，但是国民党在重庆谈判后，蒋介石依旧做出了攻打解放区的命令，对中国共产党人和广大革命群众进行围剿，力图消灭解放区的人民革命力量，达到占领长江以南地区的目的。这种背信弃义的做法是对重庆谈判和“双十协定”的否定，是对和平建国美好愿景的否定。中国共产党为了保卫抗日战争的胜利成果，积极做出了“向北发展，向南防御”的战略方针，展开了自卫作战，全面内战的爆发最终难以避免。人民解放战争持续到 1949

年4月23日，解放军占领南京，宣告了延续22年的国民党反动统治的覆灭。人民解放战争的胜利是对国民党发起全面内战的进一步否定。至此，在重庆谈判这个重要的历史事件中，我们可以看到抗日战争后，中国向前发展的道路是光明的，但是这条和平建国、友好协商的道路并不平坦。在国民党反动派的阻碍下，建设美好新中国的道路呈现波浪式的前进轨迹，通过和平谈判（肯定）—发动内战（否定）—解放战争胜利、新中国成立（否定之否定）这一段革命历史，充分体现了马克思主义基本原理中事物发展遵循的否定之否定规律。

事物的变化发展是有规律可循的。否定之否定规律说明事物的发展呈现出波浪式前进或螺旋式上升的总趋势。抗日战争胜利后，中国共产党以和平建国为目的，与国民党进行了长达43天的重庆谈判，但国民党背信弃义发动全面内战，导致和平建国的美好愿景被打破，解放战争胜利后，我们成立了新中国。这说明我们在认识事物发展过程时，应坚持“前途是光明的，道路是曲折的”的辩证否定观。

案例八：底线思维能力——毛泽东在党的七大上列举的“十七条困难”

一、马克思主义基本原理

所谓底线，就是不可逾越的界限，是事物发生质变的临界点。底线思维是我们在认识世界和改造世界的过程中，根据我们的需要和客观的条件，划清并坚守底线，尽力化解风险，避免最坏结果，同时争取实现最大期望值的一种积极的思维。底线思维能力既体现了我们对事物量变引起质变的“度”的深刻认识和自觉把握，也体现了对矛盾分析方法的自觉运用。（参见教材第54—55页）

二、案例内容

1945年4月23日至6月11日，党的七大在延安胜利召开。党的七大召开时，中国共产党的面貌已发生重大变化。经过延安整风，全党在思想上、行动上实现了伟大的觉醒，实现了新的团结和统一；中国共产党已成为一个经验丰富并拥有121万党员的强大政党；党领导的人民军队发展到91万人，民兵220万人，解放区的人口达到9550万人，得到全国人民、世界各国人民特别是苏联的援助。正如毛泽东所言：“中国共产党从来没有现在这样强大过，革命根据地从来没有现在这样多的人口和这样大的军队，中国共产党在日本和国民党统治区域的人民中的威信也以现在为最高，苏联和各国人民的革命力量现在也是最大的。在这些条件下，打败侵略者，建设新中国，应当说是完全可能的”。[①]

国际国内形势一片光明，但在1945年5月31日，毛泽东作大会结论报告时，却重点告诫全党要“准备吃亏”“准备困难”，并一口气列出了十七条困难：第一条，外国大骂；第二条，国内大骂；第三条，被国民党占去几大块根据地；第四条，被国民党消灭若干万军队；第五条，伪军欢迎蒋介石；第六条，爆发内战；第七条，出了斯科比，中国变成希腊；第八条，“不承认波兰”，也就是共产党的地位得不到承认；第九条，跑掉、散掉若干万党员；第十条，党内出现悲观心理、疲劳情绪；第十一条，天灾流行，赤地千里；第十二条，经济困难；第十三条，敌人兵力集中华北；第十四条，国

① 《毛泽东选集》第三卷，人民出版社1991年版，第1027页。

民党实行暗杀阴谋，暗杀我们的负责同志；第十五条，党的领导机关发生意见分歧；第十六条，国际无产阶级长期不援助我们；第十七条，其他意想不到的事。

这十七条困难，涉及国际国内，党内党外，政治、经济、军事、外交，天灾人祸等方方面面，将一切有可能发生甚至不太可能发生的困难都进行了思考。

参考文献

曹普：《毛泽东在中共七大上列举的“十七条困难”》，中国共产党新闻网，2016 年 6 月 6 日。

三、案例解析

在中国共产党的历史上，毛泽东是善于运用底线思维的战略大师。在抗战即将胜利的大好前景下，毛泽东一口气列举了可能遭遇的“十七条困难”，并提出应对之策，是成功运用底线思维的典范。

第一，深入分析现实情况，认清困难，从最坏处着想。从历史上看，我们党多次发生过因“胜利”而“骄傲”，因“骄傲”而“吃亏”的错误，留下了惨痛教训。为了准备党的七大，1943 年至 1944 年，全党高级干部认真讨论了党的历史问题。1944 年 4 月 12 日，在延安高级干部会议上，以及 5 月 20 日在中央党校第一部对于这个讨论所作的讲演中，毛泽东对党在这方面的教训进行过系统回顾和分析，指出“我党历史上曾经有过几次表现了大的骄傲，都是吃了亏的”，强调全党同志应放下“高傲自大”的“包袱”，“不要重犯胜利时骄傲的错误”。从党的现实处境来看，虽然党及其领导的队伍有了前所未有的发展，但是中国革命毕竟还没有取得胜利，我们有 90 多万人的军队，但不是集中的，而是被分割的，只能打麻雀战；我们的根据地有 9000 多万人口，但也不是一整块，也是被分割的；我们的敌人还很强大，有强大的日本帝国主义，还有国民党，这两个敌人虽然不是一种类型，但一个守着我们的前门，一个守着后门，相较于敌人而言，我们的力量很小，前面还有困难，我们的处境还很严酷。所有这些，也都要求我们既要英勇奋斗，又要谦虚谨慎，不要重犯历史上“小了就舒舒服服，没有事情，一大就胀起来了，脑壳胀得很大，骄傲起来了，心里也躁了”的错误。

第二，以积极的态度研判风险和机遇，防患于未然，牢牢掌握战略主动权。毛泽东还就保证“我们一定要胜利”的八个方面的“光明面”进行了概括，包括：第一，“暂时吃亏，最终胜利”；第二，“此处失败，彼处胜利”，“东方不亮西方亮，黑了南方有北方”；第三，“一些人跑了，一些人来了”；第四，“一些人死了，一些人活着”；第五，“经济困难让我们学会做经济工作”，“自己动手，发展生产”；第六，“克服天灾，太行有经验，共产党会捉蝗虫”；第七，“党内发生纠纷，使我们获得锻炼，来次大纠纷，就是一次大锻炼”；第八，“没有国际援助，学会自力更生”。在把“困难”和“光明”都估计充足的基础上，党的七大围绕党的中心任务，制定了一整套正确的路线、纲领和策略，为争取抗日战争的胜利和新民主主义革命在全国的胜利打下了基础。

第三，划清并坚守底线，尽力化解风险，避免最坏结果。毛泽东在党的七大上设想的“十七条困难”，在抗战胜利后不久，有的果然出现了，有的部分发生了，甚至一些“其他意想不到的事”也出现了。正因为有了应对一切困难的思想准备，我们主动放弃延安又重新夺回了延安，毛泽东原来设想“争取五年左右根本上打倒国民党”，最终只用三年就做到了。

凡事从最困难、最坏处准备，努力去争取最好的结果，这样的思维方法、工作方法和领导方法，无论是在革命战争年代还是和平建设时期，都是要始终坚持的。

底线思维是我们在认识世界和改造世界的过程中，根据我们的需要和客观条件，划清并坚守底线，尽力化解风险，避免最坏结果，同时争取实现最大期望值的一种积极的思维。毛泽东在党的七大上客观分析现实条件，坚守底线，坚持底线思维，最终获得新民主主义革命的胜利。

案例九：创新思维能力——人类命运共同体理念

一、马克思主义基本原理

创新思维能力是对常规思维的突破，是破除迷信，超越陈规，善于因时制宜、知难而进、开拓创新的能力。思维的发展与深化离不开创新。创新思维能力意味着不墨守成规，在求新、求变中创造性地提出问题和解决问题。(参见教材第55—56页)

二、案例内容

当今世界面临着百年未有之大变局，政治多极化、经济全球化、文化多样化和社会信息化潮流不可逆转，各国间的联系日益加深，但也面临着诸多共同的挑战。气候变化、人口爆炸、环境污染、公共卫生事件等安全问题层出不穷，对国际秩序和人类生存都构成了严峻挑战。

人类只有一个地球，一个世界，为维护国家秩序和人类安全，习近平总书记多次提出构建人类命运共同体，形成了人类命运共同体理念。2012 年，党的十八大明确提出要倡导人类命运共同体意识，在追求本国利益时兼顾他国合理关切。2013 年 3 月 23 日，习近平总书记在莫斯科国家关系学院发表名为《顺应时代前进潮流 促进世界和平发展》的演讲，向世界讲述了对人类文明走向的中国判断。2015 年，习近平总书记出席博鳌亚洲论坛时提出了“通过迈向亚洲命运共同体，推动建设人类命运共同体”的倡议。2015 年 9 月，习近平总书记在纽约联合国总部发表重要讲话指出：“当今世界，各国相互依存、休戚与共。我们要继承和弘扬联合国宪章的宗旨和原则，构建以合作共赢为核心的新型国家关系，打造人类命运共同体”。2017 年 10 月 18 日，习近平总书记在党的十九大报告中提出，坚持和平发展道路，推动构建人类命运共同体。同时倡导构建人类命运共同体，促进全球治理体系的变革。2018 年 3 月，第十三届全国人民代表大会第一次会议通过的宪法修正案，将宪法序言中“发展同各国的外交关系和经济、文化的交流”修改为“发展同各国的外交关系和经济、文化交流，推动构建人类命运共同体”。2019 年 10 月，党的十九届四中全会提出，“坚持和完善独立自主的和平外交政策，推动构建人类命运共同体”……人类命运共同体理念不断走向成熟。

参考文献

欧庭宇：《论人类命运共同体理念的哲学内涵和创新价值——兼论对近代西方文明的超越》，《青海民族大学学报（社会科学版）》2020 年第 2 期。

刘荣军、张镭宇：《人类命运共同体思想对马克思共同体思想的传承与创新》，《东南学术》2022 年第 2 期。

三、案例解析

人类命运共同体理念是以习近平同志为核心的党中央，在中华民族伟大复兴战略全局和世界百年未有之大变局的历史交汇期，在对外交往和参与全球治理体系实践基础上形成的，在国际社会中产生了重大影响。人类命运共同体理念是创新思维能力的生动体现。

第一，人类命运共同体理念创新了全球治理和国家发展的路径。人类命运共同体理念是对西方道路历史性的深度反思。近代以来，国际秩序陷入所谓的“丛林法则”，弱肉强食、赢者通吃。即使在“冷战”结束后，霸权主义、强权政治、冷战思维依然大行其道。人类命运共同体理念深刻把握历史规律、认清历史趋势，在全球经济陷入严重衰退、世界进入动荡变革期的大背景下，以习近平同志为核心的党中央心系天下、畅怀古今，站在人类历史发展的高度，创造性地提出以“人类”为单元的世界观和以“人类福祉”为价值取向的发展观，超越民族、国家分野，为全球治理和国际社会发展提供了中国智慧，作出了原创性贡献。

第二，人类命运共同体理念是对中国特色社会主义外交理论的创新性丰富和深化。中华人民共和国成立初期，面对帝国主义的外交封锁和孤立，我国首次提出了和平共处五项原则，打开了与广大亚非拉国家开展交流合作的大门。20 世纪 70 年代，毛泽东提出了划分“三个世界”的战略思想，加强同广大第三世界国家的团结，争取第二世界国家，联合反对超级大国的控制和压迫，创造了相对和平稳定的国际环境。邓小平提出“和平与发展是当代世界的两大问题”的科学论断。江泽民从中国和世界人民的根本利益出发，提出要在坚持独立自主的和平外交政策的基础上，推动建立公正合理的国际政治经济新秩序。胡锦涛指出，中国将始终不渝走和平发展道路，与各国人民携手努力，推动建设持久和平、共同繁荣的和谐世界。当今世界正经历百年未有之大变局，以信息技术为代表的新一轮科技革命加快推进，国际产业分工加速调整，以新兴国家为代表的力量快速崛起，国际政治经济力量发生深刻变化。在此背景下，党的十九大报告明确把“坚持推动构建人类命运共同体”列为新时代坚持和发展中国特色社会主义的基本方略之一，体现了中国为世界谋和平、促发展的责任担当，是对中国特色社会主义外交理论的进一步创新、丰富和发展。

第三，人类命运共同体理念是对中华优秀传统文化的创新性发展和创造性转化。其一，人类命运共同体理念主张世界各国人民秉承共商、共建、共享、共赢的合作发展理念，从各国人民最根本的利益出发，大力弘扬国际人道主义精神，共同破解全球治理难题，更加平等地反映大多数国家特别是发展中国家的利益和意愿，让发展成果更多、更公平地惠及世界各国人民，蕴含并发展了“大道之行也，天下为公”的天下观。其二，中国作为一个负责任的大国，主张从天人合一的宇宙观、协和万邦的国际观、和而不同的社会观、人心和善的道德观中寻找解决人类共同问题的方案，用中国智慧、中国方案、中国力量助力各国携手增进互助合作。其三，人类命运共同体构想继承了中华优秀传统文化的义利观，超越了西方资本主义国家单边主义、保护主义、利己主义等观念，主张世界各国应牢固树立共同利益观、可持续发展观；主张各国要维护国际公平正义，兼顾别国的核心利益诉求，寻求和扩大合作最大公约数，构建以合作共赢为核心的新型国际关系。

第四，人类命运共同体理念开创了马克思主义的新境界。党的十八大以来，以习近平同志为核心的党中央，以坚定的理想信念、高超的政治智慧、巨大的理论勇气和强烈的使命担当，坚持胸怀天下，统筹国内国际两个大局，直面全球治理困境，坚持马克思主义的立场、观点、方法，既为中国人民谋幸福、为中华民族谋复兴而矢志奋斗，也为世界各国发展繁荣、人类社会进步和谐而不懈努力，是对马克思共同体思想的进一步深化发展。

创新思维是对常规思维的突破，就是破除迷信、超越陈规，善于因时制宜、知难而进、开拓创新的能力。创新意味着不墨守成规，在求新、求变中创造性地提出问题和解决问题。人类命运共同体理念在认识人类社会发展规律的基础上，对人类社会前进方向和世界何去何从给出了创造性的中国方案和中国理念。

第二章 实践与认识及其发展规律

实践的观点是马克思主义的基本观点。以实践为基础，从整体上把握人与世界的关系，是马克思主义世界观的重要内容。实践与认识及其发展规律以实践、认识、真理、价值的本质及其关系为主要内容。

本章的学习目标是学习马克思主义的实践观、认识论和价值论的基本观点，掌握实践、认识、真理、价值的本质及其相互关系，树立实践第一的观点，确立正确的价值观，在改造客观世界的同时改造主观世界，努力实现理论创新和实践创新的良性互动。

本章将结合发生于新民主主义革命时期的“半条棉被”的故事、遵义会议、延安整风运动，社会主义革命和建设时期党的干部教育、“一五”计划、钱学森等一批爱国科学家归国的故事，改革开放和社会主义现代化建设新时期“小康”概念的提出，以及我国社会主义法制的主要奠基人彭真对真理的追求等案例，对马克思的实践观、认识论和价值论进行深入分析。

案例一：实践形式的多样性——社会主义革命和建设时期党的干部教育

一、马克思主义基本原理

实践活动在形式上是丰富多样的。科学文化实践是实践的三种基本类型之一，是创造精神文化产品的实践活动。教育是一种科学文化实践活动，教育者的教学活动不是纯粹的意识活动，而是通过教书育人的全过程实际地改变受教育者的存在状态。（参见教材第65—67页）

二、案例内容

社会主义革命和建设时期，根据干部队伍的现实状况和国家建设发展的迫切需要，党制定了一系列切合实际、扎实有效的干部教育的方针政策，并认真贯彻落实。

首先，党的干部教育兼具政治性和文化性，兼顾理论教育和业务教育。党把加强干部对马克思主义、毛泽东思想的学习置于首要位置，开展组织性、计划性的马克思主义理论教育。新中国成立初期，国家大力出版马克思、恩格斯、列宁、斯大林著作的中译版，1953年成立中共中央马克思、恩格斯、列宁、斯大林著作编译局，进一步提升马列著作翻译出版的效率和质量。1951年10月，《毛泽东选集》第一卷出版发行后，各地党组织通过报刊的社论、评论和电台的广播等多种形式号召党员、积极分子学习宣传毛泽东思想，全党迅速掀起了学习毛泽东著作的热潮。同时，党积极提升干部的科学文化素质，培养各行业的专业人才。国家通过开设干部文化补习学校和补习班，促进工农干部科学文化素质的提升；开办各种专业干部学校和训练班，培养财经管理和技术人才。其次，党把干部教育的课堂延伸到生产实践中，积极完善、规范业务实践教学，提升业务实践课在总体课程中的比重。最后，党注重对知识分子干部和年轻干部的改造和培养，不断充实、壮大党的干部队伍。针对知识分子干部，党采取“团结、教育和改造”的方针；针对年轻干部，党大胆提拔，加强锻炼。

这一时期，在党有力的干部教育下，全党干部队伍的文化结构迅速改变，文化素质和政治水平显著提高，党的领导干部基本实现了从熟习革命和战争到懂得执政和建设的转变。

参考文献

王泉：《中国共产党干部教育创新研究》，人民出版社 2011 年版，第 54—78 页。

三、案例解析

人的社会实践，不限于生产活动一种形式，还有其他多种形式，如阶级斗争，政治生活，科学和艺术的活动。教育作为创造精神文化产品的实践活动，不是教育者纯粹的意识活动，而是通过教书育人的全过程实际地改变受教育者存在状态的活动。社会主义革命和建设时期，党的干部教育是党的全体干部通过接受党的教育，提高政治觉悟、丰富马克思主义理论知识、提升科学文化素质、增强业务实践能力的过程。

第一，社会主义革命和建设时期，党的干部教育提高了党员干部的政治觉悟，丰富了党员干部的马克思主义理论知识。随着一系列马列著作中译本和《毛泽东选集》的出版，中央下达要求党员干部阅读马列著作和毛泽东著作的指示，全党兴起了学习马克思主义理论和毛泽东思想的高潮。1961 年，全国各地以《做一个好的共产党员》为教材开展党员党性教育，以党的基本知识和优良传统为主要内容，提高党员的政治觉悟。

第二，社会主义革命和建设时期，党的干部教育提升了党员干部的科学文化素质。党的干部中有相当一部分成长于武装斗争的环境中，富有革命斗争的经验，但缺少领导国家各方面建设工作需要的文化和专业知识。针对这些工农干部，党下达了一系列指示，如《关于举办工农速成中学和工农干部文化补习学校的指示》《关于扫除乡村主要干部文盲问题的报告》，以扫除文盲、具备基本科学文化素质为教育目标，教授语文、算术、自然、历史等基础知识。

第三，社会主义革命和建设时期，党的干部教育增强了党员干部的业务实践能力。按照中央的要求，各类干部学校采用国家建设的实际材料来充实教学内容，引导学员运用马克思主义的立场、观点和方法分析解决实际工作中的问题，并把业务实践引入教学中，组织学员到工厂、农场等部门参加生产实践，使实践教学成为重要的教学组成部分。

第四，教育在物质生产实践基础上产生和发展，受物质生产实践的制约并对其产生能动的反作用。社会主义革命和建设时期党的干部教育的政策制定从我国当时的经济状况出发，培养能担负社会主义革命和建设任务的干部队伍，推进我国的社会主义革命和建设，促进我国的经济发展。

科学文化实践在物质生产实践基础上产生和发展，受物质生产实践的制约并对其产生能动的反作用。社会主义革命和建设时期，我国首先要尽快建立起完备的工业特别是重工业及国防体系。干部是建设国家的重要骨干，而此时，我国具有经济、管理、工业相关知识的干部非常缺乏。为适应经济建设的目标，党意识到必须培养大批具有一定文化水平、具备一定专业知识和技能的干部，并以此为目标展开干部教育。中国在社会主义革命和建设时期建立起了比较完整的独立的工业体系和国民经济体系，全国工业固定资产、棉纱产量、原煤产量、发电量实现成倍增长，这离不开党的干部的努力，得益于社会主义革命和建设时期党的干部教育。

教育是通过教书育人的全过程改变受教育者存在状态的科学文化实践，社会主义革命和建设时期，党的干部教育大大提升了全党干部的政治、科学文化素质和业务能力。教育在以物质生产实践为基础的同时对其产生能动的反作用，社会主义革命和建设时期，党的干部教育的政策制定从我国当时的经济状况出发，培养能担负社会主义革命和建设任务的干部队伍。

案例二：真理的客观性、绝对性和相对性——我国社会主义法制的主要奠基人彭真追求真理

一、马克思主义基本原理

认识的目的和任务，就在于获得真理，并在真理的指导下去改造世界。马克思主义认为，真理是标志主观与客观相符合的哲学范畴，是对客观事物及其规律的正确认识。凡是真理都是客观的，真理之所以客观，因为其内容是客观的，检验真理的标准是客观的。真理的属性是客观的，这是真理问题上的唯物论；真理的发展过程是绝对性和相对性的辩证统一。马克思主义作为客观真理，是绝对

性和相对性的辩证统一。(参见教材第79—84页)

二、案例内容

全国人大常委会原副秘书长刘政曾参加编写《彭真传》，他从大量档案材料中看到，彭真一生经常讲两句至理名言：一句是真理面前人人平等，一句是法律面前人人平等。彭真的一生，就是追求真理、坚持真理，为了维护真理不懈斗争的一生，令人敬仰。作为党和国家的卓越领导人，我国社会主义法制的主要奠基人，彭真为建立健全社会主义民主和法制作出了重大贡献。

彭真1902年出生于晋南一个农民家庭，上中学时接触马克思主义，走上革命道路。彭真幼时取名傅懋恭，从事地下工作时使用过许多化名，后来改名为彭真，表明一辈子要追求真理。1923年他加入中国社会主义青年团，同年加入中国共产党。作为一名坚定的马克思主义者，抗日战争爆发后，无论是在国统区还是在根据地，彭真都坚决贯彻马克思主义。1941年9月，彭真担任中央党校教育长(后任副校长)。他问毛泽东：党校是不是应该有个校训？毛泽东说就是实事求是，不尚空谈。彭真据此提出办校的方针：（一）实事求是，不尚空谈；（二）坚持真理，随时修正错误；（三）把自己的言行当作客观事物来对待。新中国成立后，他历任多个重要职务，他主持设立了全国人大常委会法制委员会并担任主任，先后担任中央政法委书记、宪法修改委员会副主任委员、全国人大常委会委员长。改革开放后，他负责法制工作，为保障社会主义现代化建设奠定法治基础作出了重要贡献。彭真是中国政法大学的前身之一中央政法干部学校的首任校长。他为北京政法学院师生开设讲座，鼓励师生学好法律。1980年，始终重视政法干部培养的彭真提议创办中国政法大学，成为中国政法大学成立的重要契机。2012年5月15日，中国政法大学校庆60周年前夕，彭真铜像揭幕仪式在昌平校区隆重举行。彭真坚持信仰、追求真理、崇尚法治的精神，永远激励着我们为实现中华民族伟大复兴而奋斗。

参考文献

刘政：《彭真与“两个平等”》，中国共产党新闻网，2014年12月8日。

《【法大红色记忆】我国社会主义法制的主要奠基人彭真》，中国政法大学新闻网，2021年4月21日。

三、案例解析

关于真理观的讨论，曾主要有主观主义真理论、实用主义真理论等。在马克思主义看来，凡是真理都是客观真理，即坚持真理的客观性。马克思主义是客观真理，它正确反映人类社会的发展规律，这是绝对的。彭真的一生，是不断坚持学习马克思列宁主义、毛泽东思想，坚持理论联系实际，坚持深入调查研究，不断研究新情况，解决新问题，坚持真理，矢志不移地追求真理的一生。

真理是客观的。彭真曾回忆与毛泽东的第一次见面，他说：“那年，我们白区党的代表团请中央同志讲话，毛泽东同志讲，看问题，要客观，不要主观；要全面，不要片面；要看本质，不要只看表面。他说，如果同志们都客观地、全面地、本质地看问题，党内很多争论是可以不发生的。在我们的历史上，路线错误的原因不就是主观主义吗？我看，毛泽东同志这个话现在还是灵的，还是真理。”① 毛泽东的话之所以说是真理，是因为它是符合中国革命客观规律的正确认识，包含着不以人的意志为转移的客观内容。真理的客观性表明，要想发现真理、拥有真理、发展真理，并且在实践中

① 《彭真文选（1941—1990年）》，人民出版社1991年版，第669页。

取得成功，需要采取科学的态度，尊重真理并按照真理办事，这也是彭真担任中央党校教育长时，在全校大会上所作的《关于党校讨论大会的方针问题》报告中所提出来的："大家应该本着实事求是的精神，把自己和别的同志的思想行为当做客观的事物来对待，是则是，非则非，对自己和别人都一视同仁"①。

真理的客观性决定了真理的一元性。真理的一元性是指就某个特定的认识或问题而言，真理只有一个，即主观与客观相符合的认识，认识是多元的，但真理是一元的。1965 年 9 月 23 日，彭真针对意识形态领域错误的批判，明确提出"区别政治问题和学术艺术问题"的方针。他说："党内也好，人民内部也好，不论你是党和国家领导人，还是文艺工作者、普通老百姓，在真理面前人人平等，这个地方只能服从真理。"② 后来他提起这事的时候，说真理面前人人平等，这句话并不是他创造的，而是毛泽东在《新民主主义论》中就说，真理只有一个。

真理的绝对性与相对性是辩证统一的。人们在实践中获得的真理，既是绝对的，又是相对的。从新中国成立起，彭真就长期具体主持立法工作，在实践中积累了丰富的立法经验。在关系党和国家前途命运的关键时刻和重大政治问题上，彭真始终旗帜鲜明，坚持原则。复出后，在彭真的领导下，我国社会主义法治建设得到迅速恢复，一系列事关中国共产党治国理政和国家制度的重要法律相继出台，奠定了改革开放的法治基础。这充分说明，人类对真理的追求与探索并不会停止。

彭真在推进马克思主义中国化的过程中作出了突出贡献。他坚持马克思主义，因为马克思主义是真理。我们要始终保持马克思主

---

① 《彭真年谱（1902—1948）》第一卷，中央文献出版社 2012 年版，第 220 页。
② 《彭真传（1957—1978）》第三卷，中央文献出版社 2012 年版，第 1178 页。

义与时俱进的理论品质，不断开创马克思主义中国化的新境界，正确认识和对待各种认识成果。

案例三：真理与谬误的辩证关系——遵义会议

一、马克思主义基本原理

真理与谬误相互对立。真理与谬误的对立又是相对的，它们在一定条件下可以相互转化。（参见教材第 84—86 页）

二、案例内容

党的六届四中全会扩大会议召开以后，“左”倾教条主义错误使得中国革命形势再一次陷入了低谷。按照原定计划，中央红军打算转移到湖南省西北部同红二、红六军团会合。此时，国民党当局在红军西进道路上设置了四道封锁线，红军在突破第四道封锁线后人员损失惨重，在强渡乌江后拿下了贵州重镇——遵义，在遵义召开了一场生死攸关的会议。

1935 年 1 月 15 日，为了解决党内存在的军事和组织问题，红军在遵义召开了一场会议。参加会议的有中共中央政治局委员 6 人，分别为毛泽东、张闻天、周恩来、朱德、陈云和秦邦宪（博古）；中共中央政治局候补委员 4 人，分别为王稼祥、刘少奇、邓发和何克全；还有其他 10 人，分别为刘伯承、李富春、林彪、聂荣臻、彭德怀、杨尚昆、李卓然，李德、伍修权、邓小平列席会议。这场会议内容主要有以下三个方面：第一，张闻天、毛泽东、王稼祥尖锐地批评了博古、李德在第五次反“围剿”中所犯下的军事上的“左”倾教条主义错误；第二，改组中央领导机构，选举毛泽东为中央政治局常委，委托张闻天起草《中央关于反对敌人五次“围剿”的总结决议》；第三，取消“三人团”，取消博古、李德二人的军事指挥权。这次会议召开于长征初期中国共产党严重受挫的历史关头，确立了以毛泽东为核心的党的第一代中央领导集体，开启了我们党独立自主解决中国革命实际问题的新阶段，在最危急关头挽救了党、挽救了红军、挽救了中国革命。

参考文献

《毛泽东选集》第三卷，人民出版社1991年版，第940页。

中共中央宣传部编著：《中国共产党宣传工作简史》上册，人民出版社2022年版，第86页。

《中国共产党简史》编写组：《中国共产党简史》，人民出版社、中共党史出版社2021年版，第58—60页。

三、案例解析

真理和谬误是相互对立的，而这种对立又是相对的，它们在一定条件下可以相互转化。在长征过程中，遵义会议的内容以及会议召开前后中国共产党内部对马克思主义认识的变化充分说明了真理与谬误之间的转化是有条件的。

第一，真理在一定条件下会转化为谬误。这是因为，一方面，真理是具体的。任何真理都是在一定范围内、一定条件下才能够成立，超出这个范围，失去特定条件，就会变成谬误。例如，重视理论与犯教条主义错误，跨越关节点或度的范围和界限，真理就会转化为谬误。在遵义会议之前，党内出现了严重的“左”倾教条主义，博古和李德坚信马克思主义是真理。他们将马克思主义教条化、神圣化，在实际运用过程中不注重与中国具体实际相结合，那么真理就会转化为谬误。从长征出发到召开遵义会议，红军在“左”倾教条主义的影响下，节节败退，人数已锐减到 3 万多人。此时蒋介石已判定红军欲北上与红二、红六军团会合，立即部署 20 多万兵力，在红军北上的必经之地布下“天罗地网”。如果按照博古、李德一意孤行的北上计划，红军必将陷入蒋介石的圈套，面临全军覆没之险。

第二，谬误在一定条件下能够向真理转化。在认识探索的过程中，错误往往是正确的先导，失败常常是成功之母，总结失败的教训，是获得真理、消除谬误的重要途径和方法。由于认识的复杂性和曲折性以及各种条件的限制，任何人都有可能犯错误。然而中国共产党能够吃一堑、长一智，勇于正视错误、反省错误、修正错误，最终实现了对客观事物及其规律的正确认识，从而使错误转化为正确，谬误转化为真理。遵义会议前，党内出现马克思主义教条化、共产国际指示和决定神圣化的现象。遵义会议后，我党将马克思主义基本原理同中国国情相结合，坚持一切从实际出发。正如毛泽东于 1963 年同外宾谈话时讲道：“真正懂得独立自主是从遵义会议开始的”①。在遵义会议中，中国共产党通过批判谬误，发展真理，实现了三个“挽救”、一个转折点。遵义会议确立了毛泽东在党中央和红军的领导地位，创造性地制定和实施了符合中国革命特点的战略，从而挽救了中国革命。正如周恩来谈道：“由于毛主席拨转了航向，使中国革命在惊涛骇浪中得以转危为安，转败为胜。这是中国革命历史中的伟大转折点。”②

真理与谬误之间存在原则界限，是相互对立的，而这种对立又

① 中共中央文献研究室编：《毛泽东年谱（1949—1976）》第五卷，中央文献出版社 2013 年版，第 257 页。

② 中共中央党史资料征集委员会、中央档案馆编：《遵义会议文献》，人民出版社 1985 年版，第 66 页。

是相对的，它们能够在一定条件下相互转化。遵义会议的召开阐明了真理的相对性与绝对性。中国共产党人正是在坚持真理的路上不懈追求，最终迎来了革命胜利的曙光。

案例四：实践是检验真理的唯一标准——“一五”计划的完成

一、马克思主义基本原理

实践是检验真理的唯一标准，这是由真理的本性和实践的特点决定的。真理是人们对客观事物及其发展规律的正确反映，检验真理就是检验人的主观认识同客观实际是否相符以及符合的程度。实践具有直接现实性，能够把主观的东西变为客观的东西。（参见教材第 87—88 页）

二、案例内容

第一个五年计划，简称“一五”计划（1953—1957 年），是在党中央的直接领导下，由周恩来、陈云主持制定的，1955 年 7 月经全国人大一届二次会议审议通过。至 1957 年，“一五”计划超额完成了既定的任务，实现了国民经济的快速增长，并为我国的工业化奠定了初步基础。

五年间，全国实际完成基本建设投资总额 588. 47 亿元。在施工的 1 万多个建设单位中，限额以上的有 921 个，全部建成投产的有 428 个，部分建成投产的有 109 个。许多建设项目在很长时期内都是我国现代化工业的骨干，其中有不少是旧中国没有或能力极薄弱的制造工业，如飞机、汽车、发电设备、重型机器、新式机床、精密仪表等，初步改变了过去工业门类残缺不全的旧貌。一批煤矿、电站、油矿等能源基地和工业化原料基地的新建、扩建，大幅度提高了工业生产能力。所有这些，为我国建立独立完整的工业体系奠定了基础。

五年间，工农业有较大幅度增长，初步改变了我国工农业总产值中以农业为主的局面。1957 年工农业总产值 1241 亿元，按可比价格计算，比 1952 年增长 67.8%。其中，农业总产值 537 亿元，增长 24.8%，所占比重由 1952 年的 56.9%下降到 43.3%；工业总产值 704 亿元，增长 128.6%，所占比重由 1952 年的 43.1%上升到 56.7%。主要工农业产品产量，粗钢 535 万吨，增长 296%；煤 1.31 亿吨，增长 98.5%；发电量 193 亿千瓦小时，增长 164%；粮食 19504.5 万吨，增长 19%；棉花 163.9 万吨，增长 26%；油料 419.7 万吨，增长 0.07%。

五年间，全国物价基本稳定，人民生活水平逐步有所提高。1957 年全国居民平均消费水平达 108 元，比 1952 年提高 24.5%。其中，城镇居民为 222 元，比 1952 年提高 31.7%；农民为 82 元，提高 16.8%。到 1957 年底，全国职工总数达 3101 万人，比 1952 年增长 93.4%，城市失业问题基本得到解决；国有职工的年平均工资达 637 元，比 1952 年现价增长 42.8%；1957 年城乡居民的储蓄存款比 1952 年增长 3.1 倍。

参考文献

中共中央党史研究室：《中国共产党的九十年》，中共党史出版社、党建读物出版社 2016 年版，第 476—481 页。

三、案例解析

实践是检验真理的唯一标准。“一五”计划的完成靠的是千百万人民的实践。“一五”计划的超额完成，证明了党的八大对国家面临的主要任务是集中力量发展社会生产力这一认识是具有真理性的。

“一五”计划期间，为了确保“一五”计划的顺利实施，在1956年9月，中国共产党召开了党的八大，强调了我国生产力仍落后这一基本国情，确立了集中力量发展生产力为党的中心工作，明确提出中国共产党的任务，就是有计划地发展国民经济，尽可能迅速地实现国家工业化，有系统、有步骤地进行国民经济的技术改造，使中国具有强大的现代化的工业、农业、交通运输业和国防。

首先，党根据“一五”计划有序推进相关建设，为社会主义工业化奠定了基础，以实践检验了“一五”计划的真理性。首先，“一五”计划进一步确立了社会主义国营经济在整个国民经济中的主导和支配作用。在1952年和1957年的国民收入中，国营经济所占比重由19%提高到33%。可见，在“一五”计划后，形成了大量的社会主义全民所有制资产，社会主义国营企业的质量得到了明显的提高，在全国的工农业生产结构中占据着明显的优势，在关系国民经济命脉的重要行业和关键领域中占据支配地位。同时，五年来，中国在短时期内建立的一大批重点工程和国民经济骨干企业，为本国经济的进一步发展和腾飞奠定了充分的物质和技术基础。

其次，“一五”计划初步建立了以现代国营工业企业为骨干的独立的、较为完整的工业体系，建设了一批工业化所急需的、种类较为齐全的现代基础工业，使中国工业化的基本建设有了巨大进步。“一五”计划期间，生产了许多种我国从来没有的新的工业产品，部分建设项目建成投产，如鞍山钢铁公司、长春第一汽车制造厂、华北制药厂、沈阳飞机制造公司、武汉长江大桥、安徽佛子岭水库等，填补了中国经济的空白；过去中国所没有的一些工业部门从无到有建设起来，包括汽车和飞机制造业、冶金和矿山设备制造业以及重型和精密机器制造业等，加强了基础工业的实力。

最后，工业布局与部门结构逐渐合理和协调。在旧中国，工业地区的分布很不合理，多偏重沿海工业，内地工业相当少。在工业部门的内部，主要为轻工业，重工业所占比例极小。经过“一五”计划的建设，原来工业基础较好的沿海地区的工业有了进一步发展，而原本工业并不发达的内地，工业生产也有了更迅速的进展，一些新的工业基地逐渐形成。上海等沿海城市的工业基地得到大大加强，在华东、华中地区开始了一些工业建设，以鞍山为中心的东北工业基地基本建成。这说明，“一五”计划时期的建设极大改善了半殖民地半封建社会的旧中国所遗留下来的工业布局的畸形状况。在沿海工业和内地工业均有发展的条件下，工业得到比较合理的布局，轻重工业比例较为协调。

实践是检验真理的唯一标准。“一五”计划的完成，对中国工业化起步具有决定性作用，为社会主义建设积累了宝贵经验。“一五”计划时期的巨大成就雄辩地证明，党的八大把集中力量发展社会生产力作为党和国家的主要任务，是完全正确的。

案例五：价值的基本特性
——“半条棉被”的故事

一、马克思主义基本原理

价值具有主体性、客观性、多维性和社会历史性四个基本特性，它们是价值本质的表现。（参见教材第 91—92 页）

二、案例内容

1934 年 11 月，中央红军突破了国民党军第二道封锁线，各个军团陆续抵达湖南汝城县文明圩，红军驻扎在文明、秀水、韩田、沙洲等地，并在此休整了一周。正是在此期间，三位疲惫不堪的女红军住在了沙洲村村边的一间破旧茅屋里，茅屋的主人就是徐解秀和她的丈夫。但徐解秀家里一贫如洗，只有一张用楠竹钉成的床架，床上垫着稻草，铺着破席，盖的是一堆烂棉絮，连一条完整的被子都没有。女红军们在急行军中丢弃了行装，只带着一条棉被，女主人就和三位女红军合盖这一条被子，挤在这一张床上，而男主人则睡在门口的草堆上守护着她们。

三位女红军与徐解秀同吃同睡同劳动，还帮着徐解秀烧火煮饭，闲时给徐解秀夫妇讲革命道理。几天后的大清早，女红军们要上路了，她们决定把这唯一的被子留给徐解秀夫妇，但夫妇俩说什么也不肯接受。直到送到村口，三位女红军和徐解秀夫妇还争执不下，这时一位女红军从背包中摸出一把剪刀，把这条被子剪成了两半，她对徐解秀说：等革命成功以后，一定要送你一条完整的新棉被。徐解秀接过这半条被子，一句话也说不出来，眼泪哗哗地流了下来。

后来，革命胜利了，国家富强了，徐解秀家也丰衣足食了，但那半条被子的热度，一直温暖着徐解秀的内心。徐解秀等了几十年，一直没等回三位女红军。

参考文献

人民日报评论部：《习近平讲故事》，人民出版社 2017 年版，第 47—49 页。

三、案例解析

三位女红军送给徐解秀夫妇半条棉被所具有的价值可以分别从价值的四个基本特性入手进行分析。

第一，价值具有主体性。价值关系的形成依赖于主体的存在，因此价值具有相对性，随着主体、客体以及主客体关系的变化而变化。半条棉被对于三位女红军来说，是行军途中珍贵的物资，是休息时防寒保暖的重要工具，是有价值的。对于徐解秀夫妇而言，比起家中的烂棉絮，这半条棉被具有更好的保暖效果，也是有价值的。但是对于此时拥有一条完整棉被的人来说，这半条棉被是没有价值的。

第二，价值具有客观性。作为价值形成基础的主体的存在、需要和客体的存在、属性都是客观的。棉被的客观属性是保暖，在人感到寒冷的时候具有保暖性。半条棉被对于徐解秀夫妇是有价值的，因为他们家里十分贫困，生存条件较为恶劣，非常需要棉被，也是因为棉被本身具有保暖的作用，可以满足他们的需要。

第三，价值具有多维性。同一客体相对于主体的不同需要会产生不同的价值。1934 年物资贫乏，棉被在当时对于三位女红军来说，除了具有使用价值，还具有经济价值等多种价值。

第四，价值具有社会历史性。随着实践和历史的发展，主体和客体以及主客体之间的关系发生变化，导致人们对客体价值的判断也发生改变。其一，随着实践和历史的发展，主体发生变化，导致人们对客体价值的判断也发生改变。半条棉被对于当时的三位女红军和徐解秀夫妇而言，是有价值的；而对于现在生活条件已获得极大改善的我们来说，是没有太大价值的。其二，随着实践和历史的发展，主客体之间的关系发生变化，导致人们对客体价值的判断也发生改变。在三位女红军急行军的途中，棉被是一个体积、重量较大的随行物品，是她们的累赘，对于她们没有价值。而在三位女红军和徐解秀同吃同睡同劳动的日子里，棉被是睡觉时必不可少的物品，对于她们有价值。

价值体现主体和客体之间的一种特定关系，表现为人与满足其某种需要的客体之间的意义关系。发生于 1934 年 11 月的“半条棉被”的故事，深刻反映了价值的本质，体现了价值的四个基本特性。

案例六：真理与价值在实践中辩证统一
——钱学森等一批爱国科学家归国

一、马克思主义基本原理

真理与价值是紧密联系、不可分割的辩证统一关系。一方面，价值尺度必须以真理为前提；另一方面，人类自身需要的内在尺度，推动着人们不断发现新的真理。二者的统一会随着实践的发展而不断发展到更高级的程度。（参见教材第 95—97 页）

二、案例内容

自 1840 年中国的国门在西方坚船利炮的打击下被强制打开后，中国逐渐成为半殖民地半封建国家。后来，不少仁人志士纷纷出国留学，学习西方先进的思想以及科学技术，为救国图强积蓄力量。

1949 年中华人民共和国成立。这时的中国刚结束了长达百余年的动乱，推翻了压迫在人民群众身上的“三座大山”。国家的政治、经济、文化等多方面皆受到严重破坏，整体上呈现百废待兴的态势。

农业生产力落后、工业基础薄弱、通货膨胀严重等问题的解决，复杂且艰巨，这些问题的解决需要大量知识分子和专业技术人才。但是久经动乱的中国，国内人才储备不足以应对这一需求。于是，党中央决定号召海外学子回国，为国家建设贡献力量。1949 年 12 月 18 日，周恩来代表党和国家郑重邀请海外留学生回国参加新中国建设。1950 年 1 月，中国科学工作者协会发函给留美科协，称“亟盼火速回国参加工作”，留美科协接到函件后，立刻决定号召会员回国。收到回国的号召后，钱学森、郭永怀、邓稼先、李四光、华罗庚、梁思礼、朱光亚、师昌绪、马大猷等数百位身在国外的科学家，放弃在海外的高薪待遇，冒着极高的风险甚至生命危险，突破西方国家对中国的人才封锁回归祖国，投入国家建设中。1950 年 2 月，华罗庚在归国途中，写下《致中国全体留美学生的公开信》，向海外留学生发出号召：为了抉择真理，我们应当回去；为了国家民族，我们应当回去；为了为人民服务，我们也应当回去……为我们伟大祖国的建设和发展而奋斗！到 1956 年底，先后有 2000 多名科学家集体辞职，选择回国。

钱学森等科学家归国后，在极其艰难困苦的条件下顽强拼搏、砥砺前行，极大地推动了我国教育、科技、国防等各项事业的发展，为我国数学、气象学、物理学、化学、医学等多项科学技术研究的发展奠定了坚实的基础，取得了“两弹一星”等举世瞩目的伟大成就。同时，他们归国奉献的事迹影响了一代又一代的青年科学家，激励他们将自己所学回馈祖国。他们的贡献将永远镌刻在新中国的丰碑上。

参考文献

任贵祥：《新中国成立后周恩来与海外归国学人及华裔科学家的深切交往》，《毛泽东思想研究》2014 年第 2 期。

《“梁园虽好，非久居之乡”——新中国成立之初海外知识分子的漫漫回国路》，《文摘报》2019 年 2 月 28 日。

《细数新中国成立后，奋不顾身回到祖国的科学家》，凤凰网，2019 年 9 月 16 日。

三、案例解析

人们的实践活动受真理尺度与价值尺度的双重制约。实践中人们按照自己的尺度去认识、改造世界，但又必须遵循正确反映客观事物本质和规律的真理才能成功。钱学森等一批爱国科学家回国参与国家建设的事迹是真理与价值在实践中辩证统一的表现。

第一，钱学森等爱国科学家回国，砥砺奋进，运用科学的方式推进国家各项事业的发展建设，符合真理尺度。新中国成立之初，因为长年受到战乱的破坏，不管是自然科学还是人文社会科学领域的发展水平，均严重落后于西方国家。钱学森等科学家，将所学知识带回了祖国，极大地推动了我国科学技术、文化教育等方面的发展，建立了辉煌、开创性的功绩。钱学森参与了近程导弹、中近程导弹和中国第一颗人造地球卫星的研制，直接领导了用中近程导弹运载和原子弹“两弹结合”试验，发展建立了工程控制论和系统学等。郭永怀在原子弹、氢弹的研制工作中领导和组织爆轰力学、高压物态方程、空气动力学、飞行力学、结构力学和武器环境实验科学等研究工作，为中国核弹、氢弹和卫星实验工作作出巨大贡献。李四光创建地质力学，在寻找石油上作出了不可磨灭的贡献，一举打破了“中国贫油论”，使中国摆脱了对国外石油能源的依赖。在这些科学家的引领下，我国自主创新地掌握了多项“卡脖子”的关键技术，为党和国家各项事业的发展奠定了坚实的基础，提供了深层次的动力。

第二，钱学森等归国科学家，放弃国外优越的生活及发展条件回国，是为了推进国家发展，使国家繁荣富强，人民幸福生活，符合价值尺度。钱学森在回国前已经是麻省理工学院教授，是世界著名的空气动力学家，生活条件优渥。但他得知新中国成立的消息后，毅然决然地收拾行李准备回国。在回国途中，历经被关押、被审讯、抄家等种种磨难，仍不改回国之志。回到祖国后，在艰苦的环境中矢志不渝地投身国防事业，为我国科学事业和国防现代化建设建立了卓越功勋。钱学森等科学家，放弃已经享有的优渥生活，回到一穷二白的新中国艰苦奋斗，是他们遵循对祖国的热爱作出的选择，是遵循了价值尺度的实践。

人的实践活动是真理尺度和价值尺度的统一，是合规律性和目的性的统一。钱学森等一批爱国科学家归国，运用自己所学科学知识参与国家建设的实践，一方面体现了他们对真理的追寻和运用；另一方面也体现了他们为国家富强和民族振兴不懈奋斗的崇高品德和革命精神。真理与价值在他们的实践中实现了辩证统一，激励着海内外中华儿女同心同德、开拓进取，为推进中国特色社会主义伟大事业、实现中华民族伟大复兴而共同奋斗。

案例七：认识世界和改造世界相结合——“小康”概念的首次提出

一、马克思主义基本原理

认识世界和改造世界是人类创造历史的两种基本活动。认识活动的任务不仅是解释世界，更重要的是为改造世界提供理论指导，实现主观与客观、认识与实践的统一。坚持这种统一，归根到底要将认识世界和改造世界密切结合起来。（参见教材第 97—101 页）

二、案例内容

“小康”是中国传统文化中摆脱贫困、追求富裕的美好愿望。“小康”出自《诗经·大雅·民劳》：“民亦劳止，汔可小康”，意思是老百姓已经很劳累了，可以稍微休息一下了。这里的“小康”是安乐、休息、安宁的意思。这一概念是邓小平于 1979 年在会见日本首相大平正芳时，首次创造性地使用的，用于形容一种社会主义现代化的状态。

1978 年 10 月，在党的十一届三中全会召开前夕，为交换《中日和平友好条约》批准书，邓小平应邀访问日本。访日期间，他参观了日本的钢铁、汽车和电器工厂。当邓小平乘坐日本新干线从东京去关西时，记者问邓小平坐新干线有何感想，他说：“就是快，有催人跑的意思！我们现在很适合坐这样的车。”在考察日产汽车公司时，他了解到这里的汽车月产量是当时中国长春第一汽车制造厂月产量的几十倍，在参观结束后他感慨地说：“我懂得了什么是现代化。”

1979 年 12 月 6 日，邓小平会见来华访问的日本首相大平正芳。在会面中，大平问道：“中国根据自己独立的立场提出了宏伟的现代化规划，将来会是什么样的情况，整个现代化的蓝图是如何构思的?”在回答这个问题时，邓小平提出了“小康”概念，他指出：“我们要实现的四个现代化，是中国式的四个现代化。我们的四个现代化的概念，不是像你们那样的现代化的概念，而是‘小康之家’。”这里的“小康”指的是处于温饱水平和中等发达国家发展水平之间的经济社会发展状况。

1982年9月，党的十二大正式召开，将邓小平多次提到的“小康社会”构想确立为近20年经济社会发展的战略目标，指出实现了这个目标，我国国民收入总额和主要工农产品的产量将居于世界前列，整个国民经济的现代化过程将取得重大进展，城乡人民的收入将成倍增长，人民的物质文化生活水平可以达到小康水平。自此，“小康社会”成为中国特色社会主义道路中，符合中国实际的重要概念和发展目标。1987年4月，邓小平在会见西班牙政府副首相格拉时，第一次完整地提出了“三步走”发展战略，将“小康社会”的地位提升至中国经济社会发展战略的高度，强调到20世纪末，再翻一番，人均达到1000美元。实现这个目标意味着我们进入小康社会，把贫困的中国变成小康的中国。1987年10月，党的十三大正式将“三步走”发展战略确定为中国经济社会全面发展的重要战略目标，对中国的经济社会发展起到了关键的指导作用。

参考文献

曲青山：《中国共产党百年辉煌》，人民出版社2021年版，第141页。

《外交官忆开放往事（10）：邓小平访日与中国现代化蓝图》，参考消息网，2018年12月3日。

三、案例解析

认识世界，就是主体能动地反映客体，获得关于事物的本质和发展规律的科学知识，探索和掌握真理的活动；改造世界，就是人类按照有利于自身生存和发展的需要，改变事物的现存形式，创造自身的理想世界和生活方式的活动。邓小平依据中国的经济社会发展规律，提出“小康社会”的战略目标和构想，是科学认识世界、探索中国社会发展道路的真理的重要体现。同时，随着“小康社会”探索目标的提出，党的历届领导人围绕这一战略目标有针对性地提出了一系列新战略并付诸实践。“经过全党全国各族人民持续奋斗，我们实现了第一个百年奋斗目标，在中华大地上全面建成了小康社会，历史性地解决了绝对贫困问题”，这深刻诠释了中国共产党领导中国人民成功地改造世界，创造理想世界和生活方式的伟大实践。这一案例也充分体现了认识世界和改造世界是相互依赖、相互制约的辩证统一关系。

认识世界有助于改造世界，正确认识世界是有效改造世界的必要前提。邓小平之所以能够提出“小康社会”的战略构想，是因为他科学把握了我国的社会经济发展实际，看到了我国与西方发达国家在经济发展水平上的差距，同时也看到了我国的理论、道路、制度、文化等多方面优势，科学预判了我国的发展前景。在邓小平心中，日本是中国现代化的老师、不可缺少的合作伙伴。1978 年 10 月邓小平对日本进行了长达 8 天的访问，目睹了日本经济的发展成果，他坦率地承认中国落后的事实，理性认识中国和日本发展上的差距，反复强调要向日本等世界发达国家学习，给处在落后之中的中国指明了前进的方向，提供了加速发展的动力。邓小平访日之后，中国出现了“日本热”，中日两国官方和民间在各领域、各层次的交流日趋活跃，两国间经济、贸易、技术方面的合作迅速发展。

人们只有在改造世界的实践中才能不断地深化、拓展对世界的正确认识。认识世界和改造世界的统一，决定了理论与实践必须相结合。没有理论指导的实践是盲目的实践，不与实践相结合的理论是空洞的理论，都是不可取的。邓小平不仅在认识世界的层面提出“小康社会”的发展目标，更是在改造世界的层面将之付诸实践和具体行动。正是因为历届领导人在实践中不断推进“小康社会”的理论战略构想，我国才取得了举世瞩目的历史性成就，向历史、人民、世界交出了亮丽的答卷：经济实力大幅跃升，人民生活更加殷实，建成了世界上规模最大的社会保障体系；实现了人与自然、人与社会的和谐共生，对世界经济增长年均贡献率接近30%，成为带动世界经济增长的“火车头”……中华民族屹立于世界民族之林，中国日益走近世界舞台中央。

认识世界和改造世界是人类创造历史的两种基本活动。认识活动的任务不仅在于解释世界，更重要的在于为改造世界提供理论指导，实现主观与客观、认识与实践的统一。1979年邓小平第一次提出的“小康”命题，是结合我国发展实际所提出的重要概念和战略任务。这体现了主体能动地反映客体，并创造自身理想世界和生活方式的统一，即认识世界和改造世界的有机统一。

案例八：一切从实际出发，实事求是
——延安整风运动

一、马克思主义基本原理

一切从实际出发，就是要把客观存在的事物作为观察和处理问题的根本出发点，这是马克思主义认识论的根本要求和具体体现。中国共产党以实事求是为核心的思想路线是对马克思主义理论发展作出的重大贡献。（参见教材第102—103页）

二、案例内容

延安整风运动开始于1941年5月，以毛泽东在延安高级干部会议上作《改造我们的学习》报告为标志。1945 年 4 月，党的六届七中全会通过《关于若干历史问题的决议》，延安整风运动顺利结束。

延安整风运动的开展，有着深刻的历史背景。第一，此前，中国共产党曾先后发生过三次“左”倾错误，教条主义在党内有着深厚的思想基础，思想路线问题必须得到彻底解决。第二，1941 年 1 月发生的皖南事变表明，必须从根源上处理好中国共产党与共产国际的关系，避免再次失败。

经过 1941 年 5 月至 1942 年 2 月近一年时间的充分准备后，1942 年 2 月至 1943 年 9 月，整风运动在全党正式开展。第一阶段是思想动员阶段（1942 年 2 月至 4 月）。1942 年 2 月上旬，毛泽东在多个场合作了发动全党整风的动员报告——《整顿学风党风文风》和《反对党八股》。第二阶段是整顿三风阶段（1942 年 4 月至 1943 年 10 月）。1942 年 4 月 3 日，中宣部发出《关于在延安讨论中央决定及毛泽东同志整顿三风报告的决定》，进一步对整风运动的目的、要求、方法和步骤作出明确规定，从此开始了以整顿三风为中心内容的全党整风。1942 年 4 月至 8 月初，重点是反对主观主义以整顿学风，这是延安整风运动的中心内容。1942 年 8 月至 12 月中旬，重点是反对宗派主义以整顿党风。1942 年 12 月中旬到 1943 年 3 月中旬，重点是反对党八股以整顿文风。第三阶段是总结经验阶段（1943 年 10 月至 1945 年 4 月）。1945 年 4 月 20 日，党的六届七中全会通过了《关于若干历史问题的决议》，系统总结了党在各个时期的经验教训，对党史上的若干重大问题作出结论。

延安整风运动是中国共产党历史上第一次大规模的整风运动，是一次马克思主义教育运动和思想解放运动。通过延安整风运动，中国共产党不仅初步确立了实事求是的思想路线，破除了将苏共经验和共产国际指示神圣化的教条主义，而且还将马克思主义中国化的第一个理论成果——毛泽东思想，确定为党的指导思想，从而极大地推动了马克思主义中国化的进程，对中国革命和建设事业产生了深远的影响。

参考文献

黄一兵：《从延安整风运动说起》，《求是》2019 年第 14 期。

中共中央党史研究室：《中国共产党的九十年》，中共党史出版社、党建读物出版社 2016 年版，第 247—253 页。

三、案例解析

一切从实际出发是马克思主义认识论的根本要求，关键是要注重事实，从事实出发。从根本上说，就是要从客观事物存在和发展的规律出发，在实践中按照客观规律办事。毛泽东强调，“要分清创造性的马克思主义和教条式的马克思主义”，“宣传创造性的马克思主义”。[①] 毛泽东作出发动延安整风运动的决定，是建立在对以往多次“左”倾错误的深刻思考的基础上，体现了他对“左”倾教条主义存在的深刻认识和对彻底解决思想路线问题方式的正确把握。

延安整风运动之前，中国共产党曾先后发生瞿秋白、李立三、王明三次“左”倾错误。其中，在 1931 年 1 月召开的党的六届四中全会上台的王明“左”倾教条主义是理论形态最完备、持续时间最长、影响最深、危害最大的一次。它在军事上实行冒险主义，在政治上实行关门主义。这一系列“左”倾错误直接导致中央苏区第五次反“围剿”战争失败，南方各根据地相继丧失，全国红军从 30 万人减少到 3 万人，党员从 30 万人减少到 4 万人，白区的党组织也几乎损失殆尽。

尽管在遵义会议上博古“左”倾中央的统治宣告结束，但由于

① 《毛泽东文集》第二卷，人民出版社 1993 年版，第 373—374 页。

环境和条件的限制，当时只是解决了最为迫切的军事和组织问题，而思想上、政治上的路线问题并未作出正确的结论。此后，毛泽东在1940年12月政治局会议上曾试图解决这一问题，彻底否定党的六届四中全会以来形成的“左”倾政治路线。但是由于教条主义在党内的思想基础仍然根深蒂固，他的努力没有获得完全成功。这让毛泽东逐渐认识到，必须在全党范围开展一次整风运动，才能从根本上彻底解决思想路线问题。

实事求是是中国共产党思想路线的核心。毛泽东在《改造我们的学习》中对实事求是进行阐释：“‘实事’就是客观存在着的一切事物，‘是’就是客观事物的内部联系，即规律性，‘求’就是我们去研究。”①

坚持实事求是，最基础的工作在于搞清楚“实事”，就是了解实际、掌握实情，这是进行一切科学决策所必需的，也是唯一可靠的前提和基础。通过延安整风运动，中国共产党通过反对主观主义以整顿学风、反对宗派主义以整顿党风、反对党八股以整顿文风，初步确立了实事求是的思想路线。在延安整风运动中，中国共产党通过调查研究，深入了解中国社会状况，了解中国革命的特点和规律。1941年8月，中共中央作出《关于调查研究的决定》及《关于实施调查研究的决定》，设立调查研究局，毛泽东亲自担任局长，大兴调查研究之风。许多领导带队深入基层调查研究，成果丰硕，为党中央制定各项工作方针政策提供了重要依据。

坚持实事求是，关键在于“求是”，就是探求和掌握事物发展的规律，在实践中认识事物的客观规律。人民群众是实践的主体，对于检验真理正确与否最有发言权。毛泽东在《关于领导方法的若干问题》中强调，“凡属正确的领导，必须是从群众中来，到群众中

---

① 《毛泽东著作选读》，人民出版社1986年版，第478页。

去”，“从群众中集中起来，到群众中坚持下去，以形成正确的领导意见，这是基本的领导方法”。[①] 延安整风运动采取上下结合、领导蹲点、深入群众、调查研究、总结经验等一整套有效的群众路线的工作方法，充分实践了党的群众路线。

中国共产党在坚持马克思主义理论，坚持一切从实际出发的基础上，发展出了以实事求是为核心的思想路线。延安整风运动深刻体现了中国共产党一切从实际出发，理论联系实际，实事求是，在实践中检验和发展真理，对于中国共产党以实事求是为核心的思想路线的确立具有重要意义。

① 《毛泽东选集》第三卷，人民出版社 1991 年版，第 899、900 页。

第三章 人类社会及其发展规律

马克思和恩格斯创立的历史唯物主义实现了社会历史观的伟大变革，为我们正确认识人类社会历史及其发展趋势，准确把握社会发展的动力因素，准确把握人民群众和杰出人物在历史中的作用，提供了科学的理论指导。学习把握人类社会及其发展规律，就是以历史唯物主义为理论指导认识人类历史及其发展趋势。

本章的学习目标是学习和把握历史唯物主义的基本原理，着重了解社会存在与社会意识的辩证关系、社会基本矛盾及其运动规律、社会发展的动力以及人民群众和个人在社会历史中的作用，提高运用历史唯物主义正确认识历史和现实、正确认识社会发展规律的自觉性和能力。

本章分析新民主主义革命时期西安事变、抗日战争、《〈共产党人〉发刊词》的诞生过程，社会主义革命和建设时期的土地改革与家庭联产承包责任制，提出改革开放和社会主义现代化建设新时期的“八字方针”、“一国两制”构想、“863 计划”和“三个代表”重要思想，关注新民主主义革命的胜利和新民主主义社会，中国社会主要矛盾的转变以及 1977 年以来的高考演变，对社会存在与社会意识的辩证关系、社会基本矛盾及其运动规律、社会发展的动力以及人民群众和个人在社会历史中的作用等重要观点进行全面阐释。

案例一：社会存在和社会意识的辩证关系
——《〈共产党人〉发刊词》的诞生

一、马克思主义基本原理

社会存在和社会意识是辩证统一的。社会存在决定社会意识，社会意识是社会存在的反映，并反作用于社会存在。(参见教材第 116 页)

二、案例内容

中国共产党成立后，根据工作需要，先后创办了多种刊物。其中，1939 年 10 月创刊的中共中央的党内刊物——《共产党人》，以其鲜明的名称、独特的定位、明确的主旨发挥了重要的理论宣传作用。《共产党人》是按照毛泽东发刊词的意图创办的一个全国性党内刊物。1939 年 10 月到 1941 年 8 月，共出了 19 期，它传达了中央及中央有关部门党的建设的指示，传播了建党工作的经验，特别重视党的政策和策略的宣传，指导了干部教育工作。

《〈共产党人〉发刊词》是 1939 年 10 月 4 日中共中央机关刊物《共产党人》创刊时，毛泽东为刊物写下的一篇发刊词。在发刊词中，毛泽东指出，“中央很早就计划出版一个党内的刊物，现在算是实现了。为了建设一个全国范围的、广大群众性的、思想上政治上组织上完全巩固的布尔什维克化的中国共产党，这样一个刊物是必要的。在当前的时机中，这种必要性更加明显。”

总的来说，《〈共产党人〉发刊词》用朴实生动的语言、以自问自答的设问方式，阐明了《共产党人》这个党内刊物出版的必要性和任务，阐释了提出这一任务的理由，着重分析了统一战线、武装斗争、党的建设是中国共产党在中国革命中战胜敌人的三个法宝，并进一步对三个法宝进行了剖析，指出了18年来中国无产阶级同资产阶级和其他阶级的统一战线有三种不同情况，中国共产党的武装斗争历史也分为三个阶段，总结了党的建设的三个阶段的特点。

参考文献

《毛泽东选集》第二卷，人民出版社1991年版，第602—614页。

三、案例解析

社会存在是社会意识内容的客观来源，社会意识是社会物质生活过程及其条件的主观反映。毛泽东写《〈共产党人〉发刊词》并不是天才的仅存在于头脑中的理论构想，而是以革命实践为基础的对现实世界的客观反映。

1938年，抗日战争进入战略相持阶段，随着日本侵略者和国民党对中国共产党政策的转变，党面临的内外形势发生了一系列变化，这就迫切需要党就自身面临的新情况、新任务作出回答。

一是国际形势的变化。1939年，抗日战争处于由战略防御阶段转为战略相持阶段，日本对华政策发生了改变。在军事上，毛泽东写《〈共产党人〉发刊词》时，日本将战略对象由国民党转变为共产党，把八路军、新四军作为主要的作战对象，对抗日根据地开展“大扫荡”，扩充伪军。与此同时，在政治上，日本对国民党的方针开始转变，将军事打击为主、政治诱降为辅的方针转变成了以政治诱降为主、军事打击为辅的方针。

二是国民党政策的变化。1939年1月，国民党五届五中全会在重庆召开，会议的中心议题是抗战和反共。国民党五届五中全会确定了“溶共、防共、限共、反共”的反动方针。此后，蒋介石集团开始消极抗日，积极反共，大肆宣扬反共言论，宣扬“一个主义、一个政党、一个领袖”的独裁思想，制造各种反共摩擦事件和惨案，企图瓦解抗日民族统一战线。

三是共产党党内的变化。当时，在中国共产党党内存在右倾投降主义路线。在抗日战争初期，中国共产党在全国范围内大量吸收党员，新党员的主要来源是农民和小资产阶级。因为他们的思想还没有被彻底改变，其中不乏一些落后的成分，在思想上还没有完全入党。这部分人入党后，将一些落后的思想带入了党内，部分党员寄希望于国民党，认为应该放弃共产党的领导权，没有认识到统一战线中保持独立的重要性，犯了右倾投降主义的错误，给共产党的实际工作造成了很多消极影响，不利于党的建设和健康发展，再加上国民党制造的各种反共摩擦事件和惨案，投降的危险比较严重。

针对当时的国内外环境，《共产党人》这一刊物应运而生。

社会意识并非消极被动地受制于社会存在，它既依赖于社会存在，又有其相对独立性。社会意识对社会存在具有能动的反作用。毛泽东在《〈共产党人〉发刊词》中针对当时革命的需要，具体回答了三个方面的问题，对于中国共产党在当时加强党的建设以适应革命的需要起了重要的指导作用。

第一，建设一个什么样的党。毛泽东在文中强调，创办《共产党人》这个刊物的任务是“帮助建设一个全国范围的、广大群众性的、思想上政治上组织上完全巩固的布尔什维克化的中国共产党”①。

第二，为什么建设党。毛泽东在文中通过论述三大法宝之间的关系来说明为什么要建设党。毛泽东在文中归纳了中国革命战胜敌

---

① 《毛泽东选集》第二卷，人民出版社1991年版，第602页。

人的三大法宝，分别是统一战线、武装斗争、党的建设。随后，毛泽东对三者之间的相互关系进行了论述，认为党的建设是三大法宝的重要核心所在。

第三，怎么样建设党。毛泽东在文中总结了中国共产党成立以来的历史，并通过历史总结出党的建设的任务，回答了怎么样建设党的问题，即不断向历史学习，反思过去曾经犯过的错误，不断总结历史，将历史的经验进行总结并向全党传达，进而实现历史上犯过的错误不再出现。

同时，社会意识内部各种形式之间存在相互影响且各自具有历史继承性。《〈共产党人〉发刊词》之所以是党的建设的经典文献，一个重要的原因在于毛泽东在文章中的重要观点，不仅适应了当时的时代需要，给予中国革命以重要的指导，而且即便放到现在，也对中国共产党今后的发展有着历久弥新的时代价值和现实启示。加强党的建设，这一科学的理论观点在中国共产党党内不断得到继承和弘扬。习近平总书记强调：“建设好这样的党，是一项伟大工程，要赢得革命最终胜利，必须抓好这个伟大工程”①。

案例二：社会意识的相对独立性——“一国两制”构想的提出

一、马克思主义基本原理

社会意识在从根本上受到社会存在决定的同时，还具有自身特有的发展形式和发展规律。主要表现在：社会意识与社会存在发展

① 《习近平著作选读》第二卷，人民出版社2023年版，第101页。

具有不完全同步性和不平衡性；社会意识内部各种形式之间存在相互影响且各自具有历史继承性；社会意识对社会存在具有能动的反作用。（参见教材第 117 页）

二、案例内容

自 20 世纪 70 年代末开始，国际国内形势发生了一些重要变化：中国与美国建立外交关系，中美关系朝着正常化方向发展；党的十一届三中全会作出把党和国家的工作中心转移到社会主义现代化建设上来、实行改革开放的历史性决策。与此同时，海峡两岸的人民怀着赤诚之心，期望两岸合作，共同推动中国繁荣。也正是在这样的历史条件下，我们党出于对国家整体利益与国家发展前途的考虑，正式提出了“一国两制”构想。

“一国两制”构想，即“一个国家，两种制度”，是邓小平继承毛泽东、周恩来和平统一祖国构想基础上，提出的为解决历史遗留问题，决定中国和平统一发展大业的重大理论决策和科学构想。其基本内容是要在坚持一个中国原则的前提下，我们国家的主体坚持社会主义制度，而香港、澳门、台湾则保持既有的资本主义制度长期不变。以“一国两制”构想来实现中国和平统一意义重大，符合中华民族的根本利益，顺应全体中国人民的殷切期望。香港和澳门问题的解决，不仅是中国为完成统一大业而踏出的重要一步，也为国际社会解决国家间的历史遗留问题提供了参考借鉴。

参考文献

《邓小平文选》第三卷，人民出版社 1993 年版，第 391—392 页。

三、案例解析

社会存在决定社会意识，同时社会意识具有相对独立性。“一国两制”构想作为一种社会意识，其是在特定的历史背景下应运而生的，从根本上是由当时的国内和国际形势所决定的。

第一，实现祖国统一是全体中国人民的心之所向。台湾、香港和澳门自古以来就是中国不可分割的一部分，这是不容置喙的事实，但是在中日甲午战争后，日本悍然侵占台湾，给中国人民沉重一击。1945 年 9 月，中国抗日战争取得胜利，台湾重新回归祖国。在这个万众期待的时刻，蒋介石却逆势而为，公然挑起内战，并以败退台湾收场，这一举动竟使得台湾同祖国分隔至今。香港是在第一次鸦片战争结束后割让给英国的，被英国占据 150 多个春秋。这是不符合历史发展逻辑和规律的，我们必须实现祖国的统一，这是中国人民的共同心愿，是中华民族有底气求发展的情感追求，是不可阻挡的历史潮流。

第二，和平与发展是当今世界的主题。求和平、谋发展，是中国在处理内政外交中一贯的主张和立场，是中华人民共和国成立之初，中国就开始探寻的解决祖国统一的路径。但是，当时新中国处在发育时期，给了美国可乘之机，美国在出兵朝鲜的同时，宣布派遣军事力量进入台湾海峡，这给我们解决台湾问题带来了阻扰。在此背景下，我们党旗帜鲜明地指出台湾属于中国，这是不可争论的事实，任何试图分裂台湾的行为都为我们全体中国人民所不耻和抵制，我们必将与此行为斗争到底。新中国成立后，中国在资本主义国家封锁、遏制的困境中破土而出，依靠自身的艰苦奋斗，国家实力和国际地位大大提高。在此情况下，美国不得不改变对华政策。1972 年 2 月，时任美国总统尼克松访华，中美关系逐渐正常化，美国随即承认中国的“一个中国”立场，这意味着台湾问题成为中国的内政问题，中国作为第三世界国家中发展迅速的国家之一，展示了中国处理问题的能力和魄力，也使我们意识到，虽然危险依然存在，但是和平才是世界发展的主流，和平与发展也是顺应历史发展的主旋律。

同时，“一国两制”构想作为一种社会意识，还具有自身特有的发展形势和发展规律，其科学的预见推动着社会物质生活实践，体现了历史的继承性，反映了国家发展的趋势和要求，对社会发展起着积极的促进作用。

第一，“一国两制”构想推动着社会物质生活实践发展。“一国两制”构想实施以来，国家的物质生产发展不断进步，这无疑显示出“一国两制”构想强大的生命力。首先，“一国两制”构想的实施增强了两岸同胞共同的爱国意识和爱国精神，使得我们能够在外部势力的介入下保持定力，有效抵制了试图分裂中国的意图和行径，保持了香港、澳门长期的繁荣稳定；其次，“一国两制”构想的实施推动两岸关系持续朝着健康的方向发展。我们坚定不移地实行“一个中国”原则和“九二共识”，有力地推动了两岸关系和平发展。

第二，“一国两制”构想体现了历史的继承性。早在 20 世纪 50 年代，中国政府就对实现祖国统一问题提出过和平解决的对策。1955 年 5 月，周恩来在全国人民代表大会常务委员会上表明，和平和战争是解决台湾问题的两种途径，但是在可能的情况下，我们会以和平的方式实现祖国统一。毛泽东还提出了用“一纲四目”方式和平统一祖国的方案。但是，由于当时中国处在发展的困难时期，综合国力有待提升，加上美国的蓄意干扰，使得这一形式的措施未能真正付诸实施。自 20 世纪 70 年代末开始，中国国力提升，国际形势发生变化，在这样的经济政治背景下，1979 年元旦，全国人大常委会发表了《告台湾同胞书》，其中表达了中国和台湾是不可分割的整体。1981 年 9 月，我们党就实现祖国和平统一问题进行细化，后来由邓小平正式提出了“一国两制”的构想，并对其作了进一步的阐述。

第三，“一国两制”构想反映了国家发展的趋势和要求，对社会发展起着积极的促进作用。我们国家充分正视解决历史遗留问题的艰巨性、复杂性和长期性，把握历史的特征和现实的发展状况，指出“一国两制”的发展问题，应对出现的新情况、新问题，及时、冷静地处理，推动着“一国两制”构想的纵深发展。

案例三：社会基本矛盾及其运动规律
——家庭联产承包责任制的提出

一、马克思主义基本原理

生产力和生产关系的矛盾是社会基本矛盾，其相互关系是：生产力决定生产关系，生产关系又反作用于生产力。因此，生产力与生产关系矛盾运动的规律是：生产关系一定要适合生产力状况。（参见教材第 123—124 页）

二、案例内容

1956 年底，我国农村基本上完成了对个体农业的社会主义改造，实现了农业合作化。但是，由于种种原因，我国对个体农业的社会主义改造显得过于仓促，短短时间内发展到了人民公社的管理体制。

党的十一届三中全会前，我国农村存在经营管理过于集中和分配中的严重平均主义等弊端，严重挫伤了农民的生产积极性，农业发展和农民生活改善比较缓慢。1978 年，全国还有 2.5 亿人口没有解决温饱问题。

1978 年夏秋之际，安徽省遭遇严重旱灾，秋种遇到困难。省委决定把部分土地借给农民种粮种菜，所产粮菜不征购，不计口粮。这一措施很快调动起群众的生产积极性，当年全省超额完成秋种计划。从“借地”中得到启发，安徽一些地方的基层干部和农民冲破旧体制的限制，开始包干到组、包产到户。凤阳县梨园公社小岗村 18 户农民，冒着风险，在包干合同书上按下了手印，他们的大胆尝试揭开了农村经济改革的序幕。

1980 年 9 月，中共中央印发《关于进一步加强和完善农业生产责任制的几个问题》，突破多年来把包产到户等同于分田单干和资本主义的观念，肯定了在生产队领导下实行的包产到户。1982 年，党中央发出一号文件，明确指出包括包产到户、包干到户在内的各种责任制，都是社会主义集体经济的生产责任制。在党中央的支持下，以包产到户、包干到户为主要形式的家庭联产承包责任制迅速推广。这充分调动了农民的生产积极性，促进了农业生产的迅速发展。

参考文献

中共中央党史研究室：《中国共产党的九十年》，中共党史出版社、党建读物出版社 2016 年版，第 687—694 页。

三、案例解析

生产力决定生产关系。这具体体现为，中国改革之初，农村生产力水平低下，科技水平不高，机械化水平低，从总体上看，中国的农业生产还处于以人力、简单农具和简单机械为主要生产手段的落后状态。农村劳动力中的大部分人基本属于体力型和经验型农民，不具备现代化大生产所需要的初级技术能力。农民以家庭为单位，使用简单的生产工具，通过世代相传或相互传授而掌握初级农业生产知识，在土地上进行简单的种植和养殖。把农业主要生产资料——土地，承包到农民家庭，以户为单位从事农业生产，以家庭为单位分散经营，就取决于这样的生产力状况。

在生产力和生产关系这一对社会基本矛盾中，生产关系对生产力具有反作用。这表现为两种情形：第一，当生产关系不适合生产力发展的客观要求时，就会阻碍生产力的发展。例如，生产关系“超越”生产力水平，这种“拔高”了的生产关系会阻碍生产力的发展。第二，当生产关系适合生产力发展的客观要求时，对生产力的发展起推动作用。以家庭联产承包责任制为核心内容的农村经济体制改革，确立了农户家庭的生产经营自主权，实行了所有权与经营权的分离，即在土地等主要生产资料公有制的基础上实行家庭承包经营，土地所有权是集体的，生产经营权则以农户为主。农民作为生产者，能自主经营，这使供应与生产二者统一起来。这种把所有权和经营权分离的经营形式，突破了原有的经济模式，极大地调动了农民的生产积极性和主动性，为农民提供了广阔的自主经营空间。这种新的生产关系是适应生产力发展的，所以必然能推动生产力的发展。

正因为生产关系反作用于生产力，所以生产关系一定要适应生产力状况。一个社会的经济基础是否具有活力，最重要的是看它是否可以能动地、迅速地适应生产力发展的变化和要求，能否迅速地提供符合生产力要求的各种经济条件和社会组织形式。既然现有的体制已经束缚了我国农村生产力的发展，那么就必须尽快破除现有的体制。党为此作出了关于农村经济改革的重大决策，把家庭联产承包责任制作为突破口进行农村经济体制改革。

我国农村生产力的发展水平决定了农业生产是以家庭为单位的，而家庭联产承包责任制是以家庭经营为主，把集体经营和家庭经营结合起来，既克服了过去片面强调集中经营带来的弊端，又能适时适度地发挥集体经营的优势。这样的生产关系是适应我国农村生产力发展水平的，为我国农村经济的发展提供了合理的体制保证。

从人民公社制度到家庭联产承包责任制的改革，是我国农村经济的重要改革，家庭联产承包责任制最终能够成为我国农村的基本经济制度，正是因为这种生产关系能够极大地调动农民的生产积极性，使农民的劳动热情得到充分发挥，所以才能够推动我国农业生产力的发展。

生产力决定生产关系，生产关系又反作用于生产力，因此，生产关系一定要适应生产力状况。我国家庭联产承包责任制的提出，是摆脱旧的不合适的经济制度，建立符合新的符合生产力状况的经济制度的改革，发挥了生产关系对生产力发展的推动作用，促进了我国农村经济的发展。

案例四：上层建筑对经济基础具有反作用
——1979 年“八字方针”的提出

一、马克思主义基本原理

上层建筑对经济基础具有反作用。当上层建筑为适应生产力发展要求的经济基础服务时，就成为推动社会发展的进步力量；反之，当它为落后的经济基础服务时，就成为阻碍社会发展的消极力量。（参见教材第 128 页）

二、案例内容

1979 年 4 月 5 日至 28 日，党中央为纠正多年来经济建设指导方针的偏差和此前两年经济工作中出现的急于求成倾向，正式确立了对国民经济实行“调整、改革、整顿、提高”的方针，通称为新“八字方针”。

“八字方针”对国民经济的调整主要集中在以下几方面：一是坚决地、逐步地把积累与消费、重工业和轻工业、农业和工业比例严重失调的问题调整过来，使我们的国民经济进入健康发展的轨道；二是积极而又稳妥地改革工业管理体制和经济管理体制，充分调动中央、地方、企业和职工的积极性和创造性；三是继续整顿企业，建立健全良好的生产秩序和工作秩序；四是通过调整、改革和整顿，大大提高管理水平和技术水平，更好地按客观经济规律办事。

在新“八字方针”实行的过程中，国民经济比例失调的状况明显好转，从前积累率过高、忽视轻工业、忽视农业发展的现状都有很大改变。在此基础上，党中央决定要在接下来的五年继续贯彻新“八字方针”，不仅要彻底解决经济比例失调问题，还要纠正经济建设中存在的“左”的思想，确立实事求是的经济方针，制定符合实际的经济发展目标和经济策略，为以后经济的良性发展奠定基础。

参考文献

中共中央党史研究室：《中国共产党的九十年》，中共党史出版社、党建读物出版社 2016 年版，第 684—688 页。

三、案例解析

上层建筑对经济基础具有反作用。当上层建筑为适应生产力发展要求的经济基础服务时，就成为推动社会发展的进步力量；反之，当它为落后的经济基础服务时，就成为阻碍社会发展的消极力量。

在 1979 年之前一段时间内经济工作中，我国将工作重心放在发挥工业对于推动生产力进步、经济发展方面的带动作用，恰恰忽视了农业农村农民的发展问题正是推动工业以至于生产力发展的关键因素。因而，我国制定了加快发展工业的政策，改变了重视重工业、忽视轻工业，重视工业、忽视农业的发展状况。这种重视工业、忽视农业的指导思想与较为低下的生产力发展水平不相适应，造成了国民经济比例严重失调的状况，阻碍了生产力的发展。

之后，党中央总结了前期经济建设方面的经验教训，调整了与生产力发展不相适应的经济计划，提出了“调整、改革、整顿、提高”的新“八字方针”。这新“八字方针”是在摸准、摸清我国国情和经济活动中各种因素的相互关系基础上制定的规划，目的是把各方面比例失调的问题调整过来，为今后经济的发展创造良好的条件。

新的国民经济计划适应生产力的发展要求，极大地推动了国民经济的发展，推动许多领域取得了重大成就，社会生活呈现出新的面貌，人民生活水平显著提高。具体来看，各部门各地区深入贯彻新“八字方针”，逐步调整了积累和消费之间的比例问题，改变了过去积累率过高、消费率过低的状况，改变了过去发展重工业、忽视轻工业的状况，改变了过去发展工业而轻视农业的状况。邓小平指出，我国人口多、耕地少，而且农民占总人口的 80%，只有切实解决农民的生产生活问题才可以为工业的加快发展奠定基础，从而扎扎实实地推动国民经济的发展和逐步提高人民的生活水平。于是，自 1979 年调整经济指导思想以来，经济建设的脚步逐渐放缓了，以农业发展带动工业发展。具体来看，主要采取了如下措施：

其一，将发展农业作为首要任务，出台了 25 项发展农业的措施；其二，鼓励农民开展副业，增加家庭的收入；其三，国家增加对农业发展和农村基础设施建设的投资，大幅度地提高粮、棉、油等 18 种农副产品的收购价格；等等。这些措施极大地提高了农业生产的效率，农产品种类得到丰富，广大农民生产的积极性得到提升，部分农民因此开始有了资金积累，农业劳动力逐渐出现了剩余，推动了农业劳动力开始向工业渗透，一部分农民开始脱离农业，转而从事服务业和工业，推动了工业化的进程。

由此可见，新“八字方针”的出台极大地调整了国民经济比例失调问题（工业和农业的发展关系问题），使生产关系适应了我国是一个农业大国和生产力发展水平总体比较落后的现状，推动国民经济走上了一条健康持续的发展道路，我国经济建设也因此步入了正确的发展轨道。总之，上层建筑对经济基础具有反作用，1979 年党中央对国民经济实行“调整、改革、巩固、提高”的新“八字方针”，这一方针的提出纠正了过去脱离实际、急于求成的偏差，促进了国民经济的健康发展。

案例五：社会形态更替的一般规律及特殊形式——新民主主义革命的胜利和新民主主义社会的建立

一、马克思主义基本原理

生产力与生产关系的矛盾运动规律和经济基础与上层建筑矛盾运动的规律，是人类社会发展的一般规律。这些规律决定了社会形态的更替和历史发展的基本趋势。

社会形态包括社会的经济形态、政治形态和意识形态。人类社会发展进步，是通过社会形态的更替来实现的。社会形态更替既具有普遍规律，又具有各自的特点，即社会形态更替具有统一性与多样性，它根源于社会发展的客观必然性与人们的历史选择性相统一的过程。社会形态更替具有客观必然性。但是，如同其他社会规律一样，社会形态更替的规律也是人们自己的社会行动的规律。（参见教材第133—136页）

二、案例内容

毛泽东在《中国革命和中国共产党》一文中写道："中华民族的发展（这里说的主要是汉族的发展），和世界上别的许多民族同样，曾经经过了若干万年的无阶级的原始公社的生活。而从原始公社崩溃，社会生活转入阶级生活那个时代开始，经过奴隶社会、封建社会，直到现在，已有了大约四千年之久。"① 中国经过了原始社会、奴隶社会、封建社会，民族资本主义工商业也在封建社会晚期有了一定程度的发展，中国资本主义萌芽随之产生并缓慢发展。如果没有外国资本主义的入侵，中国也能在此基础上自发地走向资本主义。正如毛泽东所言："中国封建社会内的商品经济的发展，已经孕育着资本主义的萌芽，如果没有外国资本主义的影响，中国也将缓慢地发展到资本主义社会。"②

20世纪上半叶的中国，个体农业经济和手工业经济占90%，经济落后，生产力落后，这说明中国在某种程度上与古代相似；现代工业占10%，这代表着先进生产力，而且比较集中地控制着国家的

① 《毛泽东选集》第二卷，人民出版社1991年版，第622页。
② 《毛泽东选集》第二卷，人民出版社1991年版，第626页。

经济命脉，造就了300万现代产业工人，这是生产力二重性的表现。资本主义入侵，一方面造就了新式工业，破坏了中国封建社会的基础，促进了资本主义的发展；另一方面与中国封建势力相勾结，不允许中国成为一个独立的资本主义国家，而是将中国变为受其剥削与压榨的半殖民地半封建社会。中国的特殊国情，决定了中国既不能走发达资本主义国家走过的旧路，也不能直接迈入社会主义社会，必须通过新民主主义革命建立新民主主义社会，再经过社会主义革命，走中国独特的社会主义道路。中国社会形态演进和历史发展道路，表现出了特殊性和民族性。

从社会形态来看，新民主主义社会不是一个独立的社会形态，而是由新民主主义向社会主义转变的过渡性社会形态。

参考文献

王伟光：《立足中国社会形态演变　坚持五种社会形态理论》，《史学理论研究》2021年第4期。

《毛泽东思想和中国特色社会主义理论体系概论》，高等教育出版社2021年版，第54—56页。

三、案例解析

马克思主义认为，人类社会发展依次并最终经历五种社会形态，说明人类社会历史演变具有一般规律。但实际上，不同国家和民族具有多样性和特殊性，这是由它们所处的具体条件所决定的。在人类社会发展过程中，作为社会主体的人，会有意识有目的地进行选择，这也是历史发展表现出多样性的原因。

中国社会形态的发展，既表明社会形态更替的统一性，也表明独特的民族性；中国共产党领导中国人民推翻“三座大山”，把一个半殖民地半封建社会的旧中国改变成社会主义新中国，既符合历史发展的必然趋势，又是人们的历史选择。

从历史发展的必然趋势来看，其一，半殖民地半封建社会的性质使旧中国人民始终处于帝国主义、封建主义与官僚资本主义的压迫之下。而这一交织的半殖民地半封建性质的基本国情决定了私有制的资本主义经济无法在中国得到正常发展，这为建立具有公有制为主体的生产关系的基本生产力创造了条件。积贫积弱的旧中国已经失去了生命力，而象征独立、自主、民主的新中国是历史发展的必然趋势。其二，苏联作为世界上第一个社会主义国家，为中国的革命者提供了新的发展方向。苏联的支持是中国共产党领导人民建立新中国的重要条件。其三，西方资本主义对中国资本主义经济的压制等措施，不可能允许中国走上资本主义道路而发展起来。这表明，中国无法走上独立、自主的资本主义道路。正是这些多方面的原因决定了中国只能在通过新民主主义革命建立新民主主义社会，再经过社会主义革命，走出一条非资本主义发展道路，实现跨越式发展。

从人们的历史选择来看，新民主主义革命表明了历史发展的必然趋势。同时，人是社会实践的主体，人们的历史选择活动总是要受自己目的的驱使和制约。中国人民自近代以来就一直被沉重的“三座大山”压得喘不过气来。因此，中国人民要想真正走上独立自主、民主富强的道路，就必然要彻底推翻压在身上的“三座大山”。“三座大山”在旧中国错综复杂交织表明，中国人民要想依靠软弱的资产阶级建立一个大地主大资产阶级专政的资本主义国家，是不可能实现的。中国人民唯有把权力掌握在自己手里，建立一个无产阶级领导的人民大众的新民主主义国家，才能掌握社会发展的主动权，才能真正“站起来”。因此，新民主主义革命虽然有其自身的客观规律，但也恰恰表明它是维护人民群众根本利益、根本意愿的，是人民群众在尊重历史发展规律基础上的历史选择。

从马克思唯物史观对于社会形态内涵的界定来看，新民主主义社会不是一个独立的社会形态。在新民主主义社会中，存在五种经济成分，主要经济成分有三种：社会主义经济、个体经济和资本主义经济。与此相联系，中国社会的阶级构成主要是工人阶级、农民阶级和其他小资产阶级、民族资产阶级等基本阶级力量。总之，新民主主义社会是属于社会主义体系的，是逐步过渡到社会主义社会的过渡性质的社会。这充分说明了中国在具体历史进程中，社会形态表现出自己的独特性。

案例六：社会主要矛盾及其转化的原理——中国社会主要矛盾的转变

一、马克思主义基本原理

社会主要矛盾是社会基本矛盾的具体体现，受社会基本矛盾的规定和制约。社会主要矛盾的存在和发展，规定或影响着社会非主要矛盾的存在和发展。社会主要矛盾和非主要矛盾相互作用，在一定条件下相互转化。正确认识和把握社会主要矛盾，对于无产阶级政党正确判断形势和确立工作重心具有重要意义。(参见教材第140—143页)

二、案例内容

随着社会主义改造胜利完成，中国社会实现了从新民主主义社会到社会主义社会的转变。1956年9月，党的八大指出，我们国内的主要矛盾，已经是人民对于建立先进的工业国的要求同落后的农业国的现实之间的矛盾，已经是人民对于经济文化迅速发展的需要同当前经济文化不能满足人民需要的状况之间的矛盾，并针对我国面临的先进的社会主义制度同落后的社会生产之间的矛盾，提出了大力发展社会生产力的要求，以把我国尽快地从落后的农业国变为先进的工业国为根本任务。

随着党的十一届三中全会把党和国家的工作中心转移到经济建设上来，1981 年 6 月，党的十一届六中全会通过《关于建国以来党的若干历史问题的决议》，充分肯定了党的八大的提法，并作了进一步精简和提炼，提出我国所要解决的主要矛盾，是人民日益增长的物质文化需要同落后的社会生产之间的矛盾。党和国家工作的重点必须转移到以经济建设为中心的社会主义现代化建设上来，大大发展社会生产力，并在这个基础上逐步改善人民的物质文化生活。这个论断是党的八大关于社会主要矛盾论断的延伸和完善，完成了党关于社会主要矛盾理论的第一次转变。

2017 年 10 月，习近平总书记在党的十九大上指出中国特色社会主义进入新时代，我国社会主要矛盾已经转化为人民日益增长的美好生活需要和不平衡不充分的发展之间的矛盾。这是对中国社会现状进行客观分析得出的科学论断，深刻地揭示了我国基本国情的新特点、新内涵、新变化。

参考文献

林兆木：《正确认识我国社会主要矛盾的转化》，《人民日报》2018 年 3 月 30 日。

段治文：《70 年来社会主要矛盾的逻辑演变》，《人民论坛》2019 年第 33 期。

三、案例解析

社会基本矛盾，即生产力和生产关系的矛盾、经济基础和上层建筑的矛盾，通过具体的社会矛盾表现出来。具体的社会矛盾可以分为社会主要矛盾和非主要矛盾，其中，社会主要矛盾是处于支配地位，在社会发展过程一定阶段起主导作用的矛盾。在社会发展的一定阶段，由于社会经济、政治、文化等因素的变化，原有的社会主要矛盾双方的内容可能会发生一定变化。中国特色社会主义进入新时代，我国社会主要矛盾发生了转化。

第一，社会生产力发展水平大幅度提升，为社会主要矛盾转化奠定了基础。改革开放以来，我国创造了“二战”之后世界上经济高速增长持续时间最长的奇迹。经济总量从居世界第十一位上升到2010年以来的稳居世界第二位。2017年国内生产总值达到82.7万亿元，按可比价格计算，比1978年增长33.5倍。制造业产值连续8年居世界第一位，220多种主要工农业产品生产能力稳居世界第一位，一些产品甚至出现大量过剩。这说明我国长期所处的短缺经济和供给不足的状况已经发生根本性转变，“落后的社会生产”已不是构成主要矛盾的一方。

第二，人民生活水平显著提高。我国稳定解决了十几亿人的温饱问题，形成了世界上人数最多的中等收入群体。消费结构持续优化升级，已从数量满足型转向追求质量型，人民对美好生活的需要也已从物质文化生活领域拓展到政治、社会、生态环境等各领域。

第三，经济持续高速增长，加上发展方式粗放、经济结构和体制机制不合理所导致的城乡、区域以及社会、生态环境等领域的发展不平衡不充分问题凸显出来。同时，我国经济实力大幅提升，现在比过去更有条件把解决发展不平衡不充分的问题提上日程。

第四，党的十八大以来，以习近平同志为核心的党中央提出了一系列具有开创意义的新理念新思想新战略，形成了习近平新时代中国特色社会主义思想，为认识和应对社会主要矛盾的转化提供了科学理论指导。这是我们能够根据社会主要矛盾的客观变化作出新的理论概括的根本原因。

社会主要矛盾及其转化的原理，对于指导中国特色社会主义实践具有重要意义。

1981 年 6 月，党的十一届六中全会在正确认识我国基本国情和发展阶段的基础上对我国面临的社会主要矛盾作出正确判断，提出我国所要解决的主要矛盾，是人民日益增长的物质文化需要同落后的社会生产之间的矛盾。基于这一正确判断，我国坚持把党和国家工作重点转移到社会主义现代化建设上来，坚持改革开放，从而使我国经济社会发展取得举世瞩目的巨大成就。

党的十八大以来，以习近平同志为核心的党中央深刻把握我国社会主要矛盾变化带来的新特点、新要求，紧紧围绕解决发展不平衡不充分问题，科学制定路线方针政策和工作部署，开创性地提出一系列重大战略思想、采取一系列战略举措，使我国迈上更高质量、更有效率、更加公平、更可持续、更为安全的发展之路，为满足人民日益增长的美好生活需要创造了更完备的条件，提供了更坚实的基础。

社会主要矛盾是处于支配地位，在社会发展过程一定阶段上起主导作用的矛盾，它不是一成不变的，在一定条件下会发生转化。党的十八大以来，中国社会主要矛盾发生了变化，由人民日益增长的物质文化需要同落后的社会生产之间的矛盾，转化为人民日益增长的美好生活需要和不平衡不充分的发展之间的矛盾。

案例七：社会主要矛盾在一定条件下发生转化——西安事变的爆发

一、马克思主义基本原理

在社会发展的一定阶段，由于客观实际的变化，原有的社会主要矛盾会朝着两个方面转化：一是社会主要矛盾双方的内容发生一定变化；二是矛盾地位发生变化，原来的非主要矛盾上升为占支配地位的主要矛盾。社会主要矛盾的变化使得受其影响的社会发展过程也发生了变化，主要表现为社会发展表现出新的阶段性特点。(参见教材第 141—143 页)

二、案例内容

20 世纪 30 年代，日本帝国主义在中国制造了一系列骇人听闻的事变，加剧了中国的民族危机，点燃了全国抗日情绪。然而蒋介石政府一直奉行“攘外必先安内”的政策，始终进行“剿共”活动。与之形成鲜明对比的是中国共产党的抗日决心与政策。1935 年，中国共产党在《八一宣言》中提出了抗日民族统一战线的主张，同年 12 月的瓦窑堡会议则确立了抗日民族统一战线政策。在抗日的诚挚号召下，中国共产党争取到张学良、杨虎城等国民党爱国将领的支持。

1936 年 12 月初，蒋介石由南京飞抵西安，严令张学良、杨虎城加紧“剿共”。二人再三苦谏，希望“停止内战，一致抗日”，遭其拒绝。两位爱国将领毅然选择诉诸兵谏。12 月 12 日凌晨，张学良的东北军于蒋介石驻地华清池与其卫队交火，活捉蒋介石并拘押10余名国民党军政要员。两位将领随之通电全国，提出八项主张：改组南京政府，容纳各党各派共同负责救国；停止一切内战；立即释放上海被捕之爱国领袖；释放一切政治犯；开放民众爱国运动；保障人民集会结社一切政治自由；确实遵行总理遗嘱；立即召开救国会议，同时致电中共中央，邀其赴西安共商团结抗日大计。

西安事变发生后，国民党内部派系及其背后势力展开了激烈的角逐。以何应钦为首的亲日派力主进攻西安，扩大事态，从而“改朝换代”，进一步与日妥协；以宋子文、孔祥熙为代表的亲英美派则希望事变和平解决，以维护蒋的统治和英美在华利益。当夜，南京中央一方面任命何应钦为讨逆军总司令，另一方面任命于右任为陕甘宣抚大使。

中共中央审时度势，制定了和平解决事变的方针，派出以周恩来为首的代表团赴西安参与各方会谈，坚决主张和平解决这次事变。国民党一方则是由宋子文、宋美龄出面谈判。24日，经过反复磋商，各方代表达成“改组国民党与国民政府，驱逐亲日派，容纳抗日分子”、“释放上海爱国领袖，释放一切政治犯，保证人民的自由权利”、联共抗日等六项协议。26日，蒋介石抵达南京。至此，西安事变和平解决，促成了国共两党第二次合作，成为时局转换的枢纽。

参考文献

中共中央党史研究室：《中国共产党历史》第一卷，中共党史出版社2011年版，第438—445页。

三、案例解析

社会主要矛盾是社会基本矛盾的具体时空表现，是历史的、具体的。在社会发展过程中，由于客观实际不断变化，原有的社会主要矛盾也在内容或地位方面发生了一定的转化，促使社会发展表现出新的阶段特征。西安事变的爆发便是当时中国社会主要矛盾变化的一个重要表现。

自鸦片战争爆发以来，中国逐步沦为半殖民地半封建社会，这是近代中国最基本的国情，致使帝国主义和中华民族的矛盾、封建主义和人民大众的矛盾成为近代中国社会最主要的两大矛盾。而在某个具体时段，由于当时社会经济、政治、文化等因素的变化，阶级矛盾与民族矛盾也互相转化、彼此让位，更迭地起主导作用，决定着当时中华民族的具体历史任务。毛泽东就曾对新民主主义革命时期的中国社会主要矛盾变化发展的情形作出分析。他指出，当帝国主义的侵华战争危及民族存亡时，中华民族与帝国主义的民族矛盾便成为主要矛盾；当帝国主义采用一种“比较温和”的压迫方式时，阶级矛盾则成为国内社会的主要矛盾；而当国内革命形势一片大好、即将从根本上挑战国内外反动势力时，它们便狼狈为奸，公开地与人民大众为敌，共同成为社会主要矛盾的一方。

作为分割第二次国内革命战争与全面抗战时期的重大历史节点，西安事变的爆发表明了中国社会主要矛盾已然发生转变。尽管中国的抗日战争在1931年便拉开序幕，日本帝国主义加快侵吞中国的速度，各地反日浪潮此起彼伏，但在西安事变以前，中国社会各阶层并未达成抗日的共识，反封建、针对大地主大资产阶级的反抗与斗争仍是当时社会的主题与主线。然而事实上，中国社会的主要矛盾已然发生变化，中日民族矛盾的地位逐渐上升。随着日本帝国主义亡我中国的野心与国民党反动派出卖国家主权的丑态昭然若揭，全国人民义愤填膺，发出“团结抗日、一致对外”的时代最强音。《八一宣言》、一二·九运动等重大事件与活动都是该阶段矛盾变化的重要表现，西安事变的爆发也不外如是。正是因为蒋介石集团没有抓住社会主要矛盾，轻视甚至无视全国民众的抗日诉求，坚持“攘外必先安内”，张学良、杨虎城才顺应历史与人民的期待，诉诸兵谏以“逼蒋抗日”。而代表中国人民利益的共产党则抓住了社会主要矛盾，作出和平解决事变的决策，积极促成西安事变的和平解决。因而此后，反帝、抗日成了中国社会的主要任务，国共两党按甲休兵，团结起来一致抗日。“一寸山河一寸血，十万青年十万兵”，全民族抗战的热潮席卷全国，经过十四年浴血奋战，中国人民终于“挽狂澜于既倒，扶大厦之将倾”，赶跑了侵略者，赢得了民族独立。

西安事变生动表明社会主要矛盾和非主要矛盾在一定条件下可以相互转化，同时也表明社会主要矛盾的变化导致社会发展的阶段性特点。由此可见，社会主要矛盾在一定条件下发生转化的原理具有重大的方法论与指导意义。因而，毛泽东指出：“对于矛盾的各种不平衡情况的研究，对于主要的矛盾和非主要的矛盾、主要的矛盾方面和非主要的矛盾方面的研究，成为革命政党正确地决定其政治上和军事上的战略战术方针的重要方法之一，是一切共产党人都应当注意的。”①

案例八：社会革命是推动社会发展的重要动力——新中国成立初期的土地改革

一、马克思主义基本原理

社会革命是阶级斗争发展到一定阶段的产物，是推动社会发展

---

①《毛泽东选集》第一卷，人民出版社 1991 年版，第 326—327 页。

的重要动力。（参见教材第 143 页）

二、案例内容

新中国成立后，按照《中国人民政治协商会议共同纲领》的规定，国家要有步骤地将封建半封建的土地所有制转变为农民的土地所有制。据此，从 1950 年冬到 1952 年底，党领导占全国人口一多半的新解放区进行了废除封建土地制度的改革。

在新解放区，先是清匪反霸，减租退押，从斗争中建立农村基层政权和民兵组织，培养一批农民积极分子，为新区土地改革准备了条件。1950 年 6 月，中央人民政府委员会通过由中国共产党提出的《中华人民共和国土地改革法（草案）》（以下简称《土地改革法》）。《土地改革法》总结党过去领导土地改革的经验，又根据当时的实际情况规定了保存富农经济的政策，成为指导新区土地改革的基本法律依据。

《土地改革法》颁布后，政务院相继制定和公布实施与之相配套的法规、政策。关于农村阶级成分的划分，具体规定了以经济地位划分地主、富农、中农、贫农、工人等成分的标准，并明确了知识分子的阶级出身，依其家庭成分决定，其本人的阶级成分，依本人取得主要生活来源的方法决定。对小手工业者、自由职业者、手工业资本家、手工业工人、小商小贩、开明士绅的划分以及地主成分的改变等，也分别作了规定。

从 1950 年冬开始，土地改革有领导地分期分批进行。每期一般经历了发动群众、划分阶级、没收和分配地主土地财产、复查总结和动员生产等步骤。各地政府都派出土改工作队深入农村，领导土改运动。大批机关干部、知识分子（包括大学教授）和许多民主党派成员报名参加土改工作队，投身到这场伟大斗争中。各地土改工作队深入农村访贫问苦，培养积极分子，逐步把群众发动起来，建立以贫雇农为核心的农民协会，作为土改执行机关。随后，划分阶级，开展对地主阶级面对面的斗争，揭露他们的罪恶，打垮他们的威风，并对其中罪大恶极的分子和破坏土改的分子实行镇压。在斗争取得胜利的基础上，由农民协会没收地主的土地和财产，分配给无地、少地的农民，并在分配完成后进行复查，由人民政府颁发土地证，整顿与加强政权和民兵组织，引导农民发展生产。

土地改革的完成，消灭了地主阶级封建剥削的土地所有制，从根本上铲除了中国封建制度的根基，带来了农村生产力的解放、农民生产积极性的提高、农业的迅速恢复和发展。这是近代以来中国人民反封建斗争的一次历史性胜利。

参考文献

中共中央党史研究室：《中国共产党的九十年》，中共党史出版社、党建读物出版社2016年版，第381—385页。

三、案例解析

社会革命有广义和狭义之分，广义的社会革命是指在社会基本矛盾运动基础上的社会生活的全面变革，包括人与自然的关系、人与人的社会关系、思维方式、思想观念的重大变革。新中国成立初期的土地改革便是广义上的社会革命，它以废除地主阶级封建剥削的土地所有制，实行农民的土地所有制为基本目的，以解放农村生产力、发展农业生产、为新中国的工业化开辟道路为目标。

社会革命对社会发展起巨大作用。由于党的政策和土改法令的正确贯彻执行，涉及2.9亿农业人口的新区土地改革进行得井然有序。到1952年底，除一部分少数民族地区外，土地改革在全国大陆基本完成。包括老解放区在内，全国有约3亿无地少地的农民无偿地获得约7亿亩土地，免除了过去每年向地主交纳3000万吨以上粮食的地租。同时，广大农民还分得大量其他生产资料和生活资料，计有耕畜296万头，农具3944万件，房屋3795万间，粮食100多亿斤。土地改革极大地激发了亿万农民的政治热情和生产积极性。

随着新区土地改革的基本完成，各级政府从经济上对翻身农民给予扶持，实行一系列有利于促进农业生产的政策措施，广大农民生产积极性空前高涨，普遍添置耕畜及各种新式农具，改善生产经营状况，扩大生产经营范围，掀起群众性的生产热潮。1950—1952年，我国粮食、棉花、油料等主要农产品的产量逐年增加，显示了土地改革对解放生产力、恢复和发展农业生产的促进作用，也推动了工农联盟的巩固和农村基层政权的建设。

土地制度的改革大大促进了农村文化的发展。随着土改后农村经济的恢复，农民的文化需求日益增加。为了满足农民学习文化的迫切需要，各地农村普遍开展文化扫盲运动，利用冬季农闲时间，组织农民学习文化，学习政治，提高农民的文化素质。1950年全国上冬学的农民达2500万人以上，1951年上常年夜校的农民有1100余万人。新的科学知识开始被传布，劳动光荣逐渐成为风气。同时，翻身农民的子弟开始大量进入学校，接受文化知识教育。1952年与1949年相比，农村在校小学生人数增加111.8%，中学生人数增加186.2%。随着新婚姻法、扫盲运动等民主改革法令和运动的宣传与实施，在农村中普遍进行了扫除封建迷信、改革陈规陋习等移风易俗活动，使闭塞守旧的乡村出现许多深入民主改革的新风气、新气象，对农村经济发展和农村社会稳定起到了重要作用。

社会革命是推动社会发展的重要动力。新中国成立初期的土地改革解放了生产力，激发了农民的生产积极性，促进了农村文化的发展。

案例九：改革是社会发展的重要动力
——1977 年以来的高考演变

一、马克思主义基本原理

上层建筑对经济基础具有反作用。当上层建筑为适合生产力发展要求的经济基础服务时，就成为推动社会发展的进步力量；反之，当它为落后的经济基础服务时，就成为阻碍社会发展的消极力量。(参见教材第 128—129 页)

二、案例内容

文化和教育领域在“文化大革命”中遭受严重冲击，而实现社会主义现代化建设的目标迫切需要这些领域的广大知识分子。周恩来生前就提出了高考招生的意见。华国锋也提出了这一问题。1977 年 7 月 23 日，邓小平复职第三天就召集一所高校的负责人商议，科学技术人员的缺乏导致我国在 20 世纪 70 年代和国际上的差距越来越大，因而要选拔优秀的科学技术人员，鼓励科研人员钻研技术。1977 年 8 月 4 日，在中央支持下，邓小平召开科学和教育工作会议，听取了科学家和教育工作者对今后开展教育工作的意见，大家一致认为要改革高等学校的招生制度，恢复文化考试。他立即表示今年就从高中毕业生中直接招考学生，恢复高等教育入学考试。中央政治局讨论并通过了《关于一九七七年高等学校招生工作的意见》。经党中央决定，从 1977 年 11 月 28 日起，我国约有 570 多万青年参加高等学校招生考试。高考制度的恢复，为各个领域的一大批知识青年敞开了大门，给予了他们依靠自身努力获得高等教育的机会，使社会上燃起了学习科学文化知识的热潮，培养了一大批科学技术人才，为开展现代化建设奠定了基础。

1992—2011 年，我国高考招生制度开始强化“分权”和“问责”方面的改革。2012 年至今，高考制度改革步伐并没有停止，新时代高考制度改革将科学评价学生德智体美劳全面发展水平作为目标。

参考文献

中共中央党史研究室：《中国共产党的九十年》，中共党史出版社、党建读物出版社 2016 年版，第 647—648 页。

三、案例解析

改革是推动社会发展的重要动力，是社会制度的自我完善和发展，它是在一定程度上解决社会基本矛盾、促进生产力发展、推动社会进步的有效途径和手段。1977 年底—1978 年初，曾被废弃的考试制度重新得到恢复，全国高等学校重新开始通过统一考试招收学生。1977 年高考制度的恢复与改革，选拔了大批优秀的青年人，他们被放到祖国需要的各个领域，促进了生产力发展，推动了社会进步。具体来看，我国高考制度的改革经历了三个关键阶段，提高了大批青年人的科学文化水平，为改革开放和社会主义现代化建设源源不断输送人才。

1977—1992 年，我国恢复高考并开始了高考制度的改革，选拔优秀人才。高考制度的恢复使国家招收到一大批各个领域的人才，为我国现代化建设贡献了大量的人才。高考的恢复只是一个起点，为进一步推动教育领域的改革，教育部门将工作的重心放在如何推倒教育战线的“两个估计”上。在推翻“两个估计”后，各学校的教学工作终于走上了正轨，取得了突破性的进展。教学的质量和教师的地位得到了提高，也形成了尊重老师、遵守课堂纪律的良好风尚，这种改变极大地提高了广大教师的教学积极性，带动了整个教育行业质量的提升。

伴随高考的改革甚至整个教育领域的改革，科学技术领域也开始了改革的步伐，并且也取得了突出的成绩，培养了一批为国为民、勇于奉献的科学家。1977 年 5 月，邓小平指出，“整个国家赶超世界先进水平，科学研究是先行官”，[①] 动员科技领域向实现科技现代化进军。对此，我国开始了对科技领域的改革，重新建立学术委员会，恢复科协和科技相关的协会，建立针对各类人员的科学公正的考核制度，提高科学技术人员的福利待遇，这一系列改革措施使科技工作走上了正轨，掀起了一股学习科学技术、争做科学家的热潮。在此过程中，有多名科技人员因为科研成就显著得到破格提升，并且投入尖端技术的研制工作中，为我国的科学技术事业作出了贡献，为社会主义现代化建设事业作出了贡献。由此，中国的科学事业迎来了春天，开始焕发出蓬勃的生机。正是高考制度的改革、整个教育事业的拨乱反正、整个科学界的改革，推动了社会的进步。

1992—2011 年，我国高考招生制度开始强化“分权”和“问责”方面的改革。我国开始实施学生缴费上大学的政策，取消了免费上大学的政策，并且自 1999 年开始，高等院校开展大规模的扩招，这一系列的措施从整体上提升了人民的普遍学历水平。

2012 年至今，高考制度改革步伐并没有停止，由于改革开放后过于强调学生的分数，很多学生忽视了体和德两方面的提升，习近平总书记在全国教育大会上强调，“要坚决克服唯分数、唯升

① 中共中央文献研究室编：《邓小平思想年谱：1975—1997》，中央文献出版社 1998 年版，第 27 页。

学、唯文凭、唯论文、唯帽子的顽瘴痼疾，从根本上解决教育评价指挥棒问题，扭转教育功利化倾向”①。在习近平总书记的指导下，新时代高考制度改革将科学评价学生德智体美劳全面发展水平作为目标。这一改革培养了全面发展的学生，学生不只是会学习，还应具备优良的品德、拥有强健的体魄、具备一定的审美能力、掌握劳动的技能，这造就了全面发展的新时代社会主义接班人，他们也更加有能力为国家作出更大的贡献。

总之，改革是社会发展的重要动力，是推动社会进步的有效途径和手段。1977 年恢复高考制度并改革高等学校的招生制度，选拔了大批优秀的知识青年，使其投入社会主义建设所需要的各行各业中去。1992—2011 年，我国高考招生制度改革从整体上提升了人民的普遍学历水平，推动了社会进步。2012 年至今，在中国特色社会主义新时代，我们继续推进高考制度改革，培养德智体美劳全面发展的社会主义接班人，为实现中华民族伟大复兴奠定基础。

案例十：科技革命是社会发展的重要动力
——“863 计划”

一、马克思主义基本原理

科学技术作为先进生产力的重要标志，是推动社会文明进步的重要力量。科技革命是推动经济和社会发展的强大杠杆。每一次科技革命，都不同程度地引起了生产方式、生活方式和思维方式的深刻变化和社会的巨大进步。（参见教材第 150—152 页）

① 习近平：《论坚持全面深化改革》，中央文献出版社 2018 年版，第 473 页。

二、案例内容

20世纪80年代，世界高新技术蓬勃发展，国际竞争日趋激烈，科学技术对经济社会发展的推动作用日益凸显。各国为提升国际竞争优势，纷纷制定高新技术发展规划，比如，美国开始实施“战略防御倡议”（又称“星球大战”计划），欧洲启动“尤里卡”计划等，在世界范围内掀起了一个发展高科技的浪潮。面对世界科技革命的挑战，王大珩、王淦昌、杨嘉墀、陈芳允等科学家一致认为中国必须尽快制订高技术发展计划，大力发展高技术，并于1986年3月联名向中共中央提出跟踪世界先进水平、发展高技术的建议。为了让建议书尽快进入领导人视线，王大珩等没有通过正式渠道，按部就班地逐级往上呈报，而是走了生平难得的一个“后门”：请邓小平的女婿，当时在中国科学院技术科学部工作的张宏，将信直接呈交给了邓小平。

邓小平对此建议进行批示，强调此建议十分重要，指示要迅速针对该建议进行深入讨论。经过各领域专家的详细、周密论证，同年11月，中共中央、国务院批转了《高技术研究发展计划纲要》，提出了生物技术、航天技术、信息技术、先进防御技术、自动化技术、能源技术和新材料7个领域中的15个主题项目，作为我国发展高技术的重点，该计划后被称为“863计划”。该计划明确了我国发展高技术的重点，成为我国科技发展的一面旗帜，其实施后有力推动了我国科技事业的发展。

1986—2016年的30年间，“863计划”对我国科技事业和经济社会发展产生了重要影响。在“863计划”启动实施后，我国瞄准世界高技术发展前沿，集中优势力量持续攻关，创造了一大批具有世界先进水平的高科技成果，如亿次巨型“银河”计算机系统、世界超级计算机冠军——“神威·太湖之光”、7000米级“蛟龙”号载人深潜器、多种运载火箭、卫星、高铁等，大大提升了我国高技术创新能力。2016年，“863计划”被整合到新设立的国家重点研发计划中，完成了历史使命。总的来看，“863计划”使我国在高技术诸多领域异军突起，有力推动了我国科技事业的发展，为我国在世界高科技领域赢得一席之位奠定了坚实基础。

参考文献

中共中央党史研究室：《中国共产党的九十年》，中共党史出版社、党建读物出版社2016年版，第723—724页。

《“863”计划，一个伟大科技工程的台前幕后》，中国日报网，2016年11月21日。

三、案例解析

“863计划”开启了我国高技术腾飞的征程，对生产方式和生活方式产生了深入而广泛的影响，推进了社会历史进步，充分彰显了科技革命在经济社会发展中的巨大作用。

第一，科技革命对生产方式产生了深刻影响。科技发展能够促进劳动资料的变革，改变人们的劳动方式，推动产业结构和就业结构发生变化，逐步提高生产的自动化水平和社会化程度。我国以科技创新助力国家产业转型，持续突破核心技术，为推动传统产业现代化转型奠定科技基础。在“863计划”的支持下，我国突破并掌握了一大批国际领先的关键技术，在信息技术、生物和农业技术、新材料、先进制造与自动化技术、资源与环境技术、能源技术等领域取得重大进展，不断夯实基础科学和前沿科学根基。高技术的创新为生产发展提供助力，促进生产向智能化、智慧化方向发展，提升企业的产品、质量、效益、服务水平，促进劳动结构的优化和高新技术产业的迅猛发展。

第二，科技革命对生活方式产生了巨大影响。现代信息技术的发展为人们的学习、工作与交往带来了极大的便利，有效改善了人民生活。“863 计划”从中国实际需求出发，坚持有限目标、突出重点，大力发展科学技术，促进科技成果为民所用，极大地促进了民生的改善。伴随“863 计划”的启动与实施，我国攻关高性能计算机，成功研制世界上首台峰值计算速度超过 10 亿亿次的超级计算机，广泛用于自动驾驶、生物医药、气候预报、抗震分析等领域，提高了人们的生活质量；中国科学家在杂交水稻领域不断进行科技创新，杂交水稻亩产不断取得新突破，为保障全球粮食安全贡献中国智慧；我国铁路科技实力和创新能力大幅提高，截至 2021 年底，中国高铁运营里程突破 4 万公里，稳居世界第一，使人们的出行更加便捷。

第三，科技革命促进了思维方式的变革。思维方式的产生是人类实践的结果，伴随科技的进步，人们需要运用新的理论工具和现代化的技术手段去研究新现象、新领域、新课题，在此过程中，人们的知识结构不断更新，思维方式发生变革。“863 计划”让中国高新科技的发展走上了快车道，一系列新知识、新技术改变着社会实践的整体面貌，这就要求一种与之相适应的、全新的思维方式。生物技术、信息技术、微电子技术等高新技术的发展，不断更新思维主体和思维客体的内涵，带来了众多创新型思维工具，使人们的认识活动趋向数字化、模型化。

总的来看，“863 计划”是我国第一个战略性高科技发展计划，描绘了一幅面向 21 世纪的中国战略性高科技发展蓝图。“863 计划”的实施，为国家培养了一大批高精尖科技领域人才，有效提升了我国高新科技发展水平，有力推进了我国社会发展进步。

案例十一：人民群众是历史的创造者
——抗日战争

一、马克思主义基本原理

人民群众是社会历史实践的主体，决定着社会历史发展过程。人民群众既是社会物质财富的创造者，又是社会精神财富的创造者，更是社会变革的决定力量。（参见教材第 156—159 页）

二、案例内容

1931 年九一八事变后，日本步步紧逼，企图灭亡中华，中日民族矛盾逐渐上升为中国社会主要矛盾。面对日寇“亡我国家、灭我种族”的野心与危机，越来越多的中国人意识到，要想战胜日本侵略者，非凝聚起全民族的力量不可。以实现国家独立、民族解放为目标，担负反帝反封建历史重任的中国共产党及时提出了建立抗日民族统一战线的主张。1935 年 8 月，中共中央发表《为抗日救国告全体同胞书》，号召全国同胞团结起来，停止内战，抗日救国，组织全国统一的国防政府和抗日联军。1936 年 12 月，中国共产党本着民族大义，以博大的胸襟推动西安事变和平解决，促成了其后国共两党第二次合作和抗日民族统一战线的建立。1937 年 7 月，日本发动全面侵华战争的七七事变，使中华民族到了最危险的时候，中国共产党及时通电全国指出，只有实行全民族抗战，才是中国的出路，号召全国人民团结起来，筑成民族统一战线的坚固长城，抵抗日本的侵略。同年 9 月，国民党中央通讯社发表《中共中央为公布国共合作宣言》，蒋介石发表了实际上承认共产党合法地位的谈话，宣告国共两党重新合作和中国抗日民族统一战线的形成。

国共两党“兄弟阋于墙，外御其侮”的第二次合作振奋了全国民众的抗日热情与积极性。中华民族革命同盟、国家社会党、乡村建设派等一众党派一致表示拥护政府抗战和国共两党合作抗日。工人、农民、知识分子积极投入抗日洪流，民族工商业者踊跃为前线捐赠钱物。少数民族同胞也积极加入抗日战争，许多台湾同胞则返回大陆，组织各种抗日团体和抗日武装。港澳同胞和海外华侨也以各种方式参加抗日活动，或赞助抗战军费，或筹赈祖国难民总会。父教其子，兄勉其弟，妻子送郎，共赴国难。

正是因为全民族的广泛参与，正是因为全体中国人民的凝心聚力，中华民族才能筑起抗击日本侵略者的钢铁长城，才能最终赢得近代以来民族解放战争的第一次完全胜利。

参考文献

李庆刚：《抗日战争是人民的战争》，《经济日报》2015 年 7 月 6 日。

中共中央党史研究室：《中国共产党的九十年》，中共党史出版社、党建读物出版社 2016 年版，第 187 页。

三、案例解析

人民群众是社会历史实践能动的主体，决定着社会历史发展过程。他们具有无与伦比的主观能动性，积极参与认识世界与改造世界的实践活动，创造了厚重且辉煌的历史。中国人民的抗日战争亦不外如是。它是人民的战争，它的胜利便是人民战争的胜利。人民群众于其中发挥着举足轻重的作用。

中国人民在抗战期间创造了丰硕的社会物质财富。物质资料的生产方式是人类社会赖以存在和发展的基础，而广大劳动群众则是物质资料生产活动的主体。抗战期间，中国广大人民群众的生产实践活动既满足了军民吃穿住行等生活需要，又为持久性抗战提供了必要的经济基础与物质准备。以大生产运动为例，抗战进入战略相持阶段后，面对来自敌、伪、顽的经济封锁，陕甘宁边区与各抗日根据地积极开展大生产运动，实行军垦屯田并鼓励生产，从而实现粮食、被服和其他日用品的全部或部分自给，减轻了人民负担并改善了军民生活。此外，一大批爱国实业家在政府的统筹与号召下纷纷将沿海沿江地区的工矿企业迁至内地。据统计，从 1937 年 8 月 13 日日军进攻上海，到 11 月 12 日中国军队退出上海，共迁出民营工厂 148 家、机器设备 12400 多吨、工人 2100 多名。其中，包括荣宗敬的申新纱厂、胡厥文的新民机器厂等。这场“中国实业界的敦刻尔克”保存了中国抗战的经济力量并建立起后方工业体系，为支持持久抗战、取得抗战的最后胜利奠定了重要的经济基础与物质保障。

中国人民也在抗战期间创造了不朽的社会精神财富。一方面，人民群众的生活、实践活动是一切精神财富、精神产品形成和发展的源泉。其一，在 14 年抗战过程中涌现出了赵一曼、杨靖宇以及狼牙山五壮士等一大批先进人物与其可歌可泣的英雄事迹，极大地鼓舞了当时全国人民的抗日斗志。其二，在中国人民的不屈抗战实践中，也诞生了伟大的抗战精神。他们向世界展示了天下兴亡、匹夫有责的爱国情怀；视死如归、宁死不屈的民族气节；不畏强暴、血战到底的英雄气概；百折不挠、坚忍不拔的必胜信念。伟大抗战精神，是中国人民弥足珍贵的精神财富，将永远激励中国人民克服一切艰难险阻、为实现中华民族伟大复兴而奋斗。其三，现今承载着抗日英烈们的光辉事迹与伟大抗战精神的诸多纪念馆、爱国教育基地，在适当性营收的同时，也对公民爱国主义教育与精神情操陶治有着重要意义。另一方面，中国人民亦直接参与了精神生产与社会精神财富创造的过程。或着力激发全民族抗战斗志，或有感于时代与个人机遇，14 年抗战岁月中涌现出一大批优秀的爱国文艺作品，如电影《风云儿女》，反映了当时为民族解放而斗争的大背景下知识青年的觉醒和成长的同时，也曲折地反映了全国人民一致要求抗日的热烈愿望，其主题歌——《义勇军进行曲》更是以奔放的革命热情、激昂的旋律唱出了时代与人民的呼声，极大地振奋了中国人民的抗日斗志与士气。

中国人民亦在社会变革中发挥着决定性力量。抗日战争是一场推动中国新民主主义革命历史进程的战争。它不仅是争取独立和解放的民族战争，完成了反帝这一近代中国社会的重要任务，而且是追求民主与进步的深刻社会变革。其一，抗战期间，国共两党团结御侮、一致抗日，尤其是以毛泽东为主要代表的中国共产党人从中国广大民众的根本利益出发，动员、组织和武装人民群众，实行全面全民族的抗战路线，得到了广大人民群众和各民主党派、无党派爱国人士的热切拥护和支持，从而赢得了抗战的最终胜利。其二，抗战使得中国的政治力量与政治格局剧烈分化。代表中国人民根本利益的共产党因其一以贯之的坚决抗战立场与优异的抗战表现，赢得了广大人民群众与爱国人士的拥泵，实力急剧增长，从而有了与代表大地主大资产阶级的国民党反动集团一较高下的实力与底气，为新中国成立和中华民族伟大复兴奠定了坚实的政治基础和群众基础。

历史活动是群众的事业，决定历史发展的是行动着的群众。人民群众是社会历史实践的主体，是历史的创造者。中国人民的抗战实践便是这一原理的生动注解。人民历史人民创，中国人民是当之无愧的中国实践主体，书写了厚重且璀璨的中国历史。

案例十二：群众、阶级、政党、领袖的关系——“三个代表”重要思想

一、马克思主义基本原理

在阶级社会中，群众被划分为不同的阶级，阶级所处的经济地位不同，在社会历史中的作用也不同。阶级通常由政党领导，政党是本阶级的实际组织者和领导者。政党是由领袖来主持的。领袖从群众中产生，是人民群众利益的忠实代表。群众、阶级、政党、领袖相互依存，不可分割，构成一个有机整体。（参见教材第 164—165 页）

二、案例内容

“三个代表”重要思想是面对国际国内形势对马克思主义中国化理论的不断创新与发展。中国共产党作为执政党，领导中国人民经历了革命、建设和改革开放，在取得了一系列成就的同时，中国共产党自身力量也在不断壮大。新世纪到来时，中国共产党面临着全面建设小康社会的重要现代化任务，需要进一步推进中国共产党的执政能力建设，加强中国共产党的先进性建设。2000 年 2 月 21 日—25 日，江泽民在广东考察期间，完整地提出了“三个代表”重要思想的基本内容：“我党所以赢得人民的拥护，是因为我们党在革命、建设、改革的各个历史时期，总是代表着中国先进生产力的发展要求，代表着中国先进文化的前进方向，代表着中国最广大人民的根本利益。”2002 年 11 月 8 日—14 日，党的十六大把“三个代表”重要思想写入党章，确立了“三个代表”重要思想与马克思列宁主义、

毛泽东思想、邓小平理论共同作为中国共产党的指导思想。由此，“三个代表”重要思想成为中国特色社会主义理论体系的组成部分。“三个代表”重要思想是加强中国共产党自身先进性建设的现实要求，体现了中国共产党为人民谋幸福、为民族谋复兴的初心与使命。

参考文献

《江泽民文选》第三卷，人民出版社2006年版，第2—3页。

《李达文集》第四卷，人民出版社1988年版，第148页。

《列宁全集》第三十九卷，人民出版社2017年版，第21页。

三、案例解析

从“三个代表”重要思想中我们可以深入理解群众、阶级、政党、领袖之间的辩证关系与有机统一。“三个代表”重要思想主要阐释在新中国历史发展过程中中国共产党的重要性与先进性，指出中国共产党代表着中国先进生产力的发展要求，代表着中国先进文化的前进方向，代表着中国最广大人民的根本利益。

第一，在阶级社会中，群众被划分为不同的阶级群体。阶级是根据群众在社会中的经济地位来划分的。人民群众不仅包括无产阶级，而且包括一切对社会历史发展起推动作用的人。新中国成立后，在广大人民群众中有工人阶级、农民阶级、地主阶级等不同阶级群体，因此使用“无产阶级专政”无法科学说明中国社会阶级的实际情况。考虑到中国社会阶级的多样性，毛泽东提出中国国体应是工人阶级（经过共产党）领导的以工农联盟为基础的人民民主专政。

第二，中国共产党来源于广大中国人民群众。群众史观认为人民群众是人口中的绝大多数，他们是社会历史的主体，是历史的创造者。那些坚定的共产主义信仰者、马克思主义理论的实践者、热爱社会主义的建设者等共同组成了9900多万的中国共产党。中国共产党的根基在人民、血脉在人民、力量在人民。在中国共产党和人民群众的紧密联系中，形成了“一切为了群众，一切依靠群众”的党的工作路线。中国共产党始终坚持为中国人民谋幸福、为中华民族谋复兴，这也充分说明中国共产党代表着最广大人民的根本利益。

第三，中国共产党是中国工人阶级和人民群众的领导者和组织者。中国共产党成立以来，领导中国人民经历了革命、建设、改革开放等历史阶段，取得了重大历史成就。在总结中国共产党百年伟业的历史经验时，“坚持党的领导”位居首位，历史充分说明，没有共产党，就没有新中国。在不同的历史时期，中国共产党始终作为工人阶级的先锋队，领导广大人民群众进行社会主义国家的建设。因此，坚持中国共产党的领导是历史的必然选择，也是广大人民群众的主动选择。

第四，中国共产党中涌现出一批优秀的领袖人物。每个政党都需要领袖来领导，领袖将政党成员凝聚在一起，领导政党走向正确的建设方向。中国共产党成立后，不断涌现出具有坚定共产主义信仰的、能力突出的优秀领导者。特别是新中国成立后，我国选举出来的以国家主席为中心的党中央成员，他们作为中国共产党人的领导者，是所有中国共产党中“最有威信、最有影响、最有经验”的共产党员。他们承担着党内最重要的职务与责任，对中国共产党自身建设和国家的发展蓝图起到至关重要的决策作用。

中国社会主义事业能否顺利发展，很大程度上取决于我们党能否正确处理群众、阶级、政党、领袖的相互关系。江泽民提出“三个代表”重要思想正是对中国共产党领导的中国社会主义事业革命、建设和改革的历史时期的经验总结。在不同历史阶段，中国共产党会推举出不同的党中央作为政党领袖，对国家发展、政党建设、人民权利进行新发展方向的推进。中国特色社会主义现代化国家建设的诸多成果，都离不开中国共产党的正确领导和人民群众的勤劳奋斗。

群众、阶级、政党、领袖是一个相互依存的有机整体。“三个代表”重要思想集中体现了中国共产党是从广大人民群众中产生的、被先进思想所武装的无产阶级政党，他们代表了最广大人民群众的根本利益和社会主义的发展方向。中国共产党队伍的壮大发展和中国人民群众美好生活的实现，离不开中国共产党领袖人物的正确领导。

第四章 资本主义的本质及规律

马克思主义不仅揭示了人类社会发展的一般规律，而且揭示了资本主义社会发展的特殊规律。马克思的劳动价值论和剩余价值论，是我们透视资本主义政治和文化的本质、把握资本主义历史命运的理论法宝。

本章的学习目标是运用马克思主义的立场、观点、方法，准确认识资本主义生产方式的基本矛盾，深刻理解资本主义经济制度的本质，正确把握社会化大生产和商品经济运行的一般规律，正确认识和把握资本主义政治制度、意识形态及其本质。

本章结合新民主主义革命时期“三三制”民主的实践；社会主义革命和建设时期“银元之战”“米棉之战”“煤炭之战”（“两白一黑”）新中国成立后没收官僚资本并建立国营经济的实践；毛泽东对价值规律的认识；“两弹一星”的研制；改革开放和社会主义现代化建设新时期邓小平对海外华侨华人的重视、《企业改革和金融改革》等案例，对价值规律及其作用、资本的流通、资本的表现形式、劳动价值论的创新发展、资本主义生产方式、中国特色社会主义民主政治道路与资本主义民主政治的区别、辩证看待资本主义意识形态等重要原理与观点进行了全面阐释。

案例一：价值规律及其作用——1958年郑州会议中毛泽东强调价值规律的重要性

一、马克思主义基本原理

价值规律是商品生产和商品交换的基本规律。价值规律贯穿于商品经济的全部过程，它既支配商品生产，又支配商品流通。（参见教材第173—174页）

二、案例内容

1958年11月，在郑州会议上，毛泽东认为一些号称马克思主义经济学家的人主张现在就消灭商品生产实行产品调拨的观点是错误的。毛泽东强调，这种观点扰乱了人们的思想，必须予以澄清。为此，他号召各级干部学习斯大林的《苏联社会主义经济问题》、苏联的《政治经济学》（教科书）和《马恩列斯论共产主义社会》。在此后一年多的时间里，对于商品交换的价值规律等问题，毛泽东给予了极大的关注，并且提出了一系列科学的思想主张。

毛泽东指出，在社会主义时期，废除商品生产这一做法是大大违背了经济规律的。中国作为一个商品经济很不发达的国家，商品生产不应该消亡而是要极力发展。他同时也强调了商品生产与资本主义的区别，这两者绝不能混为一谈。毛泽东强调，商品生产，要看它是同什么经济制度相联系，同资本主义制度相联系就是资本主义的商品生产，同社会主义制度相联系就是社会主义的商品生产。

他还指出，价值规律必须得到我们的重视，价值法则像是一个伟大的学校，只有我们自觉地并且科学地去利用它，才能够教育好干部和群众，才有可能建设好社会主义和共产主义。

中国共产党在总结社会主义建设基本经验的基础上，特别重视国民经济发展中做好综合平衡的问题。毛泽东认为这是社会主义经济建设中一个根本性的问题，搞社会主义建设，很重要的一个问题是综合平衡。党的八大强调，为了稳步推进国民经济的发展，必须注意国民经济各部门的全面安排和综合平衡。在发展重工业的同时，必须重视农业和轻工业的发展，以保持农、轻、重的协调发展。此外，党的八大还指出要正确调整和安排积累和消费的比例，使国家建设和人民生活的改善这两个方面得到适当的结合。

参考文献

《探索社会主义建设道路形成的认识成果》，人民网，2014 年 2 月 17 日。

三、案例解析

价值规律是商品生产和商品交换的基本规律。在商品经济运行中，价值规律有其作用，同时，价值规律在对经济活动进行自发调节时，也会造成一些消极的后果，因此，我们要辩证看待价值规律的影响，科学把握这一规律。

第一，规律是客观事物的内部联系，任何科学都要认识和反映客观规律。价值规律在市场配置资源过程中的作用表现在以下几方面：其一，自发地调节生产资料和劳动力在社会各生产部门之间的分配比例；其二，自发地刺激社会生产力的发展；其三，自发地调节社会收入的分配。政治经济学当然也要研究和反映客观经济规律，揭示外在经济现象的内在联系。毛泽东强调社会主义经济规律的客观性，提倡认真研究和学会运用经济规律。他说："社会主义经济规律是客观的必然性，要研究它"①，并说，"必须认真研究客观经济规律，必须学会熟练地运用客观经济规律"。②

第二，毛泽东承认价值规律的客观性，承认价值规律的作用，但是不同意夸大价值规律的作用。价值规律在对经济活动进行自发调节时，也会造成一些消极的后果。其一，导致社会资源浪费；其二，阻碍技术进步；其三，导致收入两极分化。因此，我们要辩证看待价值规律的作用。夸大价值规律作用的典型例子，是苏联教科书中指出由于掌握了价值规律，它在社会主义经济中所起的作用就不会带来在资本主义制度下发生危机的那种毁灭性后果。对此，毛泽东批评说："这一段把价值规律的作用夸大了。资本主义的危机，是由它所有制性质决定的，而不是价值规律决定的。在社会主义社会里，所以没有危机及其'毁灭性后果'，主要不是由于我们掌握了价值规律，而是由于社会主义的所有制、社会主义经济的基本规律、全国有计划地进行生产和分配、没有竞争和无政府状态等。"③

上述案例说明，毛泽东承认价值规律的客观性，承认价值规律的作用，但是不同意夸大价值规律的作用，坚持辩证看待价值规律的作用。

---

① 中共中央文献研究室编：《毛泽东著作专题摘编》，中央文献出版社 2003 年版，第 1033 页。

② 中共中央文献研究室编：《毛泽东著作专题摘编》，中央文献出版社 2003 年版，第 962 页。

③ 中共中央文献研究室编：《毛泽东年谱（1949—1976）》第四卷，中央文献出版社 2013 年版，第 289 页。

案例二：资本的流通——“银元之战”和“米棉之战”

一、马克思主义基本原理

资本作为一种能够增殖的价值，不仅在生产过程内运动，而且也在流通过程内运动。资本是在运动中增殖的，单个资本的运动表现为单个资本的循环和周转，资本必须不断地、周而复始地循环，才能不断地带来剩余价值。（参见教材第 201—202 页）

二、案例内容

1949 年 10 月，中华人民共和国中央人民政府成立时，财政经济面临严重困难。抗战以来愈演愈烈的恶性通货膨胀仍在延续，人民解放军后期作战仍需很大开支，恢复生产和铁路交通急需大量资金，对不反抗新政权的数百万旧军政公教人员实行“包下来”政策，也加重了财政负担。在这种情况下，旧社会留下来的畸形发展的投机资本在新解放城市继续兴风作浪，加剧了物价上涨的情况，市场混乱。能不能遏止涨价风潮，成为关系人民生活、社会安定的重大问题。面对复杂形势，党和人民政府采取必要的行政手段和有力的经济措施，成功组织了同投机资本作斗争的“两大战役”。

第一场是“银元之战”。各地城市一解放，军管部门和人民政府即通令以人民币为唯一合法货币，金条、银元、外币一律由人民银行挂牌收兑，严禁在市场上自由流通。但金融投机商对此却置若罔闻，在全国最大的工商业城市——上海，他们甚至扬言解放军进得了上海，人民币进不了上海！针对这一情况，1949 年 6 月 10 日，上海解放仅半个月，市军管会即果断查封金融投机的大本营——证券大楼，将破坏金融秩序的首要分子 200 余人逮捕法办。武汉、广州等城市解放后也相继查封地下钱庄，沉重打击了投机商的非法活动。全国粮油价格随之回落。

再一场是“米棉之战”。同年 10 月，投机资本家趁政府收购粮棉之机，大量囤积粮食、棉纱、棉布和煤炭，再次掀起物价风潮，各地物价持续猛涨达 40 余天。国民党特务趁机叫嚣：只要控制了两白（米棉）一黑（煤），就能置上海于死地。以陈云为主任的中财委沉着应对，精心部署铁路交通部门在全国范围集中调运粮食、棉纱等主要物资，在涨价最猛的 11 月 25 日，上海、北京、天津、武汉、沈阳、西安等大城市统一敞开抛售，使物价迅速下跌；同时催征税收，进一步收紧银根，投机商资金周转失灵，纷纷破产。在掌握足够的周转粮之后，中财委又部署于 1950 年春节后的正月初五，在上海敞开销售大米 2 亿多斤，使期待新年暴利的投机商不得不将囤积的大米全部蚀本吐出。之后，党和人民政府又与资本家打了“煤炭之战”，取得了胜利。

经此三大战役，不法投机资本一蹶不振，国营经济取得稳定市场的主动权。这是党和政府在利用私人资本主义积极作用的同时，限制其消极作用取得的第一回合的胜利，得到人民群众包括愿意从事合法经营的资本家的支持。直到 1950 年 3 月，全国市场物价趋于稳定，表明我们在经济战线上取得了第一次大战役的胜利。

参考文献

中共中央党史研究室：《中国共产党的九十年》，中共党史出版社、党建读物出版社 2016 年版，第 371—372 页。

三、案例解析

资本只有在流通运动过程中才能源源不断地生产剩余价值。新中国成立前后，中国共产党面临巨额的财政赤字和严重通货膨胀等严峻考验。新生政权能否站得住脚，中国共产党能否推进社会主义经济建设与发展，需要实践来回答。一些不法资本家和投机分子利用资本的循环和周转，扰乱金融市场，中国共产党正是通过打破这种投机资本的流通，维护了人民的生产和生活。

一方面，不法资本家通过投机行为运作资本，利用资本的循环和周转谋取暴利，扰乱金融市场。在新生政权面临种种困难的情况下，资本家和投机势力利用资本进行投机运作，凭借便捷的交易设备，贩卖黄金和银元，以银行钱庄为据点倒卖金银，利用囤积的银元、黄金和外币扰乱市场和金融秩序，试图将人民币排除在市场之外。这些不法行为导致上海在解放后短时间内发生了生活必需品价格的飞涨，市场物价扶摇直上，生产秩序遭到破坏，经济形势出现了明显动荡，严重影响了人民币信誉，阻碍人民币正常进入上海市场。

另一方面，中国共产党领导发动“银元之战”“米棉之战”“煤炭之战”，遏制了这种投机资本的流通。为了打击金融投机活动，中国共产党发动群众，开展了广泛的宣传活动，揭露了金融投机的危害性，挫败了投机破坏分子的阴谋。与此同时，中国共产党对金银的流通作出了明确规定，禁止金银的流通使用和私自买卖，并查抄了许多非法的金银售卖机构。“银元之战”的胜利沉重打击了上海的金融投机活动，也使人民币在上海站稳了脚跟。“银元之战”过后，不法资本家又将目光转移至粮食和纱布这些生活必需品上。中国共产党采取了经济手段，利用价值规律和供需关系，从各地调拨了大批纱布、粮食、煤炭等必需物资集中到上海，在市场上进行低价抛售。于是，投资商由于囤积了大量货物无法出售纷纷破产倒闭，“米棉之战”也取得了胜利。

总之，中国共产党在“银元之战”“米棉之战”“煤炭之战”中利用行政手段和经济手段，遏制了投机资本在市场中的流通，不仅平抑了物价，维护了人民的生产和生活，也向国内外彰显了稳定市场、管理经济的能力。

案例三：资本的表现形式——《企业改革和金融改革》对资本的认识

一、马克思主义基本原理

产业资本在循环过程中要经历的第一个阶段是购买阶段，即生产资料与劳动力的购买阶段。在这一阶段，产业资本执行的是货币资本的职能，资本首先表现为一定量的货币。(参见教材第 201 页)

二、案例内容

《企业改革和金融改革》是基于 1986 年 12 月 19 日邓小平在听取几位中央负责同志汇报当前经济情况和明年改革设想时提出的一些谈话要点，后来形成的一篇字数仅 800 字左右的小短文，被收录在《邓小平文选》第三卷。

这篇短文虽然主要强调国营大中型企业改革的问题，但在提到企业改革的问题时，也涉及如何认识资本的表现形式。由于当时我国处于从计划经济向社会主义市场经济转型时期，面临建设资金不足的难题。邓小平针对计划体制下银行形式单一、资金供给效率低的弊端，高瞻远瞩地提出“必须把银行真正办成银行”，提到“对借外债要作具体分析”，坚持积极又适度的原则，还提到“为了解决财政赤字的问题，基建规模特别是非生产性的建设规模不能过大……要把地方上和社会上的钱转一部分用于基础建设”。

邓小平在《企业改革和金融改革》一文中强调了在经济建设过程中初始资金积累的重要性并提出了几种筹措途径，其文本内容和思想对于当今经济建设和企业发展仍然具有重要启示意义。

参考文献

《邓小平文选》第三卷，人民出版社1994年版，第192—193页。

三、案例解析

商品经济在一开始的生产过程中，需要大量资金、原料、生产工具和劳动力，而资本最初表现为一定量的货币，也就是资金。我国在由计划经济向市场经济转型的最初时期，由于面临建设资金不足的难题，需要积累大量资金。

邓小平在《企业改革和金融改革》中指出：“金融改革的步子要迈大一些。要把银行真正办成银行。”我国由于处于社会主义市场经济建设初期，计划经济体制下银行形式单一、经营不独立、资金供给效率低，所以必须对银行体制进行改革。“真正的银行”不仅仅是货币发行公司和金库，也是一种发展经济、更新技术的杠杆，银行本来就是要生利的，银行更应该是一种自主经营、自负盈亏的经营货币的现代企业，只有这样的银行才能有效配置资金，提高资金使用效率，为经济发展积累原始资金，壮大经济发展规模，盘活市场经济发展。

积极吸引和利用外资，是解决如何筹措经济发展的原始资金这个难题的重要途径。对于借外债，邓小平提出：“一是学习他们勇于借外债的精神，二是借外债要适度”。这段话有两个基本点，二者互相联系，不可偏废。一方面，邓小平强调要积极利用外资。面对本国经济发展初期资金不足，却不敢大胆有效利用外资，对于本国经济发展无疑是个损失；另一方面，邓小平也特别强调，利用外资要合理适度，不能过分依赖外资，主要还是要靠自力更生。盲目不加限制地引进外资，很容易导致本国经济对外资的过度依赖，削弱经济自主度。对于改革开放的发展中国家来说，改革开放初期容易犯排斥外资的错误，那么当改革到了一定阶段，就往往容易陷入过分依赖外资的误区。总的来说，在经济发展初期，举债要适度，而衡量适度的标准是借债规模是否与偿还能力和经济发展状况相适应。

对于财政赤字的问题，我国不仅可以通过借贷外债，更可以通过大力发展国内基础设施建设来拉动内需，提供就业，盘活经济。作为国民经济发展的基础，基建投资所推动的产业发展正是各项社会产业发展的基础。比如，交通、农业、水利等行业的投资发展能够极大地推动第一、第二和第三产业中其他行业的发展。但不能忽视经济发展初期的客观条件，不能一味地扩大基础设施建设规模，可以暂缓一些非生产性的基础设施建设。基础设施建设投资的巨大规模性以及其对于国计民生的至关重要的作用，决定着其必然受到政府的直接影响。作为国民经济的重要部门，政府自然会把这些部门牢牢地控制在自己的发展规划之下。一般来说，私人投资没有机会也没有实力进入这个领域，但在社会主义市场经济建设初期，对于基础设施建设的开支也要合理划分，不能全部由中央承担，政府要放开部分基础设施建设投资领域，引入私人资本，灵活利用地方和社会上的资金。

在产业资本循环过程中，资本首先表现为一定量的货币，承担货币资金的购买职能。在经济发展和企业生产过程中，货币资金是经济运行和企业生存与发展的基础，是企业正常运行所必需的资产，是企业进行经营活动的血脉，没有资金，企业就无法运转。发展中国家在经济建设初期，资金投入不足成为制约经济发展的主要问题之一，如何广开门路、多辟渠道筹措资金来转化，确实值得我们探索。《企业改革和金融改革》一文在讨论国营大中型企业改革问题时，也从侧面强调并提供了筹措经济建设初期原始资金积累的重要性和途径。

案例四：劳动价值论的创新发展——“两弹一星”的研制

一、马克思主义基本原理

劳动价值论是随着时代的变化不断丰富和发展的，进入 21 世纪，我们深化了对科技人员、经营管理人员在社会生产和价值创造中所起作用的认识。当今社会，在科技创新和知识创新越来越重要的前提下，科技劳动和管理劳动等脑力劳动，不仅作为一般劳动在价值创造中起着重要的作用，而且作为更高层次的复杂劳动，创造的价值要大大高于简单劳动。（参见教材第 181—182 页）

二、案例内容

20 世纪 50 年代—60 年代，我国为了抵御帝国主义国家的武力威胁和核垄断，果断作出研制“两弹一星”以保护国家领土和国民安全的重大决策。我国研制原子弹和导弹初期，接受了苏联的帮助。

我国与苏联签订了合同，接受了苏联的技术援助，这些帮助对我国原子弹和导弹的初期研制工作起到了重要作用。但是苏联的帮助并不长远，而且有一定的前提条件，苏联不提供军事应用方面的技术，并且还以种种理由终止了向我国提供原子弹相关资料的合同。

随后，我国自力更生，发展国防尖端科学技术，独立开展原子弹和导弹的相关研制工作。我国汇集了一大批杰出的科学家和科研人员，这些人员在荒无人烟的基地开展研究工作，风餐露宿，夜以继日地工作。由于保密的原因，他们不能与外界交流，不能回家，默默无闻地为祖国国防尖端技术工作作贡献。

终于在1964年10月16日，随着一阵巨响，我国成功爆炸了第一颗原子弹，打破了西方资本主义国家的核垄断，提高了我国的国际地位。1960年，我国第一枚探空火箭和近程导弹发射成功；1964年，中近程导弹发射成功。人造卫星技术也有了突破性的进展。

总之，“两弹一星”的研制成功代表了我国国防科学技术领域的突出成就，为我国实现更高层次的技术突破奠定了坚实的基础。

参考文献

中共中央党史研究室：《中国共产党的九十年》，中共党史出版社、党建读物出版社2016年版，第824—825页。

三、案例解析

当今社会，在科技创新和知识创新越来越重要的前提下，科技劳动等脑力劳动，既作为一般劳动在价值创造中起着重要的作用，又作为更高层次的复杂劳动，其创造的价值要大于简单劳动。“两弹一星”研制工作属于复杂劳动，科研人员和技术人员在同样的劳动时间内，攻克了较为复杂的难题，创造了比简单劳动更大的价值，对于我国国防技术的进步以及国际地位的提高等都具有重要意义。

从技术方面来看，“两弹一星”研制的成功对于我国国防尖端技术的突破具有重要的作用。我国科技工作者为加快“两弹一星”的研制，夜以继日地工作，终于实现了重大技术突破，推动科学技术实现了质的飞跃。同时，我国为鼓励科研人员继续投身科研工作和营造热爱科研的社会氛围，对作出突出贡献的科研人员给予了表彰和丰厚的物质奖励。从劳动价值论上来看，正是因为他们从事的劳动是比简单劳动复杂多倍的复杂劳动，所以创造的价值也大于简单劳动。在国家的表彰和激励下，一大批人开始投入科研工作中。我国培养了一大批科研工作的骨干力量，为实现更高层次的技术突破奠定了基础。

从改革开放的进程来看，“两弹一星”的研制成功为改革开放奠定了工业基础、高科技产业基础和国民经济基础。“两弹一星”的研制成功产生了大批新型原材料、仪器仪表和大型设备，还推动了许多新生产部门和新学科建立，带动了国民经济的发展。

从国际地位上来看，“两弹一星”的研制成功打破了帝国主义国家的核垄断和核威胁。“两弹一星”的研制成功极大地提高了中国的科技实力、经济实力、国防实力，从而提高了我国在国际上的地位，为中国实现和平与发展创造了条件。

总之，科研技术人员的劳动是复杂的劳动，创造的价值是简单劳动创造价值的数倍之多。我们不仅在尖端技术领域取得重大突破，也推动了更多与之相关的生产部门出现，拉动了国民经济的增长，同时还提高了我国国际地位，保障了我国人民的生产与生活的安全。“两弹一星”的研制成功，为我国经济社会发展营造了良好的国际环境，助力我国逐步发展为世界第二大经济体，为我国赢得了更多的话语权，为国际社会的和平与发展作出更大的贡献。

案例五：资本主义生产方式——新中国成立后没收官僚资本，建立国营经济

一、马克思主义基本原理

生产剩余价值是资本主义生产方式的绝对规律。剩余价值是由雇佣工人创造并被资本家无偿占有的超过劳动力价值的那部分价值，它是雇佣工人剩余劳动的凝结，体现了资本家与雇工之间剥削与被剥削的关系。（参见教材第 192—193 页）

二、案例内容

官僚资本，是帝国主义侵略中国的产物，是半殖民地半封建社会最腐朽最反动的生产关系之一。国民党蒋介石在统治中国的 22 年间，凭借国家政权，用超经济手段，通过卖国内战、发行公债、苛捐杂税、专卖垄断、商业投机、通货膨胀以及其他巧取豪夺的手段，积累了大量财富，垄断了中国经济。

在解放战争时期，中国共产党根据官僚资本在蒋介石当权 20 多年中的急剧发展，把没收官僚资本归新民主主义国家所有、没收封建地主阶级的土地归农民所有、保护民族工商业列为新民主主义的三大经济纲领，把无产阶级领导的，人民大众的，反对帝国主义、封建主义和官僚资本主义的革命规定为新民主主义革命总路线。1947 年 10 月发布的《中国人民解放军宣言》，明确地郑重地向全国人民提出“没收官僚资本”的口号。1949 年 4 月发布的《中国人民

解放军布告》宣布：“凡属国民党反动政府和大官僚分子所经营的工厂、商店、银行、仓库、船舶、码头、铁路、邮政、电报、电灯、电话、自来水和农场牧场等，均由人民政府接管。”据上述规定，人民解放军所到之处，立即将官僚资本收归人民所有。

与彻底打碎反动的国家机器不同，党确定对官僚资本企业先按照原来的组织机构和生产系统完整地接收下来，保持“原职、原薪、原制度”，实行监督生产，然后逐步地进行民主改革和生产改革。这样，既避免产生损失和混乱，又保证企业接收后尽快恢复生产。

在党的正确方针指导下，没收官僚资本企业的工作进行得有条不紊。在新解放的城市，一般两三个月内即完成接收工作，将原企业转变为全民所有的国营企业，绝大多数企业很快就恢复了生产。收归国家所有的官僚资本企业，属于金融系统的，有原中央银行、中国银行、交通银行、中国农民银行及各省地方银行，共计2400多家银行（不涉及其中少量民族资本股份）；属于工矿系统的，有控制着全国资源和重工业生产的前国民党政府资源委员会，垄断全国纺织业的中国纺织建设公司，兵工、军事后勤、政府系统的官办企业，国民党的“党营”企业等，共计2858个工矿企业，职工总数为129万人，其中产业工人75万人。此外，还有交通运输招商局系统所属企业和十多家垄断性的大型内外贸易公司。1951年初，根据政务院颁布的《企业中公股公产清理办法》等政策法规，又在全国范围内对隐藏在私人资本主义企业中的官僚资本股份进行了清理。至此，没收官僚资本建立国营经济的工作全部完成。

参考文献

中共中央党史研究室：《中国共产党的九十年》，中共党史出版社、党建读物出版社2016年版，第369—371页。

中共中央党史研究室：《中国共产党历史》第二卷，中共党史出版社2011年版，第52—53页。

《重要事件——没收官僚资本》，共产党员网，2012年6月15日。

三、案例解析

中国的官僚资本是官僚资产阶级依靠超经济的特权，在剥削劳动人民和兼并民族工商业的过程中形成和发展起来的。中国共产党将国民党和大官僚所有的国家垄断资本主义经济收归人民国家所有，建立社会主义性质的国营经济，使人民群众彻底摆脱了官僚资本家的剥削。

一方面，官僚资本家利用手中垄断权力，为自身攫取更大的剩余价值。官僚资本具有垄断资本主义的一般特征，其本质是占有剩余价值。官僚资本家将农民、无产阶级以及小资产阶级和民族资产阶级作为剥削和掠夺对象，通过盗窃国库和权钱交易等种种方式，不断将已经产生和积累的国家资本和其他私人资本再转化为官僚私人所有资本，无休止地获取尽可能多的剩余价值。这一过程充分展现了官僚资本的掠夺性再分配的特征。1927年以后，蒋介石、宋子文、孔祥熙、陈立夫四大家族，凭借国家政权的垄断力量，掌握国家财政，建立金融垄断，在此基础上，利用金融优势地位建立商业垄断和吞并私人资本主义工业，控制了国家经济命脉，严重阻碍了社会生产力的发展，使整个国家经济陷于畸形发展、混乱和危机之中。

另一方面，中国共产党领导没收官僚资本归人民所有，建立社会主义性质的国营经济。没收官僚资本是建立国营经济最重要的物质条件。中国共产党将社会经济中凡关系国家经济命脉和足以操控国计民生的部分，通过没收官僚资本的方式掌握在人民手里，打破了官僚资本家与无产阶级之间剥削与被剥削的关系，使官僚资本企业中的工人、职员成了企业的主人，推动社会主义性质的国营经济在金融、现代工业、交通运输、外贸等领域居于主导地位，为整个国民经济的改组和恢复奠定了重要的物质基础。

中国共产党没收官僚资本，组建国营经济，能够最大限度地保障人民群众的利益，促进了生产力的发展，推动经济社会更加平稳有序，为以后的社会主义改造做了重要的物质准备。

案例六：中国特色社会主义民主政治道路与资本主义民主政治的区别——“三三制”民主

一、马克思主义基本原理

资本主义国家的政治统治是通过具体的政治制度实现的，主要有资本主义法律制度、政权组织形式、选举制度、政党制度等。所有这些，也就是资产阶级所标榜的资本主义民主制度。资本主义的诸项政治制度是在资产阶级反对封建专制主义、维护自身利益和巩固自己政治统治的过程中逐渐形成、发展和完善起来的，是资产阶级革命最重要的政治成果。资本主义政治制度本质上是资产阶级实行政治统治和社会管理的手段和方式，是为资产阶级专政服务的。（参见教材第 210—213 页）

二、案例内容

为了缓解根据地的政治压力，反对国民党的一党专政，扩大和巩固抗日民族统一战线，1940 年 3 月 6 日，中共中央根据陕甘宁边区政府的经验，在《抗日根据地的政权问题》的指示中明确提出了“三三制”的原则，即在抗日民主政权的组成上，共产党员、非党的左翼进步分子、不左不右的中间主张各占三分之一。毛泽东在为中共中央起草的这篇文章中强调：“在抗日时期，我们所建立的政权的性质，是民族统一战线的。这种政权，是一切赞成抗日又赞成民主的人们的政权，是几个革命阶级联合起来对于汉奸和反动派的民主专政”。

依据政权建设的“三三制”原则，中国共产党领导的抗日根据地在参议会与政府选举以及政策制定与实施中充分体现了党派协商、政党与社会协商的民主实践内容。“三三制”反映了中国共产党在特定时期关于建设新民主主义共和国的政治设想和现代革命的民主诉求，也是中国共产党推行协商民主建设的萌芽与雏形。

参考文献

中共中央党史研究室：《中国共产党的九十年》，中共党史出版社、党建读物出版社 2016 年版，第 230—235 页。

三、案例解析

由于资本主义政治制度本质上是资产阶级实行政治统治和社会管理的手段和方式，是为资产阶级专政服务的，因此它不可避免地有其阶级和历史的局限性。抗日战争时期在陕甘宁边区实施的“三三制”原则，是中国共产党协商民主制度的早期探索，体现了中国特色社会主义民主政治道路与资本主义民主政治的区别。

第一，在平等方面，资本主义政治制度下，法律上的平等掩盖着事实上的不平等。资产阶级名义上标榜“法律面前人人平等”，但是，由于资本主义社会建立在私有制和资本特权的基础上，资本家和劳动者之间、富人和穷人之间存在严重的事实上的不平等，资产阶级法律的实质是将存在于资本家和劳动者之间、富人和穷人之间经济利益的不平等合法化。“三三制”首先使得边区各级政府有了广泛的代表性，有力地调动了社会各界团结抗战的积极性。自从在抗日根据地实施“三三制”以后，一些乡绅富商开始回到根据地，进行投资经营的积极性大大提高，同时他们的抗日积极性也大大增加，社会地位也提高了。最明显的是华中地区，出现了地方精英与新四军和抗日政权的融洽氛围，特别是一些被聘用为参议员和区代表的人，他们捐款捐物，动员农民参军。而一些本来就有武装的地方精英，也纷纷把武装交出来，归到新四军里。乡绅的积极性调动起来以后，减租减息的阻力也相应地减小了

第二，在效率方面，资本主义政治制度下，政党恶斗相互掣肘，决策效率低下，激化了社会矛盾。在资本主义国家，资产阶级政党被金钱、媒体、利益集团等所控制，常常为一己私利进行无休止的恶斗，使议会政治流于形式、议而不决，决策效率十分低下。为了筹集竞选经费和赢得选票，各政党一味讨好选民，作出过高的许诺，而置民众和国家的整体利益和长远利益于不顾，使得政府债台高筑，使各种社会矛盾不断积累和尖锐化。“三三制”使边区政权决策的民主性和科学性大大提高，提高了工作效率。1941 年，陕甘宁边区出现了严重的财政赤字，导致货币贬值，物价飞涨，给边区人民的生活造成严重困难。基于这种情况，中共中央根据李鼎铭先生的提议，决定从 1941 年开始在根据地实施“精兵简政”政策，以减轻人民负担和减少执政成本。当时边区政府的人员构成中，共产党员只占三分之一，所以共产党员为了凝聚各方抗日力量，赢得他人的尊重，必须更加努力。此外，由于实行“三三制”，党外人士感

受到了同国统区不一样的待遇而心生感激，也想施展自己的“政治才能”，于是在边区政府形成了你追我赶的态势，工作效率大大提升。

第五章 资本主义的发展及其趋势

资本主义社会有一个产生、发展和走向衰亡的过程。认识垄断资本主义的特征，了解经济全球化的过程，剖析当代资本主义新变化，对于我们正确把握资本主义发展的历史趋势具有重要意义。

本章的学习目标是了解资本主义从自由竞争发展到垄断的进程，科学认识国家垄断资本主义和经济全球化的本质，正确认识第二次世界大战后资本主义的变化及其实质，以及 2008 年国际金融危机以来资本主义的矛盾与冲突，深刻理解资本主义的历史地位及其为社会主义所代替的历史必然性，坚定资本主义必然灭亡、社会主义必然胜利的信念。

本章主要结合改革开放和社会主义现代化建设新时期以及中国特色社会主义新时代的案例，包括《中华人民共和国反垄断法》的颁布和修订、中国加入世界贸易组织、“一带一路”的发展、中国共产党与世界政党领导人峰会等案例，对垄断资本主义的实质与中国的选择、金融资本与金融寡头、垄断资本向世界范围的扩展的影响、经济全球化及其影响、资本主义为社会主义所代替的历史必然性等重要原理与观点进行了全面阐释。

案例一：垄断资本主义的实质与中国的选择——《中华人民共和国反垄断法》的颁布和修订

一、马克思主义基本原理

垄断资本主义的实质是帝国主义，即垄断资本凭借垄断地位获取高额垄断利润。垄断资本主义具有扩张本性，当代垄断资本主义的基本经济特征在表现形式上发生了一些变化，手法更加缓和、隐蔽，但其基本内容及实质并没有发生根本变化。（参见教材第 233—234 页）

二、案例内容

改革开放后，伴随经济快速腾飞，垄断问题也逐渐露出苗头。在市场交易中，少数当事人或经济组织凭借自身的经济优势或超经济势力，对商品生产、商品价格、商品数量及市场供求状态实行排他性控制，限制了公平竞争，损害了消费者权益，阻碍了技术进步，降低了经济效率。为此，2006 年 6 月 7 日，时任国务院总理主持召开常务会议，讨论通过了《反垄断法》草案。2007 年 8 月 30 日，第十届全国人民代表大会常务委员会第二十九次会议通过《中华人民共和国反垄断法》（以下简称《反垄断法》），该法自 2008 年 8 月 1 日起施行。《反垄断法》第一条就指出了立法目的：“为了预防和制止垄断行为，保护市场公平竞争，提高经济运行效率，维护消费者利益和社会公共利益，促进社会主义市场经济健康发展，制定本法”。

《反垄断法》确定了反垄断法律制度的三大支柱，即禁止垄断协议、禁止滥用市场支配地位和控制经营者集中。此外，根据我国经济发展的现状，《反垄断法》对行政性垄断行为也作了禁止性规定。并且，在借鉴国际经验和充分考虑我国实际情况的基础上，《反垄断法》确立了垄断协议豁免制度、市场支配地位推定制度、经营者集中申报制度、经营者承诺制度等，明确了我国反垄断的基本法律框架，为今后更好地执行法律奠定了基础，为促进企业在公平竞争中做大做强，规制外国企业、跨国公司滥用垄断权利等方面作出了积极贡献。

当前，全球科技创新进入空前活跃的时期，新一轮科技革命和产业变革正在重塑全球经济结构，数字经济正在蓬勃发展，新挑战已经出现。面对我国经济社会快速发展以及全球经济环境不断变化的现实，现行《反垄断法》部分条款已经不能完全适应国家发展的需要。因此，2022 年 6 月 24 日，第十三届全国人民代表大会常务委员会第三十五次会议审议通过《关于修改中华人民共和国反垄断法的决定》，新修订的《中华人民共和国反垄断法》（以下简称新《反垄断法》）自 2022 年 8 月 1 日起施行。新《反垄断法》的修改坚持规范与发展并重，针对原版《反垄断法》实施过程中存在的突出问题，进一步完善反垄断相关制度，加大对垄断行为的处罚力度，推出了公平竞争审查制度、经营者集中分类分级审查制度、安全港原则入法等创新的制度设计，为强化反垄断和防止资本无序扩张提供了更加明确的法律依据和更加有力的制度保障。

参考文献

《中华人民共和国反垄断法》，中国人大网，2007 年 8 月 30 日。

《〈反垄断法〉的积极作用和深远意义》，中国社会科学院经济研究所网，2007 年 9 月 25 日。

王俊：《新〈反垄断法〉8 月 1 日实施!》，腾讯网，2022 年 6 月 26 日。

三、案例解析

垄断资本主义追求垄断利润，垄断利润是垄断资本家凭借其在社会生产和流通中的垄断地位而获得的超过平均利润的高额利润。这一行为最终会阻碍资本在各部门之间自由转移，限制了经济的发展。中国颁布和修订《反垄断法》，就是为了规制不公平的竞争行为，限制垄断资本主义在中国的发展和扩张，为国内经济社会健康稳定发展提供法制保障。

垄断资本主义的发展，使得垄断组织在经济生活中逐渐占据决定性地位，凭借这一地位，垄断组织在销售和购买商品时，控制、制定能够使其获取最大程度利润的价格。而这些被控制的、超过价值本身的价格的最终承担者是无产阶级和其他劳动者。也就是说，垄断资本所获得的高额利润，归根结底来自无产阶级和其他劳动人民所创造的剩余价值。同时，垄断资本主义发展到一定程度后必然会向世界扩张，通过借贷资本输出、生产资本输出、商品资本输出等方式，不断在世界范围内建立统治地位。同时，也将收入分配和财产的两极分化、阶级矛盾不断尖锐化的问题带给世界，引起世界的不安定。

改革开放后，中国与世界其他国家和地区的经济往来愈加频繁，联系越发紧密。一方面，中国企业借助这一契机不断壮大自身、快速发展。另一方面，作为垄断组织主要表现形式的跨国公司纷纷入驻中国，参与中国市场经济运行，在中国经济发展中产生了举足轻重的影响。在多种因素的影响下，我国经济社会中产生了一些垄断现象，如限定价格、划分市场、掠夺性定价、协调涨价、搭售、强制交易等。其中，跨国公司通过收购、兼并中国企业组建联合舰队，在产品价格和数量上建立垄断地位，给中国经济的健康发展带来严重危害。针对这些问题，中国颁布并不断完善《反垄断法》，旨在通过法治，防止市场垄断，使市场在资源配置中起到决定性作用；打破行政性垄断，更好地发挥政府作用，推动有效市场和有为政府更好结合，实现公平竞争与创新发展良性互动。《反垄断法》的颁布与修订，有效地稳定了市场预期，维护了公平竞争秩序，不断推进统一、开放、竞争、有序的市场体系的完善，有力地推进了我国经济的高质量发展。

案例二：金融资本与金融寡头——香港成功应对亚洲“金融风暴”

一、马克思主义基本原理

金融资本是由工业垄断资本和银行垄断资本融合在一起而形成的一种垄断资本。在金融资本形成的基础上，产生了金融寡头。金融寡头是指操纵国民经济命脉，并在实际上控制国家政权的少数垄断资本家或垄断资本家集团。他们支配了大量的社会财富，控制了整个国家的经济命脉和上层建筑，是垄断资本主义国家事实上的统治者。金融寡头在掌握了经济上的控制权后，又在政治上进一步控制上层建筑，利用政权的力量加强其统治地位。（参见教材第 222—223 页）

二、案例内容

亚洲金融危机是指发生于1997年的一次世界性金融风暴。1997年7月2日，亚洲金融风暴席卷泰国，不久，这场风暴波及马来西亚、新加坡、日本、韩国、中国等地。这次金融危机冲击了亚洲各国外贸企业，造成亚洲许多大型企业倒闭，工人失业，社会经济萧条。亚洲一些经济大国开始萧条，一些国家的政局也开始混乱。

1998年8月，亚洲金融危机重创香港，当时港元、本地股票和期货市场持续遭受投机者大举狙击，国际金融炒家通过双边操控，刻意制造市场恐慌，意图操控利率、股票和期货定价，牟取暴利。

面对国际金融炒家的猖狂进攻，香港特区政府决定予以反击，金融管理局将外汇基金投入股市和期货市场，吸纳国际金融炒家抛售的港币，将汇市稳定在7.75港元兑换1美元的水平上。经过一个月的苦斗，特区政府重击国际金融炒家，打破了他们把香港作为“超级提款机”的企图。

参考文献

蔡普华：《香港抵御金融风暴冲击的影响与启示》，《世界经济研究》1999年第2期。

三、案例解析

金融寡头是指掌握着庞大金融资本，并实际控制着国民经济命脉和国家政权的垄断资本家。国际金融炒家一旦发现哪个国家或地区有利可图，马上会通过炒作冲击该国或地区的货币，以在短期内获取暴利。出于对金融垄断利润以及垄断地位的追求，金融寡头乔治·索罗斯（George Soros）及其背后的资本家集团等金融炒家于

1997年初开始做空泰铢，使得泰国不得不宣布放弃固定汇率制，实行浮动汇率制，引发了一场遍及东南亚的金融风暴。

诸如索罗斯这样的国际金融炒家做空市场的方法并不复杂，以港币为例，国际金融炒家先从香港银行等处借来大量港币，然后抛售到外汇市场，买入美元，等大量港币进入香港市场，港币开始贬值，国家金融炒家再以少量美元低价回收，还掉借来的部分。这一借一还之间的差价，就进入了国际金融炒家的口袋。

金融寡头在掌握了经济上的控制权后，又在政治上进一步控制上层建筑，利用政权的力量加强其统治地位。金融战一旦溃败，后果不堪设想，东南亚国家就是活生生的例子。泰国、印度尼西亚近80家金融机构关闭，韩国全国排名前20家企业有4家破产。发生危机一年后，泰国失业人数高达270万，印度尼西亚更是达到2000万。经济危机还带来了政治危机，泰国联合政府垮台，印度尼西亚执政32年的苏哈托倒台，马来西亚执政17年的马哈迪把副总理安华当作替罪羊革职……金融寡头所聚敛攫取的巨大财富，让这些国际金融炒家占据和拥有一定的政治地位和政治权力。

这次香港金融危机，首当其冲的就是香港的金融系统。香港之所以能够成功应对此次金融风暴，其中一个重要的原因就在于，1997年的香港不仅自身拥有820亿元的外汇储备，而且身后还有中央政府1280亿美元的外汇储备，两者相加超过日本的2080亿美元，居当年世界第一位。所以，在国际金融炒家通过抛售港币而致使港币贬值的时候，香港金融管理局直接入市干预，多次向市场注资，通过动用美元外汇回收市场过多的港元，同时提高利率，维持了港元的稳定。由此可知，充足的外汇储备对于稳定金融市场是至关重要的。

香港之所以没有重蹈东南亚国家的覆辙，其中最重要的原因就是政府主动出手救市。在当时的国际国内环境下，香港走出这一步是非常困难的，因为香港在当时作为国际上数一数二的自由港，奉行的是自由主义经济政策，甚至可以说，自由经济是香港的立港之本。但幸运的是，通过正确估量当时的金融环境，香港政府还是迈出了正确的一步。而今，政府救市在2008年全球金融危机之后，已经成为十分常规的操作了。总的来说，面对国际金融炒家的一系列操作，我们自身不仅要维持充足稳定的外汇储备，而且政府随时要做好救市的准备。除此之外，还要调整好自身经济结构和产业结构，要防止透支性经济高增长和不良资产的膨胀，完善好市场体制和金融监管体制。

这场国际金融风波，可以说是由国际金融炒家蓄谋已久、一手造成的。他们不仅要搞垮亚洲的经济，攫取暴利，而且怀着更深远的政治图谋，企图趁势控制这些国家的经济命脉。香港特区政府采取了一系列有效措施成功抵御了亚洲金融危机，捍卫了港元与美元的联系汇率制度，维护了香港作为主要的国际贸易中心和金融中心的地位。

案例三：垄断资本向世界范围的扩展的影响
——中国加入世界贸易组织

一、马克思主义基本原理

垄断资本在世界范围内扩展，对于发展中国家这样的资本输入国来讲，既产生了一定的积极作用，如吸收经济发展所需要的资金、引进比较先进的机器设备和工艺技术、利用外资扩大生产、增加就业机会等；但也带来了一定的不利影响，如付出较大的经济代价以

及环境污染、能源资源消耗的代价等。（参见教材第 231 页）

二、案例内容

加入世界贸易组织，既是我国改革开放进程中具有历史意义的一件大事，也是进一步推进全方位、多层次、宽领域对外开放的重要契机，对于我国扩大对外开放、促进国内改革发展具有十分重大的意义。

世界贸易组织（WTO）的前身是关贸总协定（GATT）。中国是关贸总协定的创始缔约国之一。中华人民共和国成立之前，中国政府在关贸总协定的席位被台湾当局所占据。1950 年，在未得到中国唯一合法政府中华人民共和国中央人民政府允许的情况下，台湾当局宣布退出关贸总协定。显然，这一退出是无效的。1986 年，我国正式提出恢复中华人民共和国在关贸总协定创始缔约国的地位，开始了“复关”谈判的艰难历程。1994 年 4 月 15 日，在摩洛哥的马拉喀什市举行的关贸总协定乌拉圭回合部长会议决定成立更具全球性的世界贸易组织，以取代成立于 1947 年的关贸总协定。1995 年 1 月 1 日，世界贸易组织成立，一年后取代关贸总协定。随着世界贸易组织的成立，“复关”谈判也因此转化为“入世”谈判。经过艰难反复谈判，以及对社会主义市场经济体制的不断探索，中国最终于 2001 年成功加入世界贸易组织，由此开启了经济社会蓬勃发展的新征程。

加入世界贸易组织之后，中国所处的外部环境并不乐观。美国和西欧各国鼓吹资本主义制度下自由民主的经济模式，从侧面打压中国，并设置各种贸易障碍，试图阻挠中国的经济发展和对外开放。然而，中国坚定地推进社会主义市场经济体制改革，严格遵守世界贸易组织的相关协定，利用国内的市场优势积极推行对外开放，学习到了先进的科学技术和管理经验，推动了国内产业的转型与升级。2013年，中国实施“负面清单制度”，实现了在引进外资领域方面的重大制度创新，将对外开放水平提升到了新的层次。2017年以来，美国以“脱钩”“断链”等手段相要挟，发起对中国的经贸与投资的极限施压。面对西方国家的要挟和施压，中国不畏惧各种冲击和质疑，迎难而上，坚定地实施改革开放，不断提高自主创新能力，从而保持了经济社会稳步发展的态势。

参考文献

中共中央党史研究室：《中国共产党的九十年》，中共党史出版社、党建读物出版社2016年版，第821页。

范黎波：《我国加入世界贸易组织的历程、成就与展望》，《光明日报》2021年11月9日。

三、案例解析

资本的输入对中国的经济社会发展既有积极作用，也有消极作用。加入世界贸易组织有力地推动了中国社会主义市场经济体制的改革，也是中国进入对外开放新阶段的重要标志。但是，机遇与挑战并存，中国在迎来发展机遇的同时，也面临严峻的挑战。

一方面，加入世界贸易组织后，资本的输入为中国带来了前所未有的发展机遇。中国加入世界贸易组织后，能够享有更多的权利，也能够获得更加稳定的国际贸易环境，大量外国资本涌入中国。这些对于中国拓宽国际市场、发挥比较优势以及密切与其他国家的贸易往来和合作提供了重要的条件。其一，加入世界贸易组织有利于中国吸引外商投资和扩大对外投资。中国具备大容量的市场、低成本的生产要素以及稳定的政局等优良投资条件，加入世界贸易组织有利于中国更好地利用这些优势条件引进外资。中国可以向世界贸易组织的其他成员提供最惠国待遇，降低外商进入中国市场的门槛，减少外商投资的限制，以此吸引外资进入中国投资办厂；中国企业也可以利用世界贸易组织其他成员国的开放市场，更大限度地走向国际市场，参与国际竞争。其二，加入世界贸易组织有利于中国市场资源的优化配置。世界贸易组织为中国经济发展提供了更广阔的空间。中国企业可以利用中国的市场、劳动力和土地等优势，在国际市场开展合作与竞争，以实现资源的优化配置；同时，中国也会遵守世界贸易组织的规则，打破国内一些地区的垄断和封锁，使生产要素得到有效合理的配置。其三，加入世界贸易组织有利于推动国有企业和私营企业的发展。加入世界贸易组织加速了国内市场的开放和跨国公司的涌入，中国的国有企业和私营企业必须接受国际竞争的冲击和考验。因此，中国企业只有积极参与竞争，不断完善自身，才能够在国际市场中生存和发展。

另一方面，加入世界贸易组织后，资本的输入使中国面临严峻的挑战。中国加入世界贸易组织后，国际垄断资本的输入影响中国产业结构调整。国外企业来华投资重点在制造业，特别是一些高污染、高能耗的企业。这些企业进入中国市场后，很容易造成产业发展不平衡、产业结构畸形等问题。同时，一些跨国公司投资中国的高污染企业重点集中在塑料、印染、电镀、电池及五金矿产等行业，如果不合理处理生产的废料废物，很容易对环境造成危害。除此之外，外来资本和跨国公司投资的增加还会对中国的民族工业造成冲击，进而影响经济的持续稳定发展。

总之，资本的输入对发展中国家来说是利弊共存的。中国加入世界贸易组织既迎来机遇，又面临挑战。我国要抓住机遇，勇敢应对挑战，更好地融入经济全球化的大潮之中。

案例四：经济全球化及其影响
——“一带一路”的发展

一、马克思主义基本原理

经济全球化是指在生产不断发展、科技加速进步、社会分工和国际分工不断深化、生产的社会化和国际化程度不断提高的情况下，世界各国、各地区的经济活动越来越超出某一国家和地区的范围而相互联系、相互依赖的过程。经济全球化体现了社会化生产的要求，既不断促进生产社会化程度的提高，又对全球所有国家有所裨益。(参见教材第 234—237 页)

二、案例内容

为进一步深化改革开放，加快中西部发展，同时为深化亚洲区域合作，促进周边地区稳定与发展，中国传承古代丝绸之路“和平友好、包容开放、互利共赢、互鉴互助”的精神，提出“一带一路”倡议，力求在自身发展的同时兼顾他国合理关切，促进世界各国合作共赢。因而，2013 年，习近平主席在哈萨克斯坦和印度尼西亚分别提出“丝绸之路经济带”和“21 世纪海上丝绸之路”倡议，简称“一带一路”倡议，并将其写入党的十八届三中全会审议通过的《中共中央关于全面深化改革若干重大问题的决定》。

“一带一路”涉及 60 多个国家和地区，包括东南亚 11 国、南亚 8 国、俄罗斯、蒙古、中亚 5 国、其他独联体 6 国、西亚北非 16 国、中东欧 16 国。这 60 多个国家加上中国占世界陆地面积的 30%，占世界人口的60%，占全球GDP的30%。因此，“一带一路”倡议涵盖的区域十分广阔，构想宏伟。但中国在实施“一带一路”倡议中并不干涉地区国家内政，也不寻求或追求势力范围，更不追求主导地位，而是力求在亚欧非实现互联互通，即政策沟通、道路联通、贸易畅通、货币流通、民心相通。“一带一路”也不致力于建立新的组织或取代现有的地区合作组织，而是在现有的合作基础上升级。

“一带一路”倡议引起相关国家的高度关注，周边国家大部分都表示支持。俄罗斯最初有顾虑，但中国与俄罗斯沟通后，俄罗斯打消顾虑，表示希望丝绸之路经济带和俄罗斯在远东的两条铁路相连接。美国也不反对，甚至欢迎与美国的“新丝绸之路”计划对接。蒙古也希望“一带一路”能与蒙古的“草原之路”衔接。

截至2022年7月底，中国已与149个国家、32个国际组织签署了200多份合作文件，在朋友圈巩固、基础设施互联互通、经贸合作、健全多元化投资体系与民心民意根基等方面均取得了丰硕成果。例如，中老铁路实现全线开通运营；累计与20多个共建“一带一路”国家建立了双边本币互换安排，在十多个共建“一带一路”国家建立了人民币清算安排。

参考文献

郭宪纲：《“一带一路”倡议的背景和意义》，“一带一路”研究中心，2014年12月11日。

《共建“一带一路”取得新发展成果》，《人民日报（海外版）》2022年8月19日。

三、案例解析

经济全球化的一个重要表现便是贸易全球化，即商品和劳务在全球范围内自由流动。尽管经济全球化是把“双刃剑”，在促进经济发展的同时也带来诸多负面影响，但中国不会对其弊病视而不见，更不会因噎废食，关闭开放的大门，只会直面问题，积极适应与引导经济全球化，发扬其积极的一面。“一带一路”倡议便是中国全面深化改革开放、积极适应经济全球化的一项重大战略举措。

第一，经济全球化的趋势不可逆转。自资产阶级开辟世界市场起，经济全球化的趋势便已然萌芽。20世纪末，随着两极格局瓦解与新科技革命兴起，技术、资本、商品等生产要素便借助跨国公司的载体，真正地在全球范围内自由流动，国际经济联系趋于紧密，各国互相依存，经济全球化时代正式到来。“世界退不回彼此封闭孤立的状态，更不可能被人为割裂。”在不可逆转的全球化大势中，中国直面世界贫富差距、发展鸿沟等重大问题，积极使用并引导好经济全球化。改革开放初期，国际产业转移由发达国家主导。中国积极引进外资和国外先进技术与管理模式，极大地推动了经济发展、技术进步和管理模式的现代化。而今天，中国已具备了要素输出的能力。顺应中国要素流动的新趋势，“一带一路”倡议通过政策沟通、道路联通、贸易畅通、货币流通、民心相通这“五通”，积极将中国的生产要素，尤其是优质的过剩产能输送出去，让沿“带”沿“路”的发展中国家和地区共享中国发展的成果。

第二，经济全球化体现了社会化生产的要求，极大地促进了发展中国家的发展与进步。这种促进作用不仅体现在它为发展中国家所提供的先进技术与管理经验，还体现在它所创造的诸多就业机会，更体现在它对发展中国家国际贸易发展的推动作用。正是基于经济全球化的重大意义考量，中国提出“一带一路”倡议，力求在自身发展的同时兼顾他国合理关切，实现互利共赢，建立和谐世界。“一带一路”建设在基础设施互联互通方面硕果累累：中老铁路全线通车；雅万高铁最长隧道实现全隧贯通；吉布提港铁路场站正式投产；中欧班列继续安全稳定运行……这些成果极大地改变了当地贫穷落后的面貌，提高了人民的生活质量与社会经济发展水平。此外，菌草、杂交水稻等“小而美、见效快、惠民生”的援外项目也有效促进了共建国家的社会经济发展，增进了民众的获得感、幸福感。

当然，经济全球化不可避免地存在一些问题。一方面，它在某种程度上增加了发展的风险，如美元霸权下的金融风险。我国也充分认识到这点，因而成立了多边开发融资合作中心（MCDF）基金，着力构建人民币跨境支付系统（CIPS），从而不断健全多元化投融资体系，规避相关风险。另一方面，经济全球化并未改变不公正不合理的国际政治经济旧秩序。长期以来，发达资本主义国家主导经济全球化进程，主导制定贸易和竞争规则，进而控制一些国际组织，从而成为经济全球化的主要受益者。而中国的“一带一路”倡议便是要打破“国强必霸”的魔咒，跳出零和博弈的国际关系，着力构建和谐世界。因而，它既不干涉地区国家内政，也不打算建立新的组织或取代现有的地区合作组织，而是在现有的合作基础上升级。可以说，中国立志与世界各国人民同呼吸、共命运，努力构建人类命运共同体。“一带一路”的伟大倡议与建设便是中国矢志于实现这一美好愿景的重要探索。

正是基于对经济全球化本质与影响的全面而深刻的分析与把握，中国提出“一带一路”倡议并不断推进其建设，取得显著成绩。当然，“一带一路”倡议仅是中国积极适应并引导经济全球化、推进国际经济政治新秩序建立的一次伟大尝试。促进中国自身发展的同时，它也造福于世界各国。中国将不断探索，攻坚克难，开创一条全新的道路。

案例五：社会主义代替资本主义的历史必然性——中国共产党与世界政党领导人峰会的召开

一、马克思主义基本原理

从人类社会发展的长河来看，资本主义终究要被社会主义所取代，这是历史发展的基本趋势。资本主义的内在矛盾决定了资本主义必然被社会主义所替代。（参见教材第 253 页）

二、案例内容

2021 年 7 月 6 日，中国共产党与世界政党领导人峰会以视频连线方式举行。此次峰会以“为人民谋幸福：政党的责任”为主题，进行了深入的交流，达成了广泛的共识。来自全球 160 多个国家、500 多个政党和政治组织的领导人、逾万名政党代表，通过“云端”齐聚一堂，围绕会议主题，共同探讨了谋人民福祉之道、人类命运与共之道。

21 位政党和政治组织的领导人在致辞中对中国共产党成立 100 周年表示热烈的祝贺，对中国取得的成就表达由衷的钦佩，对中国的国际贡献表示诚挚的感谢。

会后，多国政党领导人高度评价中国共产党带领中国取得的历史性发展成就和为人类进步事业作出的重要贡献，表示愿借鉴中国共产党的治国理政经验，担起为人民谋幸福的责任。他们认为，世界各政党应携手努力，共同建设更加美好的世界。

参考文献

《凝聚重要共识　共谋人民幸福——多国政党领导人热议中国共产党与世界政党领导人峰会》，《人民日报》2021 年 7 月 10 日。

三、案例解析

由于资本主义基本矛盾包含现代的一切冲突的萌芽；资本积累推动资本主义基本矛盾不断激化并最终否定资本主义自身；国家垄断资本主义是资本社会化的更高形式，将成为社会主义前奏；资本主义社会存在资产阶级和无产阶级两大阶级之间的矛盾和斗争，资本主义必然被社会主义所替代。

当今世界，虽然资本主义制度通过自我调节还能为生产力的发展提供一定的空间，但社会主义取代资本主义是历史的必然趋势。在中国共产党建党百年之际，习近平总书记与诸多外国政党领导人“云聚首”，与全球上万名政党代表“云会面”，聚焦人民福祉，探讨政党责任，再次彰显了中国共产党是为中国人民谋幸福的政党，也是为人类进步事业而奋斗的政党。与会人士普遍表示，峰会在世界政党发展史上意义重大、影响久远。峰会结束后不久，南非共和国总统马塔梅拉・西里尔・拉马福萨（Matamela Cyril Ramaphosa）就在自己的推特（Twitter）上发送了近 20 条参会感言，认为中国共产党取得历史性成就源于把人民群众的需要和利益始终放在首位。古巴共产党中央委员会第一书记米格尔・迪亚斯–卡内尔・贝穆德（Miguel Diaz-Canel Bermúdez）会后连发 7 条推特表示，在中国共产党领导下，中国不断繁荣壮大，成为维护世界和平与安全的重要力量，其榜样模范作用令人钦佩。在当前日益复杂的国际形势下，峰会召开恰逢其时，十分必要，是对全世界进步力量的重要鼓舞。当前，资本主义社会的危机仍在加剧。马克思和恩格斯早在170年前就在《共产党宣言》中对资本主义的社会危机作出了预言，强调其存在不可调和的内在矛盾。反观当下，资本主义社会的矛盾没有消失，在一定程度上呈加剧的态势。主要表现在：社会分化进一步加剧、贫富分化加剧，社会不公严重等。

从人类社会发展的长河看，资本主义终究要被社会主义所取代，这是历史发展的基本趋势。资本主义的内在矛盾决定了资本主义必然被社会主义所替代。事实一再告诉我们，马克思、恩格斯关于资本主义社会基本矛盾的分析没有过时，关于资本主义必然消亡、社会主义必然胜利的历史唯物主义观点也没有过时。中国共产党与世界政党领导人峰会在世界政党发展史上意义重大、影响久远，是对全世界进步力量的重要鼓舞。站在新的时空坐标，中国共产党正以构建人类命运共同体的时代担当，携手世界创造更加美好的未来。

此次峰会胜利召开也从侧面证明社会主义在21世纪焕发出强大的生机活力，以及资本主义为社会主义所代替的历史必然性。

第六章 社会主义的发展及其规律

社会主义代替资本主义是人类历史发展的必然趋势。站在 21 世纪中国的历史制高点上，引导广大青年学习掌握科学社会主义基本原则，深入总结社会主义运动的历史经验，可以增强青年对于世界社会主义事业的信心，坚定共产主义理想信念。

本章的学习目标是学习和了解社会主义 500 年的发展历程，把握科学社会主义基本原则，认识经济文化相对落后国家建设社会主义的必然性和长期性，明确社会主义发展道路的多样性，遵循社会主义在实践中开拓前进的发展规律，以昂扬奋进的姿态推进社会主义事业走向光明未来。

本章结合新民主主义革命时期中的古田会议；社会主义革命和建设时期中的《论十大关系》；改革开放和社会主义现代化建设新时期中的“三步走”发展战略；中国特色社会主义新时代中的“三权分置”“放管服”改革、“绿色奇迹”塞罕坝、脱贫攻坚、中国式现代化新道路等案例，对社会主义在中国焕发出强大生机活力、科学社会主义基本原则、在实践中探索现实社会主义的发展规律等重要原理与观点进行了全面阐释。

案例一：社会主义在中国焕发出强大生机活力
——中国式现代化新道路的开创

一、马克思主义基本原理

中国共产党领导的社会主义事业经过了从新民主主义革命到社会主义革命、建设、改革的发展过程，在百年奋斗中不断发展壮大，在21世纪焕发勃勃生机。(参见教材第270—273页)

二、案例内容

中国共产党自诞生以来，就在不断探索符合中国国情的现代化道路，领导中国人民历经新民主主义革命时期、社会主义革命和建设时期、改革开放和社会主义现代化建设新时期以及中国特色社会主义新时代四个历史时期的接续奋斗，开创了举世瞩目的中国式现代化新道路。

新民主主义革命时期，党面临的主要任务是反对帝国主义、封建主义、官僚资本主义，争取民族独立、人民解放，为实现中华民族伟大复兴创造根本社会条件。在德国法西斯面临彻底覆亡和抗日战争接近胜利的前夜，在全党整风的基础上，1945年4—6月，中国共产党第七次全国代表大会在延安杨家岭中央大礼堂召开，大会制定了新民主主义国家在政治、经济、文化方面的纲领，提出实现中国工业化的宏伟任务，把毛泽东思想确立为党的指导思想并写入党章，引导中国走向了光明的未来。

社会主义革命和建设时期，党面临的主要任务是实现从新民主主义到社会主义的转变，进行社会主义革命，推进社会主义建设，为实现中华民族伟大复兴奠定根本政治前提和制度基础。1950年冬到1952年底，党领导广大新解放区进行了废除封建土地制度的改革。1950年6月30日，中央人民政府公布施行《中华人民共和国土地改革法》，该法律促进了生产的恢复和发展。土地改革的完成，标志着在我国延续了几千年的封建制度的基础——地主阶级的土地所有制至此彻底消亡。

改革开放和社会主义现代化建设新时期，党面临的主要任务是继续探索中国建设社会主义的正确道路，解放和发展社会生产力，使人民摆脱贫困、尽快富裕起来，为实现中华民族伟大复兴提供充满新的活力的体制保证和快速发展的物质条件。党的十二大以后，我国的对外开放迈出新步伐。1984年初，邓小平视察深圳、珠海、厦门等经济特区并题词，充分肯定特区建设的成就。他指出：“特区是个窗口，是技术的窗口，管理的窗口，知识的窗口，也是对外政策的窗口。”邓小平的南方之行和对经济特区的肯定，使对外开放迎来了新的机遇。

党的十八大以来，中国特色社会主义进入新时代。党面临的主要任务是实现第一个百年奋斗目标，开启实现第二个百年奋斗目标新征程，朝着实现中华民族伟大复兴的宏伟目标继续前进。这一时期，党对中国特色社会主义建设规律的认识不断深化，不断创新中国特色社会主义建设理论，党和国家事业取得重大成就，为新时代发展中国特色社会主义事业奠定了坚实基础，创造了有利条件。党的十八大以来，全国832个贫困县全部摘帽，12.8万个贫困村全部出列，现行标准下近1亿农村贫困人口实现脱贫，我们打赢了人类历史上最大规模脱贫攻坚战；经济总量从53.9万亿元提升到114.4万亿元，占世界经济的比重从11.4%提升到18%以上，人均国内生产总值从 6300 美元提高到超过 1.2 万美元，我国经济实力又迈上了一个大台阶；港珠澳大桥通车运营，北斗卫星导航系统全面开通；第三艘航空母舰下水，我们向高水平科技自立自强不断迈进……一个个举世瞩目的伟大成就，不断书写着中国特色社会主义的新篇章。

参考文献

《中共中央关于党的百年奋斗重大成就和历史经验的决议》，人民出版社 2021 年版，第 3、9、14—15、23、26 页。

《中国共产党简史》编写组：《中国共产党简史》，人民出版社、中共党史出版社 2021 年版，第 103—104、157、247 页。

任仲平：《掌握历史主动 凝聚奋进伟力》，《人民日报》2022 年 9 月 29 日。

三、案例解析

立足党的百年历史和新时代基本国情，习近平总书记在庆祝中国共产党成立 100 周年大会上的讲话中指出，“一百年来，中国共产党团结带领中国人民进行的一切奋斗、一切牺牲、一切创造，归结起来就是一个主题：实现中华民族伟大复兴”①，“我们坚持和发展中国特色社会主义，推动物质文明、政治文明、精神文明、社会文明、生态文明协调发展，创造了中国式现代化新道路，创造了人类文明新形态”②。习近平总书记的论述深刻表明，中国共产党以实现中华民族伟大复兴为目标而开创的中国式现代化新道路，就是社会主义在中国的生动实践。

从宏观高度来看，中国式现代化新道路体现了社会主义在中国

① 习近平：《在庆祝中国共产党成立 100 周年大会上的讲话》，人民出版社 2021 年版，第 3 页。

② 习近平：《在庆祝中国共产党成立 100 周年大会上的讲话》，人民出版社 2021 年版，第 13—14 页。

的落地生根和蓬勃发展。经过百年奋斗，中国共产党带领中国人民探索出了一条中国特色社会主义现代化的新道路，构建起了一个中华民族伟大复兴的战略全局。这个战略全局将世界现代化、社会主义和中华民族复兴逻辑融汇为中国特色社会主义的现代化逻辑，通过道路创新、理论创新、制度创新和文化创新不断推进道路自信、理论自信、制度自信和文化自信，不断彰显着中国特色社会主义的显著优势。尤其是党的十八大以来，以习近平同志为核心的党中央带领全党全国各族人民，统筹推进“五位一体”总体布局，协调推进“四个全面”战略布局，坚持发展和完善中国特色社会主义，创造了新时代中国特色社会主义现代化的新成就。

从具体内涵来看，中国式现代化新道路拓展了社会主义的现代化维度。1956 年，我国“三大改造”完成，这标志着我国正式建立起社会主义制度，保证了我国社会主义现代化的建设方向。在此基础之上，由毛泽东初步提出，周恩来于 1964 年 12 月在三届全国人大作政府工作报告正式提出的“四个现代化”，即现代农业、现代工业、现代国防和现代科学技术，成为我国现代化建设的重要战略指引。2021 年 1 月 11 日，习近平总书记在省部级主要领导干部学习贯彻党的十九届五中全会精神专题研讨班上的讲话，总结概括了中国式现代化的内涵，即我国现代化是人口规模巨大的现代化，是全体人民共同富裕的现代化，是物质文明和精神文明相协调的现代化，是人与自然和谐共生的现代化，是走和平发展道路的现代化。中国共产党立足中国国情，把社会主义与现代化相结合，打破了西方现代化的桎梏，证明了世界范围内现代化的多样性。

中国共产党领导的中国式现代化新道路经历了从新民主主义革命到社会主义革命、建设、改革的发展过程，在党和人民的百年奋斗历程中不断壮大，在 21 世纪焕发勃勃生机。党领导人民成功走出中国式现代化新道路，创造了人类文明新形态，拓展了发展中国家走向现代化的途径，深刻诠释了社会主义在中国焕发出强大的生机和活力，给世界上那些既希望加快发展又希望保持自身独立性的国家和民族提供了全新选择。

案例二：社会主义社会生产及其根本目的——“三权分置”的制度创新

一、马克思主义基本原理

社会主义社会生产是坚持生产资料公有制基础上组织的生产。生产资料公有制致力于对生产资料私有制的破除，以满足全体人民的需要。（参见教材第 276 页）

二、案例内容

改革开放以来，中央关于农村土地制度改革的推进环环相扣、循序渐进，就像一个“三部曲”。改革开放之初实行家庭联产承包责任制，所有权归集体，承包经营权归农户，实行“两权分离”；随着社会主义市场经济的不断发展完善，按照归属清晰、权能完整、流转顺畅、保护严格的产权制度要求，中央又开展了农村土地集体所有权、农户承包经营权的确权登记颁证，向农民“确实权、颁铁证”，稳定农村土地承包关系并保持长久不变；之后顺应农民要保留自己的土地承包权又有流转土地经营权的意愿，将土地承包经营权分为承包权和经营权，形成了所有权、承包权、经营权“三权分置”并行的格局。“三权分置”既是继家庭联产承包责任制后农村改革的又一重大制度创新，也是中央关于农村土地问题出台的又一重大政策。

2014年9月，中央全面深化改革领导小组第五次会议强调，要在坚持农村土地集体所有的前提下，实现所有权、承包权与经营权的三权分置。2016年10月22日，中共中央办公厅、国务院办公厅印发《关于完善农村土地所有权承包权经营权分置办法的意见》。2018年12月29日，十三届全国人大常委会第七次会议表决通过了关于修改农村土地承包法的决定，并将农村土地实行“三权分置”的制度法制化。“三权分置”格局的形成，反映了社会主义社会始终坚持以人民群众为中心，坚持以满足全体人民共同富裕为发展目标，取得更为明显的实质性进展的问题，充分表明了处理好农民和土地的关系是改革主线，坚守农村土地集体所有制是改革底线。“三权分置”是在农村改革坚持土地公有制性质基础上，不断维护农民利益、化解农村社会矛盾、缩小城乡差距的重要举措。“三权分置”的实施有利于更好地调动农村生产经营的活力，提高土地的产出率与利用率等，有利于深化农业的现代化发展。

参考文献

《“三权分置”：农村改革又一重大制度创新》，中国政府网，2016年11月4日。

三、案例解析

社会主义社会生产是坚持生产资料公有制基础上组织的生产，以满足全体社会成员的需要为生产的根本目的。中国是社会主义国家，在坚持生产资料公有制基础上，要满足每个人的需要、维护每个人的利益。“三权分置”作为农村土地改革的重要创新举措，反映了社会主义社会对人民利益的维护。

社会主义社会的生产是生产资料公有制的生产，意味着社会生产资料归全民所有。中国作为社会主义国家，是全面发展的社会主义，始终重视社会各项事业的全面发展、全民民生福祉的不断增强。中国要强农业必须强，中国要美农村必须美，中国要富农民必须富。为了更好地巩固中国经济全面发展的基础，更好地推动社会全面进步，中国共产党始终重视中国农村地区的发展，致力于激发农民创造活力，培育一支高素质农业生产经营者队伍。政策的制定是推动农村经济改革发展的基础与前提。“三权分置”，体现了中国共产党重视农村发展的问题，重视农村土地制度改革，重视通过推动农村地区的深化改革与发展，坚持实行所有权、承包权与经营权的分置并行。它是中国农业发展的重要制度革新，是新时代农业、农村、农民和谐发展的重要举措。

第一，“三权分置”坚持土地集体所有权。马克思恩格斯始终坚持社会主义社会必须要坚持生产资料公有制，强调社会主义是一个集体的、以共同占有生产资料为基础的社会。“三权分置”坚持的土地集体所有权是农村经济改革不可逾越的底线。它反映的恰恰是马克思主义理论下生产资料公有制的重要组成部分，是马克思主义集体所有制理论的继承与发展。“三权分置”政策坚持以农村土地“集体所有制”为核心，不仅促进了农村经济的可持续发展，同时还可帮助农民实现真正的共同富裕，符合社会主义国家的本质要求。

第二，“三权分置”稳定农民承包权。土地问题是中国农村发展的基础问题。为了既保证生产资料公有制又能够充分提高土地的生产效率问题，“三权分置”政策，通过实行“确实权、颁铁证”以及拉长流转时间等方式，一方面明确了农民承包的主体地位，另一方面又赋予承包农户在抵押担保等方面更充分的土地权能，使农民拥有了更多的选择权。“三权分置”的提出充分调动了农村农民生产的积极性，推动了中国农村的发展。中国共产党坚持在土地集体所有制的底线原则下，尊重农民主体地位，以满足人民最现实的利益需要，取得了很好的成效。

第三，“三权分置”放活土地经营权。社会主义社会生产的根本目的是满足人民群众的根本需要。随着我国城市化发展进程的不断推进，农村大量农民不断涌入城市务工，造成农村出现大量荒地以及大量的土地流转现象。荒地与土地的流转现象，表明农民需要的多元化，进而表明土地承包权与经营权之间不断出现矛盾与分离。因此，为了满足农民的多元需要，中国共产党不断深化农村土地制度改革，提出了“三权分置”政策。“三权分置”政策不断把承包农户、新型经营主体双方在承包地上的权利上进行了厘清，以明确土地流转过程中的各种问题，进而确保农村生产的健康发展和农村的社会稳定。

总之，社会主义社会生产是坚持生产资料公有制基础上组织的生产，以满足全体社会成员的需要为生产的根本目的。“三权分置”政策的具体开展与实施，是马克思主义强调的在社会主义公有制基础上、坚持以人民为中心的社会主义本质要求在中国继承与发展的具体体现，也符合生产关系与生产力相适应的发展规律。

案例三：社会主义社会处理计划与市场关系的原则——全面深化“放管服”改革

一、马克思主义基本原理

社会主义社会要有计划地指导和调节社会生产。有计划地组织社会生产是一般性原则，还需要在与各国国情的结合中找到自己的实现方式，因而不能把它与一些国家曾经实行的指令性计划经济画等号。在经济建设中要正确处理计划与市场的关系，实行单一的计划经济，忽略或排斥市场的作用，不利于社会主义社会生产力的发展。（参见教材第 276—277 页）

二、案例内容

2015 年 5 月 12 日，国务院召开全国推进简政放权放管结合职能转变工作电视电话会议，首次提出了“放管服”改革的概念。“放”，即简政放权，降低准入门槛；“管”，即创新监管，促进公平竞争；“服”，即高效服务，营造便利环境。“放管服”改革，既是对政府职能所做出的转型和精炼化，同时也是政府减少对市场干预的重要体现。“放管服”改革一经提出，全国各地纷纷落实，经济高质量发展也因此得到了有力的推动。

党的十八大以来，以习近平同志为核心的党中央提出了深化行政管理体制改革的目标，将简政放权作为增添市场活力的重要法宝。2022 年 8 月 29 日，国务院召开第十次全国深化“放管服”改革电视电话会议，进一步提出要持续深化“放管服”改革，坚持以“放管服”改革打破发展难题，优化营商环境。深化“放管服”改革对于更好激发市场活力和社会创造力、推动经济持续前行具有重要意义。

参考文献

张薇：《深入推动“放管服”改革 助力经济高质量发展》，《山西农经》2020 年第 22 期。

三、案例解析

“放管服”改革实际上是放开搞活经济、促进公平竞争，给群众经商办企业更多自由和便利。

第一，“放”——简政放权，降低准入门槛。实行单一的计划经济，忽略或排斥市场的作用，不利于社会主义社会生产力的发展。经济体制改革的核心是处理好政府和市场的关系，使市场在资源配置中起决定性作用和更好发挥政府作用，进一步简政放权，增加市场活力。在“放管服”改革实施下，政府将权力下放给企业，企业相当于掌握了主动权，能够更好地利用自身资源去投资经营，节约企业办事成本，提高办事效率，推动企业更好地发展，提高市场活力，给人民群众提供各种便利。以湖北省为例，截至 2021 年，全省审批项目环评 5000 余份，登记备案项目约 1.8 万个，近 80%的项目环评无须审批。全省共降低评价级别项目 29 个，简化环评内容项目 2100 余个，开展网上在线备案项目 6.1 万余个，开展园区代办服务项目 500 余个，大大提升了审批效率。其主要就是为了进一步降低准入门槛，加快取消重复审批、不必要审批，深化“证照分离”改革，减少群众和企业办事慢、办事难、来回跑、多头跑和无用证明等现象。以此降低经济成本，为民营企业的发展营造良好的环境，增强实体经济的竞争力和吸引力。

第二，“管”——创新监管，放管结合，促进公平竞争。社会主义社会要有计划地指导和调节社会生产。在“放管服”改革下，政府的工作重点由审批转为监督管理，这在一定程度上避免和杜绝了“腐政”现象出现，也改变了以往监管不足的情况，是改善政府职能错位、空白、越位等状况的有效方式，同时对于政府的监管职能又是一种提高，其方式、方法、理念等都得到了革新。监管是在现代经济背景下，为推动经济高质量发展对市场环境公平公正作出的保障，若缺少监管，“放”则极易出现“乱放、乱收”等恶劣局面，这就违背了简政放权的初衷。政府要始终践行“有呼必应、无事不扰”的“店小二”精神，为市场主体营造宽松的发展环境。在管理过程中可以借助数据信息技术，打造线上线下综合系统，公开监管信息，让人民群众成为政府服务的直接监管者，打造让人民满意的政府服务。要管出公平、管出质量，推动从“严进宽管”向“宽进严管”转变。

第三，“服”——高效服务，营造便利环境。在深入推进“放管服”改革的过程中，应始终以营造便利环境、保证广大人民的根本利益为标准。在优化服务方面，湖北省市上下联动，主动与本级发改、交通、水利、经信、商务等部门对接，共同建立了全省“三本台账”和重大投资项目环评管理台账，将 1700 余个项目纳入管理。这种提前介入、主动服务的行为可以为市场和企业创造公平、公正、公开的竞争环境，为营造机会公平、规则公平的就业环境提供了平台，调动了全社会的积极性。

改革开放 40 多年来，中国取得举世瞩目的成就，创造了经济发展的“中国奇迹”，这离不开特定制度背景下符合中国国情的市场化改革。不断完善社会主义市场经济，充分激发市场主体创新创造活力，就是要充分发挥市场在资源配置中的决定性作用，更好地发挥政府作用。通过“放管服”改革，使“放”的效果持续显现、“管”的制度不断完善、“服”的体系不断健全。近些年，“放、管、服”三管齐下、互为支撑，最大限度地激发了市场活力，最大限度地调动了人民群众的创造力，妥善地应对了风险挑战，推动了经济持续发展。

案例四：社会主义社会改造和利用自然的基本原则——“绿色奇迹”塞罕坝

一、马克思主义基本原理

在社会主义建设事业中，要正确处理人与自然的关系，深刻认识人与自然是生命共同体，合乎自然规律地改造和利用自然，调节人与自然之间的物质变换，保持人与自然之间的动态平衡，努力实现人与自然的和谐共生。（参见教材第 277—278 页）

二、案例内容

中国共产党在领导中国人民探索现代化道路的进程中，持之以恒深化对人与自然之间的关系的认识，坚定推进生态环境保护与生态治理，取得了举世瞩目的辉煌成就。“荒原变林海”的塞罕坝就是党领导人民取得的“绿色奇迹”。塞罕坝林场建设者，坚持党的领导，用青春与奋斗，铸就了“牢记使命、艰苦创业、绿色发展”的塞罕坝精神，激励一代又一代的中国人民持续推进生态文明建设，为建设美丽中国不懈奋斗。

20 世纪 50 年代的塞罕坝是植被稀疏、人迹罕至的荒原，风一吹就卷起漫天黄沙，给生活在周边地区乃至北京的人民的生活带来极其恶劣的影响。为了改变塞罕坝的自然面貌，阻隔风沙对京津地带的侵袭，1962 年，原林业部决定建立塞罕坝机械林场。来自全国 18 个省份的 369 位创业者，集结塞罕坝，在艰苦卓绝的环境下植树造林。1964 年，塞罕坝建设者组织马蹄坑造林大会战，在寒冷的天气下，迎着凛冽寒风，造林516亩，树木成活率达到90%以上。1977年遭受"雨凇"灾害、1980年遭受特大旱灾……一代又一代的塞罕坝建设者抗过了一次又一次的危机，以共产党人百折不挠的斗争精神，筑起了一道为京津阻沙涵水的"绿色长城"。2021年，塞罕坝的林地面增加到115.1万亩，森林覆盖率由11.4%提高到82%；每年为滦河、辽河下游地区涵养水源、净化淡水2.84亿立方米，防止土壤流失量为513.55万吨；每年可固定二氧化碳86.03万吨，释放氧气59.84万吨。同年，在全国脱贫攻坚总结表彰大会上，河北省塞罕坝机械林场获"全国脱贫攻坚楷模"荣誉称号。

习近平总书记称赞从荒原变林海的塞罕坝是生态文明建设的生动范例。他指出，"河北塞罕坝林场的建设者们听从党的召唤……创造了荒原变林海的人间奇迹，用实际行动诠释了绿水青山就是金山银山的理念"。塞罕坝的转变之路是播种绿色、实现人与自然和谐共生的绿色发展之路。新时代我们要继续发扬塞罕坝精神，推进经济社会发展和生态环境保护和谐共进，奋力谱写美丽中国新篇章。

参考文献

《鉴往知来丨跟着总书记学历史：荒原林海创奇迹，塞罕坝带来怎样的启示?》，央视新闻客户端，2021年8月24日。

《塞罕坝：绿色大坝，红色高地》，半月谈网，2021年10月20日。

《弘扬塞罕坝精神，把我们伟大的祖国建设得更加美丽——论中国共产党人的精神谱系之三十八》，《人民日报》2021年11月16日。

武卫政、刘毅、史自强：《五十五年持续造林护林，荒原沙地变成绿水青山 塞罕坝：生态文明建设范例（砥砺奋进的五年·绿色发展绿色生活）》，《人民日报》2017年8月4日。

三、案例解析

社会主义社会要合乎自然规律地改造和利用自然，努力实现人与自然的和谐共生。塞罕坝建设者坚持绿色发展理念，优化利用自然资源与人文资源，打造鄂西圈，将人与自然和谐共生的理念落到了实处。

塞罕坝建设者尊重自然、顺应自然、保护自然，合乎自然规律地改造和利用自然，保持人与自然之间的动态平衡，使塞罕坝重新焕发绿色生机。人类来源于自然，自然是生命之母，人与自然是一种共生关系。人类在同自然的互动中生产、生活、发展，人与自然是生命共同体，人类应善待自然、敬畏自然。塞罕坝建设者深刻认识到自然环境对人类生产生活的重要性，致力于通过植树造林等方式优化塞罕坝的自然环境。在数十年的工作中，他们接力奋斗，种植了世界最大人工林，使当地森林覆盖率得到了提升，每年为华北地区涵养水源，有效阻滞了浑善达克沙地南侵，为当地人民、京津人民构筑起一道坚实的生态屏障。塞罕坝建设者在党的领导下，一直坚持尊重自然、顺应自然、保护自然，合乎自然规律地改造自然，将塞罕坝从“黄沙遮天日，飞鸟无栖树”的荒漠沙地变成了绿意盎然、生机勃发的林木海洋，为社会的发展奠定了坚实的物质基础。

塞罕坝建设者坚持统筹发展和保护生态环境，以绿色发展持续推进人与自然和谐共生。人类来源于自然，应该敬畏自然。同时，作为自然的一部分，人类不是消极被动的，而是能够通过合理的方式改造自然，实现人与自然协同发展、和谐共生。塞罕坝的建设者在党的坚强领导下坚持走绿色发展之路，不断推进产业转型升级，在保护绿水青山的同时收获金山银山，将生态优势变成经济优势，既为生活在该地区的群众提供了实现脱贫致富的“绿色银行”，也为全国人民提供了景色优美的森林氧吧。塞罕坝林场在保证生态安全的前提下，合理开发利用旅游资源，带动相关产业发展，创造了大量就业岗位，每年可实现社会总收入6亿多元；绿化苗木销往全国各地，每年收入超过1000万元。美丽的塞罕坝实现了保护生态环境与推进经济高质量发展的和谐统一，适应了生态文明建设的内在要求，为美丽中国的绿色崛起添砖加瓦。

塞罕坝建设者在党的领导下，正确处理人与自然的关系，将绿色发展理念走深走实，以合乎自然发展规律、合乎人类幸福生活和追求美丽环境的方式来改造和利用自然，体现了对社会主义社会要实现人与自然和谐共生的要求的践行。

案例五：坚持党指挥枪的原则
——古田会议

一、马克思主义基本原理

无产阶级政党是无产阶级的先锋队，社会主义事业必须始终坚持无产阶级政党的领导。（参见教材第279—280页）

二、案例内容

毛泽东十分重视党和军队的建设，早在井冈山时期就认识到，“无产阶级思想领导的问题，是一个非常重要的问题”。红四军出击赣南、闽西后，在军队建设问题上，领导人之间产生了一些不同看法，军内存在的单纯军事观点、流寇思想和军阀主义残余等非无产阶级思想有所发展。

1929 年 6 月 22 日，红四军党的第七次代表大会在福建龙岩召开。毛泽东打算通过总结过去斗争经验，解决红军建设中的主要问题。但他的正确主张未能被多数人所认识和接受。大会改选了前委，原由中共中央指定的前委书记毛泽东没有当选，陈毅当选为前委书记。会后，毛泽东到闽西协助指导地方工作。8 月，陈毅到上海向中央汇报红四军工作，前委书记一职由朱德代理。

9 月 28 日，中共中央发出给红四军前委的指示信（即“九月来信”）。这封信是陈毅按照周恩来多次谈话和中共中央会议的精神代中共中央起草并经周恩来审定的。“九月来信”指出：先有农村红军，后有城市政权，这是中国革命的特征，这是中国经济基础的产物。明确规定红军的基本任务：一是发动群众斗争，实行土地革命，建立苏维埃政权；二是实行游击战争，武装农民，并扩大本身组织；三是扩大游击区域及政治影响于全国。指示信分析了红四军党内的实际情况，着重指出只有加强无产阶级意识的领导，才可以使之减少农民意识；对于红军中的错误观念，前委应坚决以斗争的态度来肃清之。指示信强调，应将党的一切权力集中于前委指导机关；同时，前委对日常行政事务不要去管理，应交由行政机关去办。这样，中共中央对红四军党内发生的争论问题作出了明确的结论。指示信要求红四军前委和全体干部战士维护朱德、毛泽东的领导，毛泽东应仍为前委书记。

12 月下旬，红四军党的第九次代表大会在福建古田召开。这就是古田会议。会上传达了中共中央指示信。大会通过了八个决议案，其中最重要的是关于纠正党内错误思想的决议案。

古田会议决议的中心思想是要用无产阶级思想进行军队和党的建设。

在军队建设方面，决议指出中国的红军是一个执行革命的政治任务的武装集团，必须绝对服从党的领导，必须全心全意为党的纲领、路线和政策而奋斗；批评了那种认为军事和政治是对立的单纯军事观点。决议再次提出红军必须担负起打仗、筹款和做群众工作这三位一体的任务，批评了只是走州过府、流动游击、不愿做建设政权的艰苦工作等思想倾向。决议强调要加强红军政治工作，特别是政治教育工作。

参考文献

中共中央党史研究室：《中国共产党的九十年》，中共党史出版社、党建读物出版社 2016 年版，第 117—120 页。

三、案例解析

把党建设成为无产阶级先锋队，把军队建设成为无产阶级领导的新型人民军队，这是事关党的事业兴衰成败的根本性问题，在古田会议决议中得以明确。

毛泽东曾经指出："我们的原则是党指挥枪，而决不容许枪指挥党。"党对军队绝对领导的根本原则和制度，发端于南昌起义，奠基于三湾改编，定型于古田会议，是人民军队完全区别于一切旧军队的政治特质和根本优势。从党对军队的绝对领导可以看出，无产阶级政党是无产阶级的先锋队，社会主义事业必须始终坚持无产阶级政党的领导。

中国共产党坚持科学社会主义的这一原则，将其运用于军队建设中，强调党对军队的绝对领导。正如习近平总书记所强调的，"人民军队从胜利走向胜利，彰显了中国共产党领导的伟大力量"。

案例六：社会主义社会解放发展生产力，实现共同富裕的基本原则——脱贫攻坚的长阳答卷

一、马克思主义基本原理

社会主义社会要大力解放和发展生产力，逐步消灭剥削和消除两极分化，实现共同富裕和社会全面进步，并最终向共产主义社会过渡。(参见教材第 280 页)

二、案例内容

长阳土家族自治县隶属于湖北省宜昌市，是国家扶贫开发工作重点县和武陵山扶贫攻坚片区县，是宜昌市贫困人口最多、贫困面积最大的贫困县，是脱贫之路上一块难啃的硬骨头。党的十八大以来，以习近平同志为核心的党中央高度重视农村特别是贫困地区的发展，宣布实施脱贫攻坚战略，并提出精准扶贫理念。长阳迅速响应党中央关于脱贫攻坚的决策部署，由县委书记挂帅，首先带队深入基层，展开“地毯式”大调研，了解实际情况、摸清“家底”，为制定精准有效的扶贫政策提供依据。

长阳总结出“四看四算”法（一看房屋算家当；二看产业算后劲；三看劳力算收入；四看医教算支出）用于识别贫困对象，完成覆盖全县 154 个村 10 万余户 31 万多人口的全面调查和重点核查，由此进一步做到了精准识别。在精准施策方面，长阳以璞岭村为试点展开探索，有针对性地解决问题。对于基础设施落后和产业发展薄

弱这样的总体性问题，以及各户致贫原因不同这样的差异性问题，长阳都拿出了有效方案，摸索出“1156”脱贫攻坚模式（建强一个基层党组织、筑牢一个政策托底线、织密产业发展“五张网”、精准帮扶“六到户”），并从试点村成功推广到全县。

在党的坚强领导和广大基层干部群众的共同努力下，经过数年的持续探索和奋斗，长阳迎来了巨大转变，在贫困地区建成了水泥路，通上了自来水，筑起了砖瓦房，特色产业也初具规模，人民群众的物质生活和精神面貌都得到极大改善。2020 年 4 月，湖北省人民政府批准长阳在内的 17 个县退出贫困县序列，至此，长阳实现脱贫摘帽，进入一个全新的发展阶段。

参考文献

中共中央宣传部、国家发展和改革委员会：《习近平经济思想学习纲要》，人民出版社、学习出版社 2022 年版，第 88—89 页。

中共中央党史和文献研究院：《十九大以来重要文献选编（上）》，中央文献出版社 2019 年版，第 221—234、478—503 页。

《湖北 37 个贫困县全部脱贫摘帽》，湖北省人民政府门户网站，2020 年 4 月 23 日。

《一位县委书记的扶贫故事：放下架子、扑下身子》，半月谈网，2021 年 6 月 3 日。

《长阳：筑牢产业发展五张网　打造脱贫致富金饭碗》，减贫研究数据库，2016 年 2 月 22 日。

三、案例解析

科学社会主义的基本原则在我国现阶段社会主义建设过程中不断得到证实、丰富和发展。长阳贯彻执行脱贫攻坚战略，是向共同富裕迈出的坚实步伐，体现了科学社会主义的基本原则。

第一，社会主义的本质是解放和发展生产力，消灭剥削，消除两极分化，最终达到共同富裕。从整体上看，脱贫攻坚是针对我国城乡区域发展不平衡和收入分配差距较大的问题，逐步改善农村和贫困地区的生产力状况，改善人民生活水平，实现城乡融合发展，实现共同富裕的方法路径。解放和发展生产力，从根本上实现地区脱贫，长阳坚持以“产业发展富万民”为中心任务，以农业为基础，合乎自然规律地改造和利用自然，因地制宜发展多种产业，同时筑牢“资金项目统筹网”“龙头企业带动网”“合作组织互动网”“示范大户帮扶网”“实用科技培训网”，助力和保障各项产业持续发展，充分激活农村造血功能，直接增加了居民收入。同时，长阳探索出生态旅游扶贫、光伏扶贫等绿色模式，经济发展与环境保护相得益彰，实现人与自然的和谐共生。

第二，长阳脱贫攻坚发挥了社会主义社会生产资料公有制优势。习近平总书记强调：“壮大农村集体经济，是引领农民实现共同富裕的重要途径。要在搞好统一经营服务上、在盘活用好集体资源资产上、在发展多种形式的股份合作上多想办法。”[①] 长阳采用合作社模式，鼓励发展农民专业合作组织，如“蔬菜专业合作社”等，实行“合作社+基地+农户”的产业发展模式，以此克服小农经济的缺陷，实现农村集体资产的价值最大化，形成产业规模效应。与此同时，发展庄园经济和家庭农场，发挥示范大户的帮扶和带动效应。

第三，长阳的脱贫攻坚体现了社会主义社会有计划地调节社会生产，实行按劳分配的原则。长阳的贫困问题是广大老少边穷地区贫困问题的一个缩影，是一个长期性、顽固性问题，消除贫困、共同发展，不仅要在全国范围内进行公平分配，更要在贫困地区内部形成公平分配的机制，增强发展的内生动力，保障发展的可持续性。

---

① 《习近平著作选读》第二卷，人民出版社 2023 年版，第 86 页。

我们说的共同富裕是全体人民共同富裕，是人民群众物质生活和精神生活都富裕，不是少数人的富裕，也不是整齐划一的平均主义。长阳的脱贫攻坚在每一个环节都贯彻了“精准”的要求。精准识别贫困人口，制定相应的帮扶政策，为贫困人口兜底，灵活发展相关产业，形成公平多样的分配机制，调动农村群众生产积极性，促进形成“人人共创美好生活”的共赢局面。

第四，长阳的脱贫攻坚体现了社会主义社会必须坚持科学的理论指导，大力发展社会主义先进文化的原则。共同富裕不仅反映在物质层面，还反映在精神层面。长阳发展文化产业、完善文化基础设施，丰富人民群众精神生活，促进人民精神生活共同富裕，不断满足人民群众多样化、多层次、多方面的精神文化需求。通过脱贫攻坚的阶段性成效，人民群众的参与热情和信心空前高涨，展现出不同于以往的精神风貌。

第五，长阳的脱贫攻坚证明社会主义事业必须始终坚持无产阶级政党的领导。实施脱贫攻坚、实现共同富裕必须坚持中国共产党的领导。党的领导首先体现在党中央的正确决策部署上，其次充分发挥了基层党组织的战斗堡垒作用。在脱贫攻坚的过程中，长阳党组织和党员领导干部不折不扣地执行党中央关于脱贫工作的具体要求，脚踏实地，顺利解决“两不愁三保障”的突出问题。同时，党员干部实事求是，不唯书不唯上，变通思维，化劣势为优势，在深入调研的基础上，整合社会资源，开创了多项独特的扶贫模式，形成脱贫攻坚的长阳经验。党员领导干部保持高昂的战斗精神奋战在一线，克服重重困难，发挥了积极的带动作用，用真心换真心，与人民群众打成一片，是长阳人民脱贫路上的主心骨。

第六，实现共同富裕是我们的坚定目标，也是一个循序渐进的过程。长阳的巨变是中国广大贫困地区的真实写照，党的十八大以来，我国脱贫攻坚取得巨大成就，促进农民农村共同富裕，必须巩固拓展脱贫攻坚成果，推动脱贫攻坚与乡村振兴有效衔接，随着乡村振兴战略的有序推进，长阳人民的日子必将更加红火，共同富裕的目标一定能够实现。

解放和发展生产力、实现共同富裕是社会主义的本质要求。实施脱贫攻坚战略是我们党带领人民实现共同富裕的必由之路。在党的领导和广大基层干部群众的长期努力下，长阳顺利脱贫摘帽。长阳经验不仅反映了实现共同富裕的重要意义，更实践着实现共同富裕必须遵循的基本原则。

案例七：经济文化相对落后国家建设社会主义的长期性
——“三步走”发展战略

一、马克思主义基本原理

经济文化相对落后的国家进行社会主义建设面临诸多问题，比如，落后的生产力与先进的生产关系之间的矛盾，资本主义国家封锁遏制的压力等。因此，经济文化落后的国家需要在先进的无产阶级政党的引导下，经历一个较为漫长的社会主义建设进程。（参见教材第 286—288 页）

二、案例内容

1978 年底，党的十一届三中全会决定全党全国的工作重心转移到社会主义现代化建设上来。作为中国改革开放和社会主义现代化建设的总设计师，邓小平开始构想中国的经济发展战略。1987 年 10 月，党的十三大报告中按邓小平的意见完整提出“三步走”的战略构想，制定了“三步走”的经济发展战略。第一步，实现国民生产总值比 1980 年翻一番，解决人民的温饱问题。第二步，到 20 世纪末，使国民生产总值再增长一倍，人民生活达到小康水平。第三步，到 21 世纪中叶，人均国民生产总值达到中等发达国家水平，人民生活比较富裕，基本实现现代化。

党的十三大以后，按照“三步走”的经济发展战略，中国经济在 1990 年提前实现国民生产总值翻一番的情况下，又分别于 1995 年和 1997 年提前实现国内经济总值、人均国民生产总值翻两番。根据这一实际情况，党的十五大对“三步走”发展战略、主要是第三步战略作出了具体安排。“三步走”战略是邓小平理论的重要组成部分，是改革开放后我们党提出的第一个现代化发展战略。“三步走”战略的实施，推动了我国经济社会的持续快速发展。在实施“三步走”战略目标的进程中，全党和全国各族人民以一往无前的精神，同心同德，奋发图强，开拓进取，使“三步走”宏伟蓝图逐步变为现实。

参考文献

中共中央文献研究室编：《邓小平年谱（1975—1997）》（上卷），中央文献出版社 2004 年版，第 497、563、605 页。

三、案例解析

“三步走”发展战略是对中国长期性建设的科学探索，是邓小平带领全党全国人民在探索中国特色社会主义道路上的宝贵财富。决策的提出不是臆断性的，这一发展战略正是基于党和人民的事业需要，在考虑多方面因素并综合分析的基础上得出的。马克思主义执政党对社会主义发展道路的探索和对社会主义建设规律的认识，也经历了一个曲折前进的过程。

生产力发展状况的制约。由于我国经济发展在很长一段时期内落后于发达资本主义国家，决定了我们必然把发展生产力作为根本任务。1979 年 3 月，邓小平提到，到 20 世纪末，依据目前中国发展的实际情况来看，我们大概只能实现发达国家在 20 世纪 70 年代的发展水平，人均收入也不会达到很高的水准。1979 年 10 月 4 日，邓小平又指出经济问题在我们国家发展中的重要性。邓小平清晰意识到，实现现代化发展的基础和关键问题是生产力发展程度。我们当前处于社会主义初级阶段，生产力不发达，因此，集中力量发展社会生产力就显得尤为重要，只有发展生产力才能使得国家运转获得持续的动力。这是我们在任何情况下都永远不能忘记的一条极其宝贵的经验。因此，对我国原有的经济战略发展目标的经验教训进行科学总结，是提出“三步走”战略的重要借鉴，而这一过程具有长期性和艰巨性。

经济基础和上层建筑发展状况的制约。由于社会主义制度优先在不发达的发展中国家建立起来，经济发展缓慢的同时也制约了政治文化的发展，决定了社会主义整体事业建设的长期性。邓小平的“三步走”发展战略是在分析中国国情的基础上提出来的，根据中国发展实际制定了实事求是、切实可行的“三步走”发展战略，并从现实和理论上将三步之间紧密联结起来。从总体上来看，第一步是解决人民的温饱问题。我们国家受饥饿困顿已久，在当时的状况下，“吃得饱”是人民共同的迫切渴望。因此，解决人民的温饱问题是基础，这一步反映了我国当时的国情，符合当时中国最大的实际，是在解决最低标准的人的生存问题。第二步是在驱走“穷魔”，即解决了人们的温饱问题之后，提高人民的生活水平和生活质量，达到小康水平，这一步是关键，是在生产力获得一定发展的基础上实现各方面的提升。最后一步是要赶上中等发达国家水平，在这一步中，我们的困难是巨大的，但是我们所能取得的成果也是巨大的。在这一步，我们基本上实现了社会主义现代化的宏伟目标。因此，对于我们国家来说，这一步是飞跃，是在经济政治文化生态等各方面得到长足发展。邓小平进一步对实现“三步走”战略的任务和形势做了估计，指出“三步走”战略的实现是一个艰巨的、不容易实现的过程，但同时也是社会主义的优越性的体现，是对人类有意义的事情，是指向社会主义的发展道路。

国际环境的严峻挑战。邓小平的“三步走”发展战略是在分析当代世界发展趋势的基础上提出来的。犹如星星之火般发出灼光的社会主义国家开始在国际上成长起来，发达资本主义国家不允许有其他的发展模式和发展道路存在。因此，我国的社会主义革命取得胜利以后，面临异常严峻的国际环境。社会主义国家处于强大的资本主义国家的包围之中，我们也受到资本主义国家的遏制和扼杀，在这样的情况下注定了我们的发展难以获得强劲的国际支持，我们必须探索一条没有人成功的道路，这一探索必然是艰深困难的。

马克思主义执政党对社会主义发展道路的探索和对社会主义建设规律的认识是一个长期性过程。任何理论的发展都不是轻而易举的，任何道路的实现都不是在举手投足间成功的。事实证明，我们当对于国家发展道路的认识也经历了一个曲折反复的过程，我们对于国家发展形势的估计也是在一定的发展状况中逐步发展进步的。因此，我们国家的现代化建设任务不可一蹴而就，必须在长期的摸索中前进。

案例八：探索适合本国国情的发展道路——《论十大关系》与社会主义道路的探索

一、马克思主义基本原理

社会主义在发展过程中，由于各国国情的特殊性，即经济、政治、文化的差异性，生产力发展水平的不同，无产阶级政党自身成熟程度的不同，阶级基础与群众基础构成状况的不同，革命传统的不同，以及历史和现实的、国内和国际的各种因素的交互作用，社会主义发展道路必然呈现出多样性的特点。

努力探索适合本国国情的社会主义发展道路，就是无产阶级执政党必须领导全国人民为之奋斗的神圣使命和光荣任务。(参见教材第 288—291 页)

二、案例内容

1956 年，我国基本完成了对生产资料私有制的社会主义改造，建立了社会主义制度。进而，如何在中国建设社会主义，是中国共产党执政后面临的一个崭新课题。刚开始，党学习苏联经验。但经过实践，党很快察觉到苏联模式的局限。毛泽东经过慎重思考，提出要以苏联经验教训为鉴戒，独立探索适合中国国情的社会主义建设道路。

1955 年底—1956 年春，毛泽东等中央领导人进行了大量周密而系统的调查研究。1956 年 2—4 月，国务院 35 个部委向毛泽东作关于工业生产和经济工作的汇报，毛泽东指出：“最重要的是要独立思考，把马列主义的基本原理同中国革命和建设的具体实际相结合。民主革命时期，我们吃了大亏之后才成功地实现了这种结合，取得了新民主主义革命的胜利。现在是社会主义革命和建设时期，我们要进行第二次结合，找出在中国怎样建设社会主义的道路。”4 月 25 日，他在中央政治局扩大会议上作《论十大关系》的讲话，5 月 2 日，又向最高国务会议作了报告。

《论十大关系》提出的基本方针是：“一定要努力把党内党外、国内国外的一切积极的因素，直接的、间接的积极因素，全部调动起来，把我国建设成为一个强大的社会主义国家。”这是毛泽东关于怎样建设社会主义的根本指导思想。在总结我国经济建设问题和对苏联经验鉴戒的基础上，报告论述了十个问题即“十大关系”。在此前后，党还根据国内外的新形势和国家建设的新任务，在其他方面提出一系列新的方针，如 1956 年前后，党还提出争取用和平方式解放台湾，倡议中国共产党和国民党两党为了民族和祖国的利益实现第三次合作。

《论十大关系》是探索中国社会主义建设道路的开篇之作，其发表标志着我们党对怎样建设社会主义有了自己新的重要认识，中国共产党对中国社会主义建设道路的探索的系统思路开始初步形成；是新中国成立后党的历史经验总结的重要转折，对当时和以后的社会主义建设都有很强的针对性和理论指导作用；为党的八大的召开做了重要的思想理论准备。

参考文献

《中国共产党简史》编写组：《中国共产党简史》，人民出版社、中共党史出版社 2021 年版，第 184—187 页。

三、案例解析

各个国家的生产力发展状况和社会发展阶段，决定了社会主义发展道路具有不同的特点。历史文化传统的差异性，是造成不同国家社会主义发展道路多样性的重要条件；时代和实践的不断发展，是造成社会主义发展道路多样性的现实原因。因此，中国共产党必须努力探索出一条适合本国国情的社会主义发展道路。《论十大关系》是1956年4月毛泽东在中央政治局扩大会议上的讲话，是探索中国独特社会主义建设道路的开篇之作。这篇著作，是中国共产党在社会主义建设全面开始之际，借鉴苏联社会主义建设的经验教训，研究中国社会主义建设的基本问题，提出的一整套符合中国实际的方针政策，在我国的社会主义建设历程中具有里程碑作用。

探索社会主义发展道路，必须坚持以科学态度对待马克思主义。马克思、恩格斯设想未来新社会的科学态度和研究新社会制度的思想方法，对于我们在新的历史条件下探索社会主义发展道路，具有重要的指导意义。坚持以马克思主义为指导，最重要的是坚持马克思主义对于研究未来社会制度的科学方法。《论十大关系》充分体现了毛泽东对于马克思主义科学方法的继承。例如，调查研究方法。调查研究方法是基于马克思主义唯物辩证法之上的重要方法论原则，是基于实际情况所作出的科学判断。《论十大关系》本身就是毛泽东基于大量的研究调查而创作的，是他根据我国的发展实际所进行的理性思考，在继承唯物辩证法的基础上，对我国的社会主义建设道路所规划的战略安排。

探索社会主义发展道路，必须从当时当地的历史条件出发，坚持“走自己的路”。“什么是社会主义、怎样建设社会主义”，是社会主义国家的执政党和当代马克思主义者面临的一个根本问题。对这一根本问题，只有坚持从本国实际出发、走自己的路，才能作出正确的回答。毛泽东深刻反思了苏联模式的弊端，指出，“他们走过的弯路，你还想走？过去我们就是鉴于他们的经验教训，少走了一些弯路，现在当然更要引以为戒”[①]，在《论十大关系》中明确了建设社会主义必须根据本国情况走自己的道路的根本思想。正是在以毛泽东同志为主要代表的中国共产党人的领导下，我国的社会主义建设道路取得了巨大成就，为后来我国“坚持和发展中国特色社会主义”这一理论和实践主题奠定了基调。

社会主义的发展道路不是单一性的，而是多样性的。因此，独立自主地探索适合本国国情的发展道路，是无产阶级执政党必须领导全国人民为之奋斗的神圣使命和光荣任务。

① 《毛泽东文集》第七卷，人民出版社 1999 年版，第 23 页。

第七章 共产主义崇高理想及其最终实现

实现共产主义需要一个长期的历史过程，社会主义经过长期的发展，在高度发达的基础上，最终会走向共产主义，这是人类历史发展的必然趋势。共产主义不仅是一种科学的理论和这种理论指导下的现实运动，而且是未来的一种社会制度和社会形态，是马克思主义最崇高的社会理想。在中国发展史中，也曾出现了很多具备共产主义特征的革命团体、城市，但要实现共产主义仍然任重道远。当代大学生应该把握历史发展规律，向优秀、先进模范学习，树立中国特色社会主义共同理想和共产主义远大理想，从自我做起，从现在做起，在追求崇高理想的过程中实现自己的人生价值。

本章的学习目标是学习和掌握预见未来社会的科学方法论原则，把握共产主义社会的基本特征，深刻认识共产主义的历史必然性和长期性，把握共产主义远大理想与中国特色社会主义共同理想的辩证关系，坚定理想信念，积极投身新时代中国特色社会主义事业。

本章结合新民主主义革命时期共存社的创建和发展，新中国成立后中国共产党执政地位的巩固以及中国特色社会主义新时代不断强调的中国梦、"时代楷模"黄文秀的先进事迹等案例，对共产主义社会的基本特征、实现共产主义必须以无产阶级专政为前提、共产主义远大理想和中国特色社会主义共同理想之间的关系以及青年人坚定理想信念等原理进行阐述。

案例一：共产主义社会的基本特征
——共存社的创建和发展

一、马克思主义基本原理

社会主义经过长期的发展，在高度发达的基础上，最终将走向共产主义。共产主义社会有三大基本特征：一是物质财富极大丰富，消费资料按需分配；二是社会关系高度和谐，人们精神境界极大提高；三是实现“每个人的自由发展是一切人的自由发展的条件”，人类从必然王国向自由王国飞跃。(参见教材第 304—312 页)

二、案例内容

五四运动推动了马克思主义的传播，影响了中国青年的世界观，一些进步青年接受马克思主义并开启了用马克思主义的方式改造社会的尝试。1921 年 7 月 16—21 日，利群书社成员恽代英、林育南、林育英、李求实等 24 位进步青年，在湖北黄冈林家大湾浚新学校召开会议，讨论建立革命团体的问题。最终大会通过决议，宣布成立共存社。其宗旨是“以积极切实的预备，企图阶级斗争、劳农政治的实现，以达到圆满的人类共存为目的”。

这个宗旨表明，恽代英、林育南等先进青年公开宣布承认阶级斗争，拥护无产阶级专政，以实现没有剥削和压迫的共产主义为最终目的。这与中国共产党第一次全国代表大会确定的党的奋斗纲领基本精神完全一致。但共存社没有共产国际的背景，与中国共产党早期组织没有联系。它的诞生说明，建立无产阶级政党，是近代中国半个多世纪以来救亡图存符合逻辑的正确选择。

共存社是鄂东第一个具有共产主义性质的革命团体，共存社及其前身互助社、利群书社推动了湖北地区反帝反封建运动的发展。共存社积极参与并领导湖北地区的五四爱国运动，积极宣传马克思主义，努力筹建进步团体进行革命实践，培养了一批具有高度共产主义信仰的优秀干部人才，扩大了马克思主义在湖北地区的影响力。中国共产党成立后，大部分共存社成员加入中国共产党，成为党的重要骨干力量。

参考文献

于丽、田子渝：《共存社：创建中国无产阶级政党的最早团体》，《湖北文史》2021 年第 1 期。

李良明、徐大兵：《恽代英与共存社的成立》，湖北党史网，2018 年 7 月 17 日。

三、案例解析

共存社是一个具有共产主义性质的革命团体。共存社的创立与发展说明了当时的革命青年接受马克思主义的过程是一个内外部因素综合作用的过程，体现了他们对共产主义社会以及如何实现共产主义的认识，体现着共产主义社会在生产力和社会总体物质面貌、社会关系和社会总体精神面貌以及每个人自由全面发展和人类解放等方面的基本特征。

第一，共产主义思想是科学社会主义的重要内容。中国早期的先进分子接受马克思主义的过程，不仅是思想和理念的转变过程，更是通过源源不断的社会实践来改造社会的过程。湖北是中国革命的热土，也是新思想传播的重要阵地。有感于鸦片战争以来国家和民族的屈辱遭遇以及时局之下中国社会的彷徨无力，在爱国心的驱使下，进步青年恽代英等先后成立互助社，创办利群书社，希望以青年的觉醒和进步，启蒙民众，从而达到影响和改造社会的目的。十月革命一声炮响，给中国带来了马克思列宁主义。随着五四运动的发展和马克思主义的传播，这批进步青年的思想发生转变并趋于成熟，更认识到成立新的组织的必要性。

第二，共产主义社会是物质财富极大丰富、消费资料按需分配的社会。共存社将实现共产主义作为其根本宗旨和目的。在筹建共存社的黄冈集会上，与会者决定以苏俄的布尔什维克为榜样，成立一个苏俄布尔什维克式的组织，将其定名为“共存社”，取社会大同、人类共存之意。共存社“以达到圆满的人类共存为目的”，即实现共产主义，这说明进步青年认识到共产主义社会是一个和平富足、没有剥削和压迫、人人各得其所的人类大和谐的社会。共存社进一步提出实现共产主义的前提是“阶级斗争、劳农政治的实现”，即主张用阶级斗争和无产阶级专政的手段彻底改造社会。进步青年将共存社作为面向未来社会的领导组织，承担着领导革命的任务，团体的日常工作服务于革命，通过革命实现共产主义。

第三，共产主义社会是社会关系高度和谐、人们精神境界极大提高的社会。共存社践行着共产主义的组织方式。进步青年自觉根据共产主义的原则建立团体的组织架构，维持其稳定运行，团体成员则按照其对共产主义的理解来严格要求自己，砥砺品格，其生活方式是共产主义式的，是共产主义社会在这个团体中的预演。共存社设总务股、教育股、实业股和宣传股，各项事务采用民主集中制。组织十分严密，成员必须通过填写志愿加入申请书才能入社，成员分为社员和社友，各自的权利和义务不同。在财务上，社员有捐入财产的义务，共存社按照社员的财务情况设置捐入的标准，在一定程度上体现了公有制的原则。同时，“完全为团体服务的社员，其最低限度生活费用由团体供给”，在分配制度上也有共产主义的特色。共存社规定了不嫖、不赌、不烟、不酒等“七不”戒约，其成员注重培养自身道德品质和精神气质，在实践中砥砺思想、磨炼人格、共同进步，坚定共产主义信仰，以堪大任。共存社为随后成立的中国共产党输送了可靠的人才，推动了革命的发展。

第四，共产主义社会是实现“每个人的自由发展是一切人的自由发展的条件”，人类从必然王国向自由王国飞跃的社会。共产主义社会将完全不同于旧社会各阶级之间的对立、一方压迫另一方的等级制和剥削制，取而代之的是真正的平等与和谐。共存社的最终目的是达到这样的社会，这就决定了在当时的社会历史条件下，共存社的当务之急是扩大自身的力量，尽可能多地发动群众，从而推翻腐朽的旧制度，将民族和人民从旧制度的束缚中解放出来，从而实现对社会的根本改造，社会解放是迈向共产主义的第一步，也是迈向个体解放和人类解放的条件。

共产主义社会是人类社会发展的最高阶段，中国共产党的最高纲领是实现共产主义。共存社的共产主义性质从其成立时起就充分凸显，其纲领和原则从物质及精神等方面反映着当时的先进分子对共产主义社会的认识和想象，具有社会进步意义。

案例二：实现共产主义必须以人民民主专政为前提——新中国成立后中国共产党执政地位的巩固

一、马克思主义基本原理

实现共产主义，必须找到现实的阶级力量，这就是现代工人阶级或无产阶级。无产阶级是先进生产力的代表。刚刚从资本主义社会中产生出来的社会，在各方面，在经济、道德和精神方面都还带着它脱胎出来的那个旧社会的痕迹，所以要消除这些旧社会的痕迹。（参见教材第 314—317 页）

二、案例内容

1949 年 6 月，毛泽东发表了《论人民民主专政》一文，其中阐明了中国现阶段的组成部分主要为工人阶级、农民阶级、城市小资产阶级和民族资产阶级。在中国革命的发展过程中，这些阶级是代表各个阶层利益的政党。在新中国成立之初，毛泽东明确指出了我国的国家性质是人民民主专政，其实质即无产阶级专政。人民民主专政的对象是一切危害国家和社会的敌对分子。

因此，新中国成立后，为巩固新生的人民政权和中国共产党的执政地位，实现从新民主主义向社会主义过渡，中国共产党的首要任务就是联合一切可以联合的力量，共同消灭敌人，从而巩固党的执政地位。

巩固中国共产党执政地位，首先就是要建立稳定的社会秩序。新解放区面临的最大问题就是各区都存有严重的匪患。1950 年 3 月，中央军委强调剿灭土匪是其他一切工作的重要前提。根据中央的部署，各剿匪部队集中优势兵力对华中、闽浙和湘西一带及边沿地区进行了全面清剿。除了剿匪运动，1950 年开始，中国共产党在全国开展了镇压反革命运动，对特务、土匪以及地方恶霸进行重点打击。

经济上，新中国成立后，许多新解放的城市尚未恢复经济秩序，物价飞涨。为了制止资本家把控经济市场，扰乱市场秩序，巩固中国共产党的执政地位，维护新生政权，中国共产党打响了“银元之战”和“米棉之战”，使不法资本家一蹶不振，全国物价逐渐趋于稳定。与此同时，中国共产党接管了大批官僚资本，将原有的私人企业变为国营企业，发展具有社会主义性质的国营经济。

经济秩序和社会秩序的稳定具有重要意义。它结束了国民党统治时期的黑暗，对安定人民生活，激发人民的生产积极性具有重要的意义。

参考文献

中共中央党史研究室：《中国共产党历史大事记（1921 年 7 月—2011 年 6 月）》，人民出版社 2011 年版，第 62 页。

《中国共产党简史》编写组：《中国共产党简史》，人民出版社、中共党史出版社 2021 年版，第 135 页。

三、案例解析

在新中国成立初期，中国共产党通过人民民主专政的方式对待敌对分子和黑恶势力，打击社会毒瘤，为建立社会主义社会奠定了稳定的国内环境。因此，实现社会主义需要中国共产党领导下的工人阶级或无产阶级，且实现社会主义或共产主义是以无产阶级专政为前提条件的。

第一，共产主义（社会主义）需要靠工人阶级或者无产阶级来领导。中国共产党作为工人阶级的先锋队，是推动中国走向社会主义的坚强领导者。中国共产党始终把民族独立和人民解放作为自己的根本任务，把反帝反封建当作义不容辞的责任，并希冀以政治革命建立新的政权，将实现人民幸福和民族复兴作为初心和使命。从理论基础来看，马克思主义是具备科学性、革命性和发展性的特色理论。中国共产党坚持以马克思主义作为科学的理论基础和行动指南，是建设社会主义的坚强领导。因此，中国共产党可以领导中国走向社会主义和共产主义；从党的性质来看，中国共产党是中国工人阶级的先锋队，是中国人民和中华民族的先锋队，代表中国最广大人民的根本利益。同样，中国共产党也是无产阶级的核心力量。而无产阶级较之地主阶级和民族资产阶级具有彻底的革命性和进步性。从这一层面来讲，中国共产党是建立社会主义的坚定力量；从精神动力方面来看，不畏困难、英勇斗争、不负人民是中国共产党的强大精神动力。中国共产党在国内外敌对势力的疯狂打压之下曲折艰难地建立，为民族独立和人民解放前仆后继、不怕牺牲，以实际行动来践行自己的初心和使命，同帝国主义、封建主义和官僚资本主义展开英勇斗争，为社会主义和共产主义的探索注入源源不断的精神动力。

第二，实现共产主义（社会主义）需要无产阶级专政为前提条件。无产阶级专政即对人民内部实行民主，对少数敌对分子和敌对势力实行专政。中国共产党要想稳固新生的人民政权，经济上需要建立新的经济秩序使国民经济慢慢恢复；政治上需要消灭危害人民利益的黑恶派别和势力，打击国民党的残余势力。只有这样，才能实现人民民主专政，顺利进入社会主义。在经济上，由于官僚资本控制了旧中国的经济命脉，中国共产党为巩固政权，没收官僚资本，建立起具有社会主义性质的国营经济，从而为新中国发展生产、繁荣经济奠定了物质基础。同时，国营经济的建立也为中国顺利进入社会主义社会、生产事业的恢复提供了物质手段，并决定着社会主义经济的性质和方向。在政治上，为巩固新生政权，顺利进入社会主义社会，针对剿匪事业，中国共产党通过大举进剿、重点清剿、肃清残匪几个阶段为人民的安居乐业提供了有力保障，为稳定社会秩序奠定了政治基础。除此之外，中国共产党领导的镇压反革命运动扫除了国民党的残余势力，为巩固新生政权、保证经济顺利恢复创造了有力地环境。

在新中国成立初期，中国共产党通过人民民主专政的方式对待敌对分子和黑恶势力，打击社会毒瘤，从而巩固了自己的执政地位，为顺利进入社会主义社会奠定了稳定的社会环境。由此可知，无产阶级专政为实现社会主义或共产主义奠定了基础。因此，实现共产主义是以无产阶级专政为前提条件。

案例三：共产主义远大理想和中国特色社会主义共同理想——中国梦

一、马克思主义基本原理

理想是指引人们奋斗方向的航标，也是推动人们前进的强大精神动力。共产主义理想是建立在科学基础上的社会理想，是人类最伟大的社会理想。在坚持和发展中国特色社会主义的实践中，我们不但要坚定中国特色社会主义共同理想，而且要进一步树立共产主义远大理想。（参见教材第 319—323 页）

二、案例内容

在中国近代史上，西方资本主义国家的侵略打破了封建王朝的“天朝上国梦”，无数中华儿女振兴中华的“中国梦”应运而生。

随着资本主义经济的发展，西方资本主义国家在全世界找寻廉价的原料产地和广阔的产品销售地，发现了中国这一广阔且丰富的市场，于是用坚船利炮打开了中国封锁的大门，封建王朝的“天朝上国梦”逐渐化为泡影，中国逐渐沦为半殖民地半封建社会。中国人民踏上了挽救中华民族危亡的道路，尝试了多种方式，最终都以失败告终。比如，地主阶级提出向西方学习，引进西方国家的技术“修补”中华民族科学技术层面薄弱的环节，但是技术是外在的力量，根本无法从根本上改变中华民族积贫积弱的现状。又如，资产阶级改良派尝试通过制度上的变革拯救中华民族，主张学习英国的君主立宪制，但是资产阶级自身的软弱性和妥协性导致他们无法承担起复兴中华的历史重任。

中国的无产阶级作为一支独立的政治力量登上历史舞台后，走上了拯救中华民族和中国人民于水火的道路。工人、农民、知识分子等中的先进分子组成了无产阶级政党，即中国共产党。中国共产党将马克思主义基本原理与中国具体实际相结合，将实现共产主义作为远大理想，将实现中华民族伟大复兴作为中国特色社会主义共同理想，带领全国各族人民取得了一个又一个的胜利。从“站起来”到“富起来”再到“强起来”，我们离中华民族伟大复兴的中国梦越来越近了。

党的十八大以来，习近平总书记多次强调中国梦。中国梦与中国特色社会主义共同理想具有一致性，即都将实现中华民族伟大复兴作为梦想。

参考文献

常百灵：《中国梦的价值意蕴》，《江西社会科学》2015 年第 2 期。

三、案例解析

党的十八大以来，习近平总书记在深入理解马克思、恩格斯的共产主义理想的基础上，提出了“中国梦”。在 2012 年 11 月，习近平总书记在参观“复兴之路”展览时，指出：“现在，大家都在讨论中国梦，我以为，实现中华民族伟大复兴，就是中华民族近代以来最伟大的梦想。”[①] 习近平总书记生动地揭示了“中国梦”的本质，明确了中国人民奋斗的方向和前进的动力。在此之后，习近平总书记又进一步勾画了实现“中国梦”的路径，他在2013年3月的十二届全国人大一次会议闭幕会上，指出实现中华民族伟大复兴的“中国梦”，就是要实现国家富强、民族振兴、人民幸福。

从“中国梦”的具体实现路径可见，实现“中国梦”就是实现中国特色社会主义共同理想，也是实现共产主义远大理想的阶段性目标。“国家富强”是实现“中国梦”的前提条件，也是实现共产主义远大理想的重要环节。马克思、恩格斯构想了未来共产主义社会，提出进入共产主义社会的前提是拥有高度发达的生产力。党的十八大以来，我国用几十年时间走过了西方国家几百年走过的路，实现了从“富起来”到“强起来”的历史性飞跃，创造了经济发展和社会稳定的奇迹，我们从来没有任何一个时候距离实现中华民族伟大复兴的“中国梦”如此之近。“民族振兴”是实现“中国梦”必不可少的条件，同实现共产主义远大理想具有内在的一致性。中国56个民族，只有全国各族人民将本民族的利益与国家利益结合，共同努力，持续奋斗，中国才会实现伟大复兴的“中国梦”，才能走向共产主义社会。“人民幸福”是实现“中国梦”的出发点和落脚点，也是走向共产主义社会的必经之路。马克思、恩格斯多次强调，共产主义社会是实现每个人自由而全面发展的社会。中国共产党自成立以来，始终坚持以人民为中心，将保障最广大人民的根本利益作为行动准则，逐步满足人民对于美好生活的需求，从而为实现中华民族伟大复兴和走向人的自由全面发展的共产主义社会提

---

① 中共中央文献研究室编：《习近平关于实现中华民族伟大复兴的中国梦论述摘编》，中央文献出版社2013年版，第3页。

供动力。

总之，“中国梦”是中国特色社会主义共同理想的生动表达，是实现共产主义远大理想的阶段性目标，两者之间具有内在一致性。当前，我们比历史上任何时候都要更加接近中华民族伟大复兴的目标，我们更应该奋勇向前，为实现共产主义社会而不懈奋斗。

案例四：坚定理想信念，做新时代有理想青年
——“时代楷模”黄文秀的先进事迹

一、马克思主义基本原理

青年一代有理想、有本领、有担当，国家就有前途，民族就有希望。新时代青年要坚定理想信念，积极投身新时代中国特色社会主义伟大事业，勇做担当中华民族伟大复兴大任的时代新人。（参见教材第 323—324 页）

二、案例内容

黄文秀是百色田阳县人，生前是广西壮族自治区百色市委宣传部理论科副科长、乐业县新化镇百坭村第一书记。2016 年硕士研究生毕业后，黄文秀带着“回去建设家乡，把希望带给更多父老乡亲”的信念，回到百色革命老区工作，主动请缨到贫困村担任驻村第一书记。

在服务百坭村的日子里，黄文秀用两个月访遍全部贫困户，帮助村民发展杉木、砂糖橘等扶贫产业，她在城乡、田野间频繁穿梭，用真情奉献与群众打成一片。2018 年，她带领百坭村 88 户贫困

户实现脱贫，践行着“不获全胜、决不收兵”的铮铮誓言。2019年6月17日凌晨，在看望肝癌晚期且刚做完第二次手术的父亲后，黄文秀冒着暴雨连夜赶回百坭村，途中遭遇山洪，不幸因公牺牲，年仅30岁。2019年7月1日，中宣部向全社会宣传发布黄文秀的先进事迹，追授她“时代楷模”称号。

黄文秀用生命诠释了共产党员的初心与使命。习近平总书记对黄文秀先进事迹作出重要指示指出：“黄文秀同志研究生毕业后，放弃大城市的工作机会，毅然回到家乡，在脱贫攻坚第一线倾情投入、奉献自我，用美好青春诠释了共产党人的初心使命，谱写了新时代的青春之歌。广大党员干部和青年同志要以黄文秀同志为榜样，不忘初心、牢记使命，勇于担当、甘于奉献，在新时代的长征路上作出新的更大贡献。”

参考文献

《中宣部追授黄文秀“时代楷模”称号》，新华网，2019年7月1日。

中共广西壮族自治区委员会：《在脱贫攻坚第一线谱写新时代青春之歌》，求是网，2019年9月16日。

三、案例解析

青年是国家的希望、民族的未来。实现中华民族伟大复兴的中国梦，需要一代又一代青年接续奋斗。黄文秀是一代青年的优秀代表，从她身上我们可以看到优秀青年的成长路径——坚定理想信念，树立正确的世界观、人生观、价值观，磨砺坚强的意志品质，投身报效祖国、服务人民的伟大事业。

第一，坚持共产主义远大理想和社会主义共同理想的统一，坚定社会主义和共产主义理想信念。时代塑造青年，时代呼唤青年。

一代人有一代人的长征，一代人有一代人的担当。新时代是广大青年可以大有作为的时代。新时代的青年，必须坚定理想信念。理想信念是行动的基石，黄文秀内心充满对党、祖国和人民的爱，她的每一个选择都是受到理想信念的感召。面对研究生毕业时的人生“十字路口”，黄文秀积极响应党中央的号召，毅然选择到祖国最需要的地方去，主动请缨回到贫困的家乡带领乡亲们脱贫致富，在贫瘠的土地上绽放青春之花。黄文秀在百坭村担任第一书记期间，脚踏实地，鞠躬尽瘁，始终将人民群众的困难和需要放在第一位，至死坚守着理想信念，践行着全心全意为人民服务的根本宗旨。

第二，新时代的青年，必须树立正确的价值观。青年要树立高度的责任感和使命感，将实现自身价值与创造社会价值紧密结合起来。黄文秀在读书期间就下定决心改变家乡面貌，她在入党申请书中写道：一个人要活得有意义，生存得有价值，就不能光为自己而活，要用自己的力量为他人、为国家、为民族、为社会作出贡献。投入工作后，她将自身信仰化为价值指引，在回报社会与自我实现中找到完美的平衡，将个人的价值寓于社会发展的大潮中，寓于人民群众的殷切期盼中，与新时代同频共振，与人民同舟共济。黄文秀舍小家为大家，她将陪伴家人的时间几乎都奉献给了百坭村，忘我工作。她对物质的要求很低，对自己要求严格，生活节俭，但她对困难群众非常大方，经常自掏腰包慰问村里的孤寡老人和留守儿童。

第三，新时代的青年，必须磨砺坚强的意志品质，能吃苦、敢奋斗。美好生活是奋斗出来的，奋斗是青春最靓丽的底色，黄文秀努力扎根基层，以时不我待的精神持续奋战，想人民之所想，为人民办实事。担任第一书记后，她放弃双休日，在短时间内基本掌握了全村概况和致贫原因，她组织村“两委”干部，通过外出考察学习、请技术专家到现场指导、挨家挨户宣传发动、党员带头示范种植等方式，带领群众摸索适合本村发展的产业，推动整村脱贫出列。她在日记中写道：“每天都很辛苦，但心里很快乐”。她到任一年，百坭村的贫困发生率从22.88%降至2.71%，她的努力被村民看在眼里，赢得了村民的信任和爱戴。

第四，新时代的青年，要积极投身新时代中国特色社会主义伟大事业，勇做担当中华民族伟大复兴大任的时代新人。只有行动才能带来改变，才能创造美好生活。黄文秀积极投身新时代中国的扶贫事业，在脱贫攻坚第一线贡献出了自己的全部力量，用自己的生命托举起村民的希望，用行动证明着信仰之真、信念之坚。当前，中国特色社会主义现代化建设正在如火如荼地展开，实现全面建成社会主义现代化强国的历史任务，需要青年的力量。基层是青年磨砺意志，成就事业的广阔天地。黄文秀投身基层，将自己的理想与广大人民群众对美好生活的期望融为一体，成就有价值的人生，必将激励越来越多的青年投入基层，为实现中华民族伟大复兴的中国梦而努力奋斗。

坚定理想信念，做新时代青年，实现中华民族伟大复兴的中国梦，青年是关键。“时代楷模”黄文秀牢记初心使命，扎根服务基层，体现了一代有志青年坚定投身新时代中国特色社会主义伟大事业的觉悟与担当，是广大青年学习的榜样。

后　记

本书是华中科技大学本科教学改革项目的阶段性成果，由华中科技大学董慧、重庆大学李家丽、华南理工大学王晓珍、华中农业大学赵航、山东财经大学李菲菲、东莞理工学院陈兵编写完成。华中科技大学夏增民、刘思远、孔婷、蔡超、李扬、龚世豪、高作楠、马瑞在编写中给予了很大指导和帮助。作为湖北省重点马克思主义学院建设项目、华中科技大学文科“双一流”创新团队建设项目的重要组成部分，在编写过程中得到学院领导的大力支持和多方面的指导。

探索党史融入马克思主义基本原理课程教学改革实践，是落实中共中央决策部署，推动实现“发挥融入式、嵌入式、渗入式的立德树人协同效应”的重大理论课题和实践课题。本教学案例，立足党的百年新起点，运用唯物史观和正确的党史观，合理运用党史素材，充分挖掘党史的实践资源，既从学理上证明了党史与马克思主义基本原理之间的内在契合性，也从实践上为马克思主义基本原理如何讲得生动、鲜活提供了真实的历史、科学的观点。

党史融入马克思主义基本原理的教学实践表明，这种在“史”基础之上的“融入式”教学模式，能够引发学生的兴趣和问题意识，在一定程度上弥补原理知识的抽象性，澄清一些错误和模糊的认识。

博士生胡斓予、汪筠茹、杜晓依、王爽、向金存、曾林康、金汉、段政，硕士生王绪念、薛晓珂、杨雯倩、刘恒、郑艳艳、王若汀、黄馨茹、高也淳、陈辰羽等同学，为本书的编写作了大量资料收集、文字校对等工作。特别感谢原理教研室和纲要教研室的教师，特别感谢本书所选取用的案例所涉及的网站、著作、作者等。

本书根据新出版的《马克思主义基本原理》（2023 版）教材做了及时的调整与更新。

2023 年 2 月

附录一　党史融入“马克思主义基本原理”课程项目研究报告

——以华中科技大学为例

一、导言

（一）研究背景

1. 政策背景

（1）国家层面

2019年8月，中共中央办公厅、国务院办公厅印发的《关于深化新时代学校思想政治理论课改革创新的若干意见》明确强调了调整创新思政课课程体系的工作要求，指出各高校要重点围绕习近平新时代中国特色社会主义思想，党史、国史、改革开放史、社会主义发展史等开设系列选择性必修课程。2020年1月8日，习近平总书记在“不忘初心、牢记使命”主题教育总结大会上的重要讲话中强调：“要把学习贯彻党的创新理论作为思想武装的重中之重，同学习马克思主义基本原理贯通起来，同学习党史、新中国史、改革开放史、社会主义发展史结合起来”①。2020年4月，教育部等八部门发布《关于加快构建高校思想政治工作体系的意见》，在“加强政治引领”要求下强调推动理想信念教育常态化、制度化，加强党史、新中国史、改革开放史、社会主义发展史教育，加强爱国主义、集体主义、社会主义教育，把制度自信的种子播撒进青少年心灵，引导师生不断增强“四个自信”。2020年12月，中共中央宣传部、教育部印发的《新时代学校思想政治理论课改革创新实施方案》明确指出，各高校结合本校实际，统筹校内通识类课程，围绕马克思主义经典著作，党史、新中国史、改革开放史、社会主义发展史，中华优秀传统文化、革命文化、社会主义先进文化，宪法法律等，开设本科及高等职业学校专科选择性必修课程，确保学生至少从“四史”中选修1门课程。2021年4月，教育部办公厅印发的《关于在思政课中加强以党史教育为重点的“四史”教育的通知》再次强调，有条件的高校要开设以党史教育为重点的“四史”思政课程，并提出，指导全国重点马克思主义学院所在高校召开教学交流研讨会，深入研讨以党史教育为重点的“四史”教育融入思政课的经验、做法，推动思政课质量提升。除此之外，习近平总书记在党史学习教育动员大会、“七一”重要讲话、党的十九届六中全会中均对党史学习教育提出了明确要求，为新时代思想政治教育课程改革提供了基本遵循，对党史融入“马克思主义基本原理”课程教学研究具有重要指导意义。立足党的百年历史新起点，探讨党史融入“马克思主义基本原理”课程教学，是夯实思政课铸魂育人主阵地的根基所在。高校探索党史融入“马克思主义基本原理”课程教学实践，是落实中共中央决策部署、扎实推进党史学习教育要求的重大

---

① 习近平：《在“不忘初心、牢记使命”主题教育总结大会上的讲话》，新华网，2020年1月8日。

理论课题和实践课题。

(2) 学校层面

高校是马克思主义理论教学、研究、宣传的重要阵地，华中科技大学是立德树人的重要阵地之一。近年来，华中科技大学在改革思想政治教育方法、构建思想政治教育课程互动教学理论体系、创新思想政治教育课程内容体系方面都取得了显著成绩。依据教育部工作部署，华中科技大学站在思想政治教育课程改革的前沿做出了一系列实践探索。在思政课互动教学方面，华中科技大学从根本上改革思政课教学方法，将教师主讲的授课模式改变为多形式、全方位的互动教学方式：教师间互动、学生间互动、师生间互动、课堂内互动、课堂内外互动。在思政课内容创新方面，华中科技大学通过“有高度”融合“有温度”“天下事”讲成“身边事”，打造了“深度中国”等爆款课程。湖北省委高校工委、省教育厅曾在华中科技大学召开全省高校“五个思政”建设现场推进会。128 所高校党委负责同志、马克思主义学院院长等参加了会议，并观摩了“深度中国”课程教学演示。2021 年 7 月，华中科技大学本科生院公布《关于开展我校 2021 年教学研究项目申报工作的通知》，指出将重点支持思政课程与课程思政类项目，是鼓励思政课教学改革的又一重要举措，为探索党史融入“马克思主义基本原理”课程教学实践提供了重要的物质保障和制度支撑。

2. 现实背景

(1) 历史虚无主义错误思潮的猛烈侵袭

当前，在中国正意气风发向着全面建成社会主义现代化强国的第二个百年奋斗目标迈进的新征程上，历史虚无主义等错误思潮正企图干扰中国特色社会主义事业的顺利开展。历史虚无主义以孤立、片面和曲解的方法分析观察历史，在根本上坚持唯心主义立场，否定唯物史观，具有明确的政治意图——否定中国共产党的领导、否定中国的社会主义性质。

如今，互联网真正让世界变成了地球村，现代信息技术使网络信息的传播范围扩大、速度加快。历史虚无主义主要通过互联网进行传播。作为使用互联网的主力军之一，大学生在历史观上普遍还不成熟，对历史的认识还不够全面，缺乏理性判断是非的能力，极有可能被乍看十分“新潮”的历史虚无主义错误思潮而吸引，形成错误的历史观，甚至丧失对马克思主义的信仰、对中国共产党的信任。

在“马克思主义基本原理”课程中融入党史的内容，是帮助大学生正确应对历史虚无主义等错误思潮的重要方式。党史融入“马克思主义基本原理”课程，有利于借助马克思主义基本原理体现党史的科学性、理论性、哲学性，促进大学生形成对党史正确、全面、深刻的认识，抵御历史虚无主义错误思潮的猛烈侵袭。

（2）马克思主义基本原理课程教学的迫切需要

目前，我国思政课建设中还存在课堂教学效果需要提升，教学研究力度需要加大、思路需要拓展；教材内容还不够鲜活，针对性、可读性、实效性有待增强等问题，面临向“改革创新要活力”的要求。

思政课培养的是作为社会主义建设者和接班人的大学生，培养的是一代又一代拥护中国共产党领导和我国社会主义制度、立志为中国特色社会主义事业奋斗终身的有用人才。思政课建设要持续取得显著成效，必须推动思政课教学全面创新，实现把思政课讲得更有亲和力和感染力、更有针对性和实效性，实现知、情、意、行的统一。

在“马克思主义基本原理”课程中融入党史的内容，体现了对党史和马克思主义基本原理及二者关系的深刻思考，是在创新思政课教学的同时，抓好青少年学习教育，着力讲好党的故事、革命的故事、英雄的故事，厚植爱党、爱国、爱社会主义的情感，让红色基因、革命薪火代代传承。党史融入“马克思主义基本原理”课程项目有助于解决思政课建设存在的现实问题，响应推动思政课改革创新的现实要求。

（二）相关研究动态

习近平总书记在党史学习教育动员大会提出学史明理、学史增信、学史崇德、学史力行，这一思想丰富了党的教育方针的科学内涵，为新时代思政教育提供了基本遵循，对党史融入“马克思主义基本原理”课程研究具有重要指导意义。本研究对当前学界研究动态的把握主要从四个方面展开。

1. 中国共产党百年思想政治教育

立足中国共产党对马克思主义的理解，认为中国共产党历来重视思想政治教育。聚焦历史分期或历史经验的系统性研究和某一阶段或领域的专题性研究，如党员、青年等群体的思想政治教育、思想政治教育的价值转向；总结中国共产党百年思想政治教育的经验，宏观上，马克思主义理论指导、中国共产党主体地位、人民立场和实事求是原则；中观上，学科内容、方法、组织架构及价值观念；思想上，对党的思想政治教育的继承发展、问题意识和创新意识；实践上，通过课程改革，实现学科化与规范化。

2. 马克思主义基本原理课程及教学

教育部“05 方案”颁布之后，学界开始探讨“马克思主义基本原理”课程的内涵、设置、目标和教学改革、教学实效性等系列问题，强调马克思主义基本原理（以下简称原理）的整体性，“马克思主义基本原理”课程在思政课体系处于核心基础地位，具有理论抽象性；教学上存在知识深奥难懂、教师理念落后、教学方法单一等问题；在教学内容、教学方式等方面创新发展，如将习近平新时代中国特色社会主义思想、红色故事、红色文化和红色精神以及中国传统文化融入“马克思主义基本原理”课程，倡导“对分课堂”、“共享讲台”、“翻转课堂”、“PBL 教学”、开放式教学、主动式教学、立体式教学等。

3. “四史”融入高校思政课

随着习近平总书记关于“四史”重要论述的提出，“四史”融入高校思政课的研究呈上升趋势，讨论如下。

“四史”融入思政课的重要意义。丰富思政课教学内容和资源、培育学生历史意识、应对历史虚无主义思潮、落实立德树人；“四史”与思政课具有内在契合性，“四史”融入思政课是中国共产党思政教育和思政课建设的传统；“四史”融入思政课的难点是厘清“四史”之间的关系以及“四史”与高校思政课的关系。

“四史”融入思政课的路径。教师能动性与学生主体性结合，融入学生为主体的研究型学习；抽象的理论教学与具体的实践教学结合；推动教材体系向教学体系转化，编好教材；坚持史论结合，处理好“史与论”的关系；创新教学载体。

4. 党史融入高校思政课

2019 年起，“党史融入思政课”研究呈上升趋势。强调党史融入思政课的必要性和重要性，作为思政课教学重点内容，党史融入思政课有利于贯彻落实建强建好高校马克思主义学院要求，有利于加强精神文明教育、培养学生正确历史观、批驳历史虚无主义。但当前高校对党史教育不够重视，存在实践误区。

党史如何融入思政课。整合党史理论资源，丰富思政课教学内容；挖掘党史实践要素，创新思政课实践教学；以革命遗址为载体开展体验教育活动；创新方法，形成长效机制，借助现代化信息传媒技术等。

以“党史融入‘马克思主义基本原理’课程”为主题在知网进行文献检索分析，详情如下。

1. 在学科分布上，“高等教育”占84%；“中国政治与国际政治”与“中国文学”均占4%；“马克思主义”仅占8%。

2. 在文献类型上，期刊论文21篇，硕士论文1篇。

3. 在关键词上，缺乏党史主题相关研究。

此外，国家社科基金高校思政课研究专项、教育部高校思想政治理论课教师研究专项，近三年与教学改革相关的立项很多（每年均有），研究主题主要涉及以下几方面。第一，创新思想政治理论课教学体系研究；第二，以其他内容融入思想政治理论课教学来丰富教学内容，如习近平新时代中国特色社会主义思想、中国优秀传统文化、红色文化、中国共产党精神谱系、“四史”等；第三，党史融入思想政治理论课的路径或模式研究、党史融入中国近现代史纲要课程研究等。随着党史学习教育工作持续推进，在中国共产党成立一百周年的关键节点，学界对于党史融入思政课教学的关注度持续上升，相关讨论层出不穷，但迄今为止，学界在直接探讨党史融入马克思主义基本原理课程的研究领域尚属空白。

综上，现有研究为本研究奠定了理论基础和策略启示，但仍存在理论研究欠缺和实践探索不足的问题：鲜少涉足党史融入“马克思主义基本原理”课程，呈现出“三重三轻”特点，即重教育学领域而轻马克思主义理论领域；重教学实践探讨，轻党史融入“马克思主义基本原理”课程的理论基础分析；重具体问题的分析阐释，轻教学体系构建的全面系统探讨。且缺乏对党史和马克思主义基本原理的整体把握及对二者契合性的深度挖掘，缺乏对大学生

“马克思主义基本原理”课程党史学习的现状考察，进而无法有针对性地解决党史如何融入“马克思主义基本原理”课程的重大教学问题，难以形成科学完整的党史融入马克思主义基本原理课程的教学体系，这正是本研究力图解决的问题。本研究拟将党史与马克思主义基本原理相结合，创新“马克思主义基本原理”课程现有教学体系，为高校思政课改革提供新思路。

（三）研究目的与研究意义

1. 研究目的

第一，构建党史融入“马克思主义基本原理”课程的教学体系。深刻认识原理的理论抽象性和党史内容的生动具体性，有针对性地提出以党史促进马克思主义基本原理课程教学创新的路径与方案，在此基础上将党史的具体实践和理论创新与马克思主义基本原理相融合，如将党的奋斗历程与伟大成就、光荣传统与优良作风、实践创造与历史经验融入“马克思主义基本原理”课程教学，激发马克思主义基本原理的理论活力与现实张力，创新教学方法和教学载体，进而创新“马克思主义基本原理”课程教学体系。

第二，设计党史融入“马克思主义基本原理”课程的具体案例。以党史融入“马克思主义基本原理”课程的教学体系为基础，挖掘党史与马克思主义基本原理相结合的历史逻辑、理论逻辑、实践逻辑、价值逻辑和蕴含的主题、主线、特质以及问题，在此基础上将党史的“人、物、事、魂”有机融入“马克思主义基本原理”课程的唯物论、群众史观、共产主义理想信念等教学内容中，形成可借鉴的教学方案和案例设计，推动党史融入“马克思主义基本原理”课程的现实教学应用，帮助大学生在真学真知真信真用中坚定马克思主义信仰、爱党和爱国主义信念以及党的坚强领导下实现“中国梦”的信心。

第三，形成系统全面可推广的教学案例集。基于对基础理论与现实问题的双重考察研究，运用先进教学载体及方法贯通理论武装与历史学习，在教学案例设计中体现党史、原理与现实的密切关联和对社会问题的深刻关切，既体现原理的科学内涵和精神实质，又推动原理在实践、中国实践与中国共产党实践中的发展，真正做到理论、历史与实践的统一，发挥好“马克思主义基本原理”课程立德树人、铸魂育人的主阵地作用，为高校思政课改革提供新思路。

2. 研究意义

（1）学术意义

一方面，从党史学习教育的指导方针和“马克思主义基本原理”课程教学的现实需要着手，深入探讨党史为什么融入“马克思主义基本原理”课程、如何融入“马克思主义基本原理”课程等重要问题，既是对习近平总书记相关讲话精神的落实，也能为“马克思主义基本原理”课程教学体系创新提供学理支撑、实践支持，推动大学生在“马克思主义基本原理”课程中把学习贯彻党的创新理论同学习马克思主义基本原理贯通起来，凸显思政课资政育人的价值和功能。

另一方面，挖掘党史与马克思主义基本原理的深层联系，以党史的丰富性、过程性加强不同原理之间的联系和转化，从党史角度拓展“马克思主义基本原理”课程教学内容、方法和载体，提升“马克思主义基本原理”课程的实效性、整体性与科学性，能够使原理讲解生动具象，富有感染力、吸引力，使党史学习更具理论深度和哲学高度，从而在党史和“马克思主义基本原理”课程的紧密互动中实现二者的互补和发展，实现“马克思主义基本原理”课程教学体系的生动、感性与活泼。

（2）现实意义

一方面，立足世界百年未有之大变局和中华民族伟大复兴战略全局的背景，锚定思政课立德树人的根本目标和“马克思主义基本原理”课程的关键基础地位，明确“马克思主义基本原理”课程与党史是普遍与特殊、抽象与具体的关系。以党史融合为契机在“马克思主义基本原理”课程教学中“坚持不懈传播马克思主义科学理论，抓好马克思主义理论教育”，将党史融入“马克思主义基本原理”课程，实现党史与“马克思主义基本原理”课程的同向同行，构建科学合理的党史融入“马克思主义基本原理”课程的教学体系，形成系统全面可推广的教学案例集，创新高校思政课建设与改革的路径，为高校思政课教师尤其是从事“马克思主义基本原理”课程教学的教师提供教学参考。

另一方面，明确党史融入“马克思主义基本原理”课程，是高校思政课与其他课程发挥融入式、嵌入式、渗入式的立德树人协同效应的重要内容，实现原理与党史内容、案例的有机结合，丰富“马克思主义基本原理”课程教学案例设计，以解决“马克思主义基本原理”课程教学抽象化等问题，助力大学生更好地学习原理内容、贯彻唯物史观、践行方法论原则、塑造价值信念；以融入式方法增强“马克思主义基本原理”课程与其他课程立德树人的协同效应，以主渠道和分渠道的整合全面地帮助大学生增进对党和国家的认同感、信念感、使命感，强化其爱国情、强国志、报国行。

（四）研究思路与研究方法

1. 研究思路

基于党史的历史性、鲜活性、具体性和生动性和马克思主义基本原理的理论性、系统性、科学性和抽象性，深刻剖析和挖掘党史与马克思主义基本原理的内在契合点与逻辑一致性，以党史实现原理的具体性、以原理论证党史的科学性，将党史人物、事件、精神等与马克思主义基本原理的知识点相关联，发挥党史对“马克思主义基本原理”课程的强化功能，充分运用党史资源创新“马克思主义基本原理”课程的教学方法，丰富“马克思主义基本原理”课程的教学载体，整合党史融入“马克思主义基本原理”课程的具体内容，推动党史与马克思主义基本原理的互补互融互促，构建融入式的“马克思主义基本原理”课程教学体系，形成系统完备、具有现实推广意义的教学案例集。

2. 研究方法

（1）文献研究法。一方面，利用中国知网、维普网、万方等数据库资源，查阅、收集和整理党史和马克思主义基本原理相关文献资料，重点阅读及研究党史、马克思主义基本原理及“马克思主义基本原理”课程教学等方面的文献，把握学界当前的研究动态；另一方面，查阅和学习党史学习教育指导方针和思想政治教育、高校思政课等方面政策部署，明晰“马克思主义基本原理”课程教学的现实需要。

（2）问卷调查法。以华中科技大学的“马克思主义基本原理”课程教学为调查样本，围绕党史与马克思主义基本原理结合的历史、理论、实践与价值四个逻辑，从多个维度设计问卷，并向学生发放电子版调查问卷，利用STATA等软件统计分析，考察学生对党史的整体认识、对党的理论方针政策的学习以及对党史融入“马克思主义基本原理”课程实践的看法等方面的情况，深入剖析党史融入“马克思主义基本原理”课程面临的现实挑战，助力针对性地探究党史融入“马克思主义基本原理”课程的实施路径。

（3）跨学科研究法。综合马克思主义理论、哲学、社会学、心理学、教育学等学科，基于马克思主义理论与党史研究，运用哲学思维挖掘党史与马克思主义基本原理的逻辑契合点，借助社会学、心理学等学科的理论、方法开展问卷调查，融合教育学、新闻传播学的知识，构建“马克思主义基本原理”课程的教学体系，多视角、多维度深入考察党史融入“马克思主义基本原理”课程的理论基础和目标导向，保证本研究开展的系统性、学理性与科学性。

（五）项目实施方案

1. 实施时间

时间进程	研究进度
2021.07.01—2021.07.31	研读学习中共中央办公厅、国务院办公厅、教育部等关于思想政治理论课改革相关文件精神，确定研究主题，并收集资料进行相关论证
2021.08.01—2021.08.31	设计党史融入“马克思主义基本原理”课程具体方案，确定团队成员与分工、初步进行问卷设计
2021.09.01—2021.09.30	根据方案开展授课，收集学生意见反馈，进一步完善问卷；设计学生课堂展示主题，明确学生课堂展示方案
2021.10.1—2021.10.31	完成问卷设计并向学生发放问卷；利用腾讯文档组织学生选择党史融入“马克思主义基本原理”课程课堂展示主题；邀请马克思主义学院硕士研究生进行课堂展示示范，确定学生课堂展示顺序并有序开展
2021.11.01—2021.11.30	继续进行党史融入“马克思主义基本原理”课程课堂展示，整理学生课堂展示素材；分析问卷，把握党史融入“马克思主义基本原理”课程效果，进一步收集学生意见反馈
2021.12.01—2021.12.31	继续进行党史融入“马克思主义基本原理”课程课堂展示，总结学生课堂展示效果；收集学生关于党史融入“马克思主义基本原理”课程案例设计，择优进行案例集构建；深入分析问卷，撰写问卷报告；整理相关素材并撰写研究报告，总结经验与不足，修改报告至定稿

2. 实施对象

本研究以华中科技大学2020级本科生为研究对象，具体包括：化学与化工学院——化学拔尖2001班、应化2001—2002班；数学与统计学院——数学类2001—2003班；物理学院——物理天眷2001

班；公共管理学院——公管2001—2002班、公管（体特）2001班、行管2001班；光学与电子信息学院——光电本硕博2001班；人工智能与自动化学院——人工智能本硕博2001班；机械科学与工程学院——产设2001—2002班；体育学院——运动训练2001班。

3. 成员分工

	姓名	专业技术职务	任务分工
项目组分工	董　慧	教授	统筹、指导课题设计、安排与成果撰写、进行党史融入马克思主义基本原理课程授课
	梁　红	教授	指导调查问卷设计和调查数据整理分析
	夏增民	教授	教学效果评估
	李　扬	讲师	指导构建教学案例
	刘思远	讲师	指导构建教学案例
	蔡　超	讲师	指导构建教学案例
	高作楠	讲师	
	马　瑞	讲师	
	龚世豪	讲师	
	胡斓予	2020级博士研究生	查阅资料、参与设计并分析调查问卷、撰写研究报告、构建教学案例
	杨雯倩	2020级硕士研究生	进行党史融入马克思主义基本原理课堂展示示范教学
	王绪念	2021级硕士研究生	参与设计调查问卷、撰写研究报告、构建教学案例，以及回答学生疑问、组织学生进行课堂展示、案例撰写、填写问卷等课程助教工作
	薛晓珂	2021级硕士研究生	查阅资料、参与设计并分析调查问卷、撰写研究报告、构建教学案例

4. 具体内容

（1）根据党史融入“马克思主义基本原理”课程方案进行授课。推动大学生在“马克思主义基本原理”课程上把学习贯彻党的创新理论同学习马克思主义基本原理贯通起来。具体包括：党的实事求是思想路线与物质决定意识的原理；党的群众观点和群众路线与人民主体地位；党对劳动本质的理解和实践与劳动价值论；党对社会主义经济制度和市场经济的理论创新与商品经济、价值规律；党的精神谱系和社会主义现代化实践探索与共产主义崇高理想；党领导开创的中国道路与社会主义发展道路的多样性相融合等。

(2) 组织学生进行党史融入“马克思主义基本原理”课程课堂展示。邀请马克思主义学院硕士研究生进行课堂展示示范，提高学生对该教学改革的兴趣和认知程度。组织学生以小组为单位选择党史融入“马克思主义基本原理”课程课堂展示主题，并在课堂上进行汇报展示。通过课堂展示这一形式，组织学生在充分自学、探究、讨论的基础上，在课堂上把自己的学习成果汇报出来，提高学生自主学习能力、团队协作能力，进一步检验学生的学习效果和教学改革的实践成果。

(3) 设计调查问卷，整理分析调查数据。基于马克思主义理论与党史研究，运用哲学思维挖掘党史与马克思主义基本原理的多维度逻辑契合之处；借助社会学、心理学理论在“马克思主义基本原理”课程课堂中开展问卷调查，考察教学中大学生在党史整体认识、学习党的指导思想、了解党的实践历程、领悟共产党人精神谱系等方面的现状，深入剖析党史融入“马克思主义基本原理”课程的现实挑战，把握学生对于该教学改革的具体建议，助力有针对性的路径探究。

(4) 收集党史融入“马克思主义基本原理”课程的案例，构建教学案例集。将党史的“人、物、事、魂”有机融入“马克思主义基本原理”课程的唯物论、群众史观、共产主义理想信念等教学内容中，结合沉浸式学习、VR、微视频等教学手段创新设计教学案例。收集整理学生关于党史融入“马克思主义基本原理”课程的学习情况和案例，推动构建党史融入“马克思主义基本原理”课程教学案例集。在形成具有推广意义的教学案例集的基础上，以点带面进行推广普及，创新思想政治理论课程教学方法、教学范式等。

二、项目开展情况

1. 设计党史融入“马克思主义基本原理”课程具体方案

在研读学习思想政治理论课改革相关文件精神，确定研究主题为“党史融入‘马克思主义基本原理’课程”，并收集资料进行相关论证的基础上，设计党史融入“马克思主义基本原理”课程具体方案如下。

第一，立足党史和“马克思主义基本原理”课程的关系，深刻理解二者在历史逻辑、理论逻辑、实践逻辑、价值逻辑等方面的逻辑关联，明确党史融入“马克思主义基本原理”课程具有增进课程生动性、具体性、整体性的重要作用，形成党史融入“马克思主义基本原理”课程的理论基础。

第二，综合运用理论研究与实证研究，把握党史融入“马克思主义基本原理”课程面临的现实问题。运用文献阅读法，全面了解“马克思主义基本原理”课程教学的现实问题。运用问卷调查法，从历史认知维度、理论学习维度、实践探索维度和价值塑造维度设计问卷，考察“马克思主义基本原理”课程教学中大学生党史知识掌握情况与思想政治素养现状，挖掘党史融入“马克思主义基本原理”课程面临的具体问题和现实挑战。

第三，建构党史融入“马克思主义基本原理”课程的教学体系。在“马克思主义基本原理”课程中，基于党史与“马克思主义基本原理”的逻辑契合点，将党史人物、事件、精神等与马克思主义基本原理知识点相关联，运用党史资源丰富教学大纲，发挥“马克思主义基本原理”课程立德树人的作用。例如，将党的实事求是思想融入马克思主义哲学的辩证唯物论，通过阐明理论内涵和实践意义深化学生认知，实现马克思主义基本原理的中国化教学。

第四，形成党史融入“马克思主义基本原理”课程的教学案例集。以党史融入“马克思主义基本原理”课程的教学体系为基础，借助沉浸式学习、VR、微视频等创新教学手段，形成具有借鉴推广意义的教学案例集。

2. 课堂教学探索：问卷设计、课堂展示示范、学生课堂展示

（1）问卷设计

课题组经过多次交流讨论，最终确定问卷将“马克思主义基本原理”课程课堂的学生作为调查对象，以全面了解“马克思主义基本原理”课程教学面临的现实问题，以及党史有针对性地融入“马克思主义基本原理”课程的具体问题为目标，以历史认知、理论学习、实践探索和价值塑造等方面为主要内容。董慧老师根据党史融入“马克思主义基本原理”课程具体方案开展授课，在马克思主义基本原理的讲授中融入党史内容，课上积极收集学生意见反馈；课下，课程助教硕士研究生王绪念在与同学的交流中了解学生想法并及时整理汇总。在此基础上，课题组进一步完善问卷设计。董慧老师组织安排。

（2）课堂展示示范团队成员，马克思主义学院硕士研究生进行党史融入“马克思主义基本原理”课程课堂展示示范。2021 年 10 月 1 日，向 2020 级硕士研究生杨雯倩、2021 级硕士研究生王绪念、薛晓珂三名同学发出邀请，以党史融入“马克思主义基本原理”课程为主题，进行一次 15 分钟左右的课堂展示示范。

经过详尽的资料收集和系统的思考论证，三位硕士研究生以

“真理与谬误的辩证关系——以遵义会议为例”为题，于2021年10月13日至10月14日，向化学与化工学院的化学拔尖2001班、应化2001—2002班，数学与统计学院的数学类2001—2003班，物理学院的物理天眷2001班，公共管理学院的公管2001—2002班、公管（体特）2001班、行管2001班，光学与电子信息学院的光电本硕博2001班，人工智能与自动化学院的人工智能本硕博2001班，机械科学与工程学院的产设2001—2002班，体育学院的运动训练2001班共11个班级，4个课堂，400余名本科生进行了课堂展示示范教学。

此次课堂展示示范的主讲人为杨雯倩同学，她以沈尧伊的著名画作《遵义会议》为导入，向大家详细介绍了遵义会议的背景。扩大的六届四中全会召开以后，党中央“左”倾教条主义错误使得中国革命形势再一次陷入低谷。我军在突破第四道封锁线后人员损失惨重。最后决定强渡乌江，拿下了贵州重镇——遵义，在遵义召开了一场生死攸关的会议。接着，杨雯倩同学向大家详述了遵义会议的参会人员和会议内容。通过讲解遵义会议，她结合马克思主义基本原理中真理与谬误的辩证关系，阐明了真理与谬误相互对立、真理与谬误相互转化的基本原理。

杨雯倩同学结合遵义会议的党史事例强调：一方面，真理与谬误相互对立。在确定的对象和范围内，真理与谬误的对立是绝对的，与对象相符合的认识就是真理，与对象不相符合的认识就是谬误。真理和谬误存在着原则界限。否认这一点，就会混淆是非、颠倒黑白。在当时的时代背景下，坚持“左”倾教条主义是错误的。比如，在军事上，博古、李德在第五次反“围剿”中以单纯防御路线代替决战防御；以阵地战、堡垒战代替了运动战；在战略转移中实行逃跑主义；在思想上，把马克思主义教条化，把共产国际指示和决定神圣化；在组织上，搞宗派主义，这些都是错误的，给党的事业带来了巨大损失。另一方面，真理与谬误相互转化。真理在一定条件下会转化为谬误，马克思主义是真理，但是如果在实际运用过程中不注重与中国国情相结合，那么就会变成谬误。谬误在一定条件下能够向真理转化，由于认识的复杂性和曲折性以及各种条件的限制，任何人都有可能犯错误，中国共产党也是，但吃一堑、长一智，党勇于正视错误、反省错误、修正错误，终能取得对客观事物及其规律的正确认识，从而让错误转化为正确，谬误转化为真理。在遵义会议中，我党通过批判谬误，发展真理，实现了三个挽救，一个转折点。

从学生的互动率和抬头率来看，此次课堂展示非常成功，杨雯倩同学通过创新教学模式，以学生为本，在四个课堂通过情境教学法，激发了学生学习党史的积极性，创建出了活跃、和谐的课堂氛围，打造了一堂高质量的党史融入“马克思主义基本原理”课程课堂展示示范。

课题组策划以问卷星的方式发放问卷，问卷容量为 29 个客观题，1 个主观题，填写时间约 8 分钟。从学生的基本情况、学生对于党史的历史认知、学生对“马克思主义基本原理”课程的学习现状、学生对于党史融入“马克思主义基本原理”课程实践的具体看法 4 个维度分别设计调查问题。在完成问卷设计的基础上，在课堂上邀请学生填写问卷。

11 月 3 日—11 月 4 日，董慧老师分别在 4 个课堂发放了该问卷，共收到有效问卷 437 份。学生填写问卷态度积极，在最后一题——“您对‘党史融入马原’教学实践有何建议?”——大多提出了自己对于该教学改革实践的意见，提高了调查的实际效果与成效。

（3）学生课堂展示

课题组以教材《马克思主义基本原理（2021 版）》为主，引导学生围绕其中重要原理开展课堂展示。该选题目录秉承马克思主义三大组成部分都要兼顾的原则，共有113个选题，内容涵盖了导论、第一章——世界的物质性及发展规律，第二章——实践与认识及其发展规律，第三章——人类社会及其发展规律，第四章——资本主义的本质及规律，第五章——资本主义的发展及其趋势，第六章——社会主义的发展及其规律，第七章——共产主义崇高理想及其最终实现。

每个小组的课堂展示效果都非常好，可以体现学生的专业特长和学术素养。除此之余，利用课堂展示这一形式，进一步丰富了学生的党史知识，促进他们理解马克思主义基本原理，活跃了课堂气氛，提升了课堂参与度，提升了学生的个人综合素质（例如，团队协作能力、PPT制作能力、视频拍摄剪辑能力等）。课堂展示个例说明如下。

例一：实践是检验真理的唯一标准

10月21日，来自人工智能与自动化学院人工智能专业，人工智能（本硕博）2001班的匡嘉玢、姬文依、罗亚文、王溶影、张晓怡同学为大家汇报展示，他们展示的题目是“实践是检验真理的唯一标准——以农村包围城市革命道路为例”。

通过回顾农村包围城市革命道路提出的历史背景，该小组指出二十世纪二三十年代，中国存在两条截然不同的革命道路。1927年9月，毛泽东率领起义部队在文家市里仁学校召开前委会议，他分析了敌大我小、敌强我弱的形势，主张改变原来攻打长沙的计划，把革命中心由城市转向敌人统治比较薄弱的农村去，这是“农村包围城市”革命道路的首次提出。而1930年6月，中共中央政治局通过了以城市中心论为核心的“立三路线”。这两条截然不同的路线，究竟哪个更适合当时的中国？这两条路线，哪个才是正确的？经过实践检验的结果告诉可以我们答案。

实践是检验真理的唯一标准。“立三路线”在历史上仅仅实行了3个月，却有着很大的破坏性。武汉、南京等城市的党组织几乎全部瓦解，红军在进攻大城市时也遭到很大损失。而“农村包围城市，武装夺取政权”的革命道路，完美契合了中国的国情，是一个正确的理论。从此，中国共产党坚持“农村包围城市，武装夺取政权”的思想，依托根据地积累发展革命力量，随着革命战争、人民武装和根据地的发展，逐步形成农村包围城市的战略态势，最后夺取全国胜利。经过中国革命地不断检验，这一思想被证实为一个真理。

农村包围城市的革命道路，是毛泽东针对当时中国革命遇到的困难提出的解决方法，而这个方法恰到好处地解决了中国革命当时的问题，这证实了该理论的正确性与可行性。实践直接现实性的品格，是实践能够成为检验真理唯一标准的主要根据，也使实践成为最公正、最有权威的“终极审判官”。

例二：世界历史与人类命运共同体

10月28日，来自机械科学与工程学院，产设2001—2002班的李雨萁、王思嘉、徐倩、夏域坤、张宏钰同学为大家汇报展示，他们展示的题目是“世界历史与人类命运共同体”。

他们结合自己所学专业，将自己剪辑视频和艺术创作的特长加入党史融入“马克思主义基本原理”课程课堂展示。通过视频剪辑，他们向大家展现了世界通过战争、掠夺相互交流、影响和融合的历史。他们指出，20世纪，人类经历了以两次世界大战为主的诸多战争，世界发达国家和地区大多被卷入战争，战火波及世界上大部分国家和人民。近代世界历史很大程度上是战争的历史，但是我们依然相信着属于和平的精彩，衷心希望的就是能够减少战争，最终达到一种较为理想的和平状态，实现全人类的和平与发展。正义的力量是不可磨灭、不可战胜的，整个人类群体对于美好、和平和友善的追求，是无论如何都不会丢失的。

联系当下的时代主题，他们指出了人类命运共同体这一概念和实践产生的历史必然性。随后，他们播放了小组剪辑的武汉抗击新型冠状病毒疫情的短片。通过短片，该小组强调了通过抗击疫情得到的警示——人类是休戚相关的命运共同体，重大危机面前没有任何一个国家可以独善其身。人类在重大灾难面前展现出来的勇气、决心、关爱将照亮至暗时刻！

最后，该小组指出，新型冠状病毒疫情印证了“人类命运共同体”这一理念的历史洞察力与政治想象力。敬畏生命、珍爱生命、守护生命，这是人类共同的情怀。在人类生命安全受到共同威胁之时，需要的是一方有难、八方支援的慷慨大义，需要的是超越肤色、种族、国别、社会制度、意识形态的大爱情怀。灾难是无情的，破而后立不是人类的目的，安稳与和平才应该是人类追求的永恒目的。

例三：脚踏实地，严防“左”倾

12 月 16 日，来自数学与统计学院数学专业的胡乐思、赵钎年、马伊莉、何璇、刘素瑜、杨一一、郭佳乐、尹筱琪同学为大家汇报展示，他们展示的题目是“脚踏实地，严防左倾”。

该小组首先向大家分析了共产主义社会的必要基础：社会生产力高度发达，物质财富极大丰富；实现人的全面发展，思想觉悟极大提高；建立生产资料社会公有制。

结合具体的历史史实，该小组强调：党的历史告诉我们罔顾事实盲目冒进的结果无疑会造成极为惨痛的失败，共产主义在生产力不发达的国家的实现具有长期性。

最后，该小组结合自己的专业知识，利用函数的收敛点这一专业术语向大家阐释了共产主义社会的历史趋势。共产主义社会是历史这个函数的收敛点，是它的极限。也许在我们有限的人生区间中，永远都取不到这个值，这并不妨碍历史的发展会不断向它逼近，更不妨碍我们去追求它。

例四：实践对认识的决定作用

10月21日，来自公共管理学院公共事业管理专业2002班的花少东、张珂、张红森、卜宇杰同学为大家汇报展示，他们展示的题目是“实践对认识的决定作用”。

该小组对党史史实的把握非常充分，对于新民主主义革命时期的党史史实非常了解。在此基础上，他们结合“实践对认识的决定作用”这一原理，向大家分享了一次非常精彩的课堂展示。

通过回顾“立三路线”，该小组指出了“实践是认识的来源”这一原理。20世纪20年代末期就主张“斩首”理论的李立三，脱离了中国革命现实。他一面部署中心城市武装暴动，一面重新编组全国红军，攻打大城市。帷幕还未拉开，“立三路线”已经宣告结束。共产国际和斯大林对这位要求苏联停止五年计划准备支援中国的革命战争、要求外蒙古回归中国的李立三进行了快速而坚决的反击。在中共中央忙于清理“立三路线”之时，蒋介石也开始了他的“围剿”。

在分析秋收起义到古田会议确立党对军队的绝对原则这一党史史实的基础之上，该小组阐释了“实践是认识发展的动力”这一原理。秋收起义部队在三湾收编时，毛泽东创造性地提出“支部建在连上”。到了古田会议，前辈们总结了红四军成立以来军队建设方面的经验教训，确立了人民军队建设的基本原则，确立了党对军队的绝对领导，强调了加强政治工作的重要性。从理论上阐明了党对军队领导的原则，并从政治上、思想上、组织上确立了党领导军队的一些基本制度和措施。

通过详细说明“枪杆子里出政权”这一论断，该小组阐明了“实践是认识的目的”这一原理。八七会议，为了保存共产党，会议批判和纠正了陈独秀右倾机会主义错误，撤销了他在党内的职务，选出了新的临时中央政治局，确定了土地革命和武装斗争的总方针。毛泽东出席了这次会议，并提出了著名的“枪杆子里出政权”的论断。

在系统回顾遵义会议这一重要会议的基础上，该小组结合马克思主义基本原理，向大家阐释了“实践是检验真理的唯一标准”这一原理。经过实践检验，遵义会议一开始的认识有误，便及时修改。一渡赤水给了红军领导人很大的教训。遵义会议一结束就提反攻，就提决战，是不明智的。最终红军放弃在黔北建立根据地的计划，开始三渡赤水。红军四渡赤水后跳出了敌人的包围圈，保存了红军的力量。

3. 组织学生进行案例撰写并择优为案例集构建奠定基础

为构建可推广的案例集，董慧老师指导2021级硕士王绪念、薛晓珂思考并完善案例格式要求，最终确定从四部分展开党史融入“马克思主义基本原理”课程案例的撰写，包括马克思主义基本原理、党史故事、案例解析和参考文献。

11月底，董慧老师在四个课堂上分别强调了案例撰写作业及要求。课后，课程助教硕士研究生王绪念向各班课代表进一步明确案例提交时间及案例撰写格式，组织督促学生撰写案例作业。案例格式内容包括：（一）马克思主义基本原理（马克思主义基本原理知识点）；（二）党史故事（案例呈现）；（三）案例解析（党史与马克思主义基本原理相关性的阐释）；（四）参考文献。具体要求是：独立完成，总字数不少于1000字，不超过3000字。在此基础上，要求学生在结课之前将纸质版交给任课老师，将电子版文件发给课程助教。

结课后，我们收到共 400 余份案例，多数学生从马克思主义哲学进行党史与马克思主义基本原理的结合并进行分析，内容翔实、视野开阔、论证合理，充分体现了党史与马克思主义基本原理的内在契合。学生案例撰写个例说明如下。

例一：从毛泽东的《反对本本主义》来看“实事求是”于中国和马克思主义的意义

来自物理学院物理天眷 2001 班的张霖信同学结合毛泽东的经典著作《反对本本主义》的诞生背景和具体内容阐释了“实事求是”于中国和马克思主义的意义。

首先，他深刻分析了两条马克思主义重要原理，分别是“一切从实际出发是马克思主义认识论的根本要求”“实事求是是中国共产党思想路线的核心”。

其次，他详细揭示了《反对本本主义》这一著作的诞生背景和具体内容。民主革命时期，党内先后出现了“左”倾盲动错误、李立三“左”倾冒险错误、王明“左”倾教条主义错误等三次严重的全局性“左”倾错误。三次“左”倾错误的共同点都是教条化马克思主义、神圣化苏共革命经验和共产国际指示，从整体上没有完成马克思主义理论自觉。对此，毛泽东十分担忧，他从自身多年的调查成果和经验出发，针对党内存在的形式主义和“唯上”“唯书”的本本主义，写下了富有战斗力的《反对本本主义》，指出调查工作在革命实践中的极端重要性，提出了实事求是的思想路线。他指出，教条主义以为“本本”保障了永久的胜利，只要遵守既定办法就无往而不胜利，这种完全依靠书本知识而忽视中国国情来指导革命斗争是十分危险的。为了克服本本主义错误，毛泽东第一次向全党提出了“中国革命斗争的胜利要靠中国同志了解中国情况”。同时提出“没有调查，就没有发言权”。毛泽东认为，离开调查研究，就会产生脱离实际的唯心主义领导方法。因此，他主张要把“有字之书”和“无字之书”结合起来读，这就是他后来反复强调的要坚持理论联系实际的学风。

最后，他结合马克思主义基本原理和《反对本本主义》，阐释了“实事求是”对于中国和马克思主义的意义。

《反对本本主义》这部经典之作是毛泽东在党出现大片“左”倾倾向时的产物。于今日来看，这部作品是当时难得的清醒。反对本本，从实际出发本就是马克思主义认识论的根本要求。在马克思、恩格斯选集中就有这样类似的论述：“共产党人的理论原理，决不是以这个或那个世界改革家所发明或发现的思想、原则为根据的。这些原理不过是现存的阶级斗争、我们眼前的历史运动的真实关系的一般表述。”[①] 对于本本中的理论知识，要做到活学活用，从实际出发，才能达到最好的效果。若只是胡乱抽出一些个别事实和玩弄实例，而不结合具体的历史环境，这是没有任何意义的，甚至是纯粹的消极意义的。《反对本本主义》中对于当时党内存在的教条主义和唯心主义的批判，便很好地体现了马克思主义基本原理中这一根本要求，是当时少有的于中国国情下正确认识马克思主义的人。

同时在《反对本本主义》中“没有调查，就没有发言权”的论断也体现了马克思主义原理中理论联系实际，实事求是，在实践中检验和发展真理的思想。在写《反对本本主义》之前，毛泽东曾在处于闽粤赣三省交界的寻乌做了十余天的调查，并写了八万余字的《寻乌调查》报告。若能明了这个县的情况，三省交界各县的情况也便可以大体清楚。这次调查让毛泽东大体了解了寻乌的商业情况、

① 《马克思恩格斯文集》第二卷，人民出版社 2009 年版，第 44—45 页。

寻乌旧有的土地关系、寻乌的土地斗争。这对于党形成正确的土地革命路线，有着重大的意义。寻乌调查给毛泽东以很深的感触，也使他进一步认识到调查工作的重要性，这也在某种意义上推动了《反对本本主义》的产生。这种调查思想，是马克思主义基本原理中“实事求是”思想中的搞清楚“实事”，了解掌握实情，是进行一些科学决策所必需也是唯一可靠的前提和基础。

此外，毛泽东所强调的理论联系实际的学风，以及所反对的“唯本本是从”的学风，也是马克思主义基本原理的重要内容。“本本”、理论、思想都是从实践中产生的，理论的正确性需要实验的检验，仅仅将书本生搬硬套到现实中来，既不符合马克思主义理论的根本要求，也无法对现实起到很好的指导作用，这样的“本本”是行不通的。在实践中检验、修正、丰富和发展“本本”中的理论，才是把握客观规律的必由之路。

例二：科学技术在社会发展中的作用——以“两弹一星”为例

来自光学与电子信息学院本硕博2001班的邹汝成同学结合关于“两弹一星”的具体史实阐释了科学技术在社会发展中的作用。

首先，他分析了马克思主义基本原理中，“科技革命是推动经济和社会发展的强大杠杆”“科学技术是第一生产力”的重要观点。

其次，他详细揭示了“两弹一星”产生的背景和意义。20世纪50年代、60年代是极不寻常的时期，当时面对严峻的国际形势，为抵制帝国主义的武力威胁和核讹诈，50年代中期，以毛泽东同志为核心的党的第一代中央领导集体，根据当时的国际形势，为了保卫国家安全、维护世界和平，高瞻远瞩，果断地作出了独立自主研制“两弹一星”的战略决策。大批优秀的科技工作者，包括许多在国外已经有杰出成就的科学家，以身许国，怀着对新中国的满腔热爱，响应党和国家的召唤，义无反顾地投身到这一神圣而伟大的事业中来。他们和参与“两弹一星”研制工作的广大干部、工人、解放军指战员一起，在当时国家经济、技术基础薄弱和工作条件十分艰苦的情况下，自力更生，发奋图强，依靠自己的力量和苏联的帮助，用较少的投入和较短的时间，突破了核弹、导弹和人造卫星等尖端技术，取得了举世瞩目的辉煌成就。

最后，他结合“两弹一星”的具体史实，分析了科学技术对生产方式、生活方式和思维方式的影响。

(1) 对生产方式产生了深刻影响

其一，改变了社会生产力的构成要素以及社会经济结构。信息技术是信息化时代各种高技术中的领头技术之一，通信技术又是信息技术中的领头技术之一。已研制的“东方红”通信广播卫星系列，包括三种不同类型的静止轨道卫星，即“东方红”二号试验通信卫星、“东方红”二号甲试验通信卫星和“东方红”三号通信广播卫星等，已经建成了公用卫星通信网、专用卫星通信网、广播电视传输卫星网，为我国通信、电视、广播、水利、交通、教育、新闻等部门提供各种服务。这表现了通信卫星的发展使得自动化程度提高，也使得第三产业——服务业和商业在国民经济中所占比例日益增高，产业结构的变化又引起就业结构的变化，从事第三产业的人数比例迅速增长，科技人员和管理人员的比例日益增长。科技革命推动了生产规模的扩大，进而推动了生产的分工和协作的广泛发展，并使生产社会化的程度进一步提高。如今我国“北斗”导航卫星系统的成功构建，便是“两弹一星”事业辉煌的延续，是科技不断兴旺发达的有力表现。

其二，改变了人们的劳动形式。我国的贫困人口大多生活在山区、城市郊区，他们的生产方式多以传统农业为主。通信技术的提高让他们能够学习到前沿的科学文化知识，改变他们创造财富的方式。他们可以走出大山，用自己的聪明才智为我国科学技术作出贡献；也可以把高新技术引入自己的家乡，将农业生产智能化，提高生产效率与生产能力，帮助他们更加高效地实现脱贫。

(2) 对生活方式产生了巨大影响

在现代社会，解决任何重大问题都必须掌握大量数据资料，做定量分析论证。航天技术是获取这类数据资料强有力的手段之一。至今，我国已成功进行了多次返回式遥感卫星发射，利用卫星技术获得了大量有价值的遥测遥感资料，包括国土普查、石油勘探、地图测绘、目标定位、地质勘查、地震预报、草原和林区普查以及文物考古等许多方面，有力地支援了国家各方面的建设及社会发展。这体现了现代信息技术为人类提供处理、存储和传递信息的手段，极大地提高了我们工作的效率与精准度，为我们自由而全面的发展创造了更多条件。

(3) 促进了思维方式的变革

“两弹一星”作为高新技术，其特点是它的创新研制需要从现代科学前沿取得理论支持，反过来又带动基础科学理论的发展。原子弹和氢弹研制有力地推动了我国原子物理、基本粒子等理论自然科学的研究。发展航天科技对更广泛领域的科学研究起了重要推动作用。“空间”为人类提供了微重力资源、超高真空资源、能源和物质资源等，研究、开发和利用这些资源，促进了空间科学的创建和发展。从国家“八六三”计划开始，空间科学及其应用研究已成为组织全国力量进行高新技术研究的重要内容。

现代科学技术还包括大量软科学、软技术，如管理科学和系统工程等。如果在这方面落后，实现现代化仍然是一句空话。“两弹一星”这种大科学大技术是现代管理科学和系统工程的重要发祥地，在中国更是第一发祥地。作为中国两弹元勋第一人的钱学森，也是把运筹学和系统工程最先引入我国的人。

这体现了新的科学理论和技术手段通过影响思维主体、思维客体和思维工具，引起了思维方式的变革。在现代科技革命条件下，人们获得了新的知识理论结构，能够运用新的理论工具和现代化技术手段去研究一系列新现象、新领域、新课题，从而能够在未来能够有更新的突破，形成良性循环，不断进步。

4. 总结课堂教学的实践经验，为下一步案例集撰写奠定基础。

深入分析问卷，撰写问卷报告。课题组对问卷进行数据分析并通过图表直观展现问卷结果，在此基础上撰写问卷报告，围绕问卷设计目的对问卷进行全面分析，得出真实结论。

三、项目开展情况分析

（一）课堂参与情况分析

第一，从学生到课率来看，马克思主义基本原理课程，课堂学风优良、管理科学，学生积极性强。大学生出勤率的高低是衡量大学教学管理是否科学、学风是否优良、学生积极性程度的标准之一。只有保证较高的出勤率，才能保证马克思主义基本原理课程的教学质量，才能让学生学到更多的科学文化知识，才能更好地提高大学生科学文化素质。教师的教学水平和课堂内容吸引程度是学生到课率的基本决定性因素。本次教学改革实践共在四个课堂、四百余学生内进行，上课周数共十六周。四个课堂均使用“云班课”进行管理，主要包括课堂考勤、发送通知、分享资源、布置批改作业、组织讨论答疑、开展教学互动等。从“云班课”统计数据来看，四个课堂2021—2022学年度第一学期（2021年秋季）马克思主义基本原理课程的总出勤率均在90%以上。其中，第一课堂（光学与电子信息学院光电本硕博2001班；人工智能与自动化学院人工智能本硕博

2001 班）的总出勤率高达 98.13%。未能到课的原因以病假和事假居多，无故缺勤的人数较少。学生表现出对党史的高度兴趣，课堂学风优良，学生上课积极性较高，课堂管理科学，秩序良好，为党史融入“马克思主义基本原理”课程教学改革研究奠定了良好的条件。

第二，从课堂互动情况来看，学生对于党史融入“马克思主义基本原理”课程配合度高，参与性强。在高校马克思主义理论课教学中，课堂教学效果如何直接关系到学生的参与程度与配合程度。实行课堂互动，有益于师生双方的和谐进步和共同发展，可以给学生自我表现的机会和空间，激发他们的学习兴趣，进而形成良好的学习态度，提高学生的胆量和表达能力，提高其创造性和积极性；同时，实行课堂互动，可以有效实现课堂民主，拉近师生距离，为和谐融洽的教学氛围营造创造良好的条件，既有利于学生的健康成长，也有助于教师完善自己的教学，使教和学向着更完美的方向发展；通过教学互动，还可以及时了解学生反馈的信息，更加有利于因材施教。从云班课统计数据来看，四个课堂的学生回答问题积极性较高，体现了学生对于党史融入马克思主义基本原理课程的积极性和主动性，表明该教学改革课程更具平等民主性、互促互补性、全员参与性。

第三，从课堂展示效果来看，学生对于党史融入“马克思主义基本原理”课程的兴趣浓厚，自主性强。课堂展示是自主课堂的重要环节，是检验和评价学习效果的核心，是增强学生学习内驱动力的方法之一。合作学习小组在课堂上的展示是课堂教学中的一个重要步骤，也是高效课堂的重要环节，展示是否充分是课堂教学能否取得成功的基础和关键。它对于调动学生学习的积极性，巩固基础知识，提高学习能力，帮助教师了解学情，实现学生自主、合作和探究学习具有重要意义。党史融入马克思主义基本原理课程为学生提供了这样的平台，有效组织了四百余名不同专业的学生自主参与小组合作，并进行相关主题的课堂展示。从这400余名学生的课堂展示效果来看，他们对于党史融入“马克思主义基本原理”课程表现出了更多的兴趣，并且非常渴望学习，他们学习的动力也在增加。其中，多数同学结合自己的专业向大家做了精彩的汇报展示。来自机械科学与工程学院产设专业的同学结合自己的专业特长，精心制作剪辑了两个视频为大家讲解“世界历史与人类命运共同体”，阐释“人类是休戚相关的命运共同体，重大危机面前没有任何一个国家可以独善其身”这一观点。来自数学与统计学院数学专业的同学结合自己的专业知识，利用“函数的收敛点”这一专业术语向大家阐释了共产主义社会的历史趋势。他们认为共产主义社会是历史这个函数的收敛点，是它的极限。也许在有限的人生区间，永远都取不到这个值，但这并不妨碍历史的发展会不断向它逼近，更不妨碍我们去追求它。

（二）问卷调查情况分析

本次问卷调查是以华中科技大学党史融入“马克思主义基本原理”课程的教学实际情况而设计的，共发放问卷437份，收回问卷437份，其中有效问卷437份，有效率为100%。

本次问卷调查对象均为大二学生，以理科生居多。包括化学与化工学院的化学拔尖2001班、应化2001—2002班，数学与统计学院的数学类2001—2003班，物理学院的物理天眷2001班，公共管理学院的公管2001—2002班、公管（体特）2001班、行管2001班，光学与电子信息学院的光电本硕博2001班，人工智能与自动化学院的人工智能本硕博2001班，机械科学与工程学院的产设2001—2002班，体育学院的运动训练2001班共11个班级的学生。

本次问卷的目的是全面了解“马克思主义基本原理”课程教学的现实问题以及党史针对性融入“马克思主义基本原理”课程的具体问题，明晰党史的重要性和党史融入“马克思主义基本原理”课程的必要性。问卷包括30个问题，其中客观题29个，主观题1个，需要填写时间约为8分钟。问卷从学生的基本情况、学生对于党史的历史认知、学生对“马克思主义基本原理”课程的学习现状、学生对于党史融入“马克思主义基本原理”课程实践的具体看法四个维度分别设计调查问题。以下为具体问题分析。

第一部分：

7. 您对“马克思主义基本原理”课程的印象是： ［单选题］

选项	小计	比例
A. 比较抽象、枯燥	17	3.89%
B. 比较生动、有趣	207	47.37%
C. 介于A、B之间	195	44.62%
D. 无突出印象	18	4.12%
本题有效填写人次	437	

8. 您认为您在理解马克思主义基本原理方面是否有困难？［单选题］

选项	小计	比例
A. 没有困难，很好理解	236	54%
B. 较为困难	188	43.02%
C. 非常困难	13	2.97%
本题有效填写人次	437	

9. 您希望“马克思主义基本原理”课程对自己产生哪些影响？[多选题]

选项	小计	比例
A. 帮助建立正确的三观	395	90.39%
B. 拓展知识面	355	81.24%
C. 获得学分	296	67.73%
D. 实现对马克思主义的了解、认同、信仰	337	77.12%
E. 帮助自己建立正确的历史观	338	77.35%
F. 学习马克思主义的方法论	318	72.77%
G. 其他（请说明）	3	0.69%
本题有效填写人次	437	

以上三题可以了解学生对“马克思主义基本原理”课程的态度和看法以及“马克思主义基本原理”课程存在的问题，并从中探析“马克思主义基本原理”课程的改进方向。从第7、第8、第9题调查结果发现，大学生对马克思主义理论课认同度较强，他们都认识到学好马克思主义理论课相关知识对今后进入社会有很大帮助。多数学生希望“马克思主义基本原理”课程可以帮助他们建立正确的世界观、人生观、价值观、历史观；拓展自己的知识面；实现对于马克思主义的了解、认同和信仰并学习科学的马克思主义方法论。但是马克思主义基本原理的抽象性导致部分学生理解起来较为困难，并认为“马克思主义基本原理”课程较为枯燥。

第二部分：

10. 习近平总书记在党史学习教育动员大会上提出，“全党同志要做到学史明理、学史增信、学史崇德、学史力行”①。在这四个目标中，明理是基础。请问您是否了解并清晰“学史明理”的内涵？［单选题］

选项	小计	比例
A. 非常了解	75	17.16%
B. 比较了解	241	55.15%
C. 了解一点	111	25.4%
D. 不了解	10	2.29%
本题有效填写人次	437	

11. 您认为“学史明理”的“理”指的是什么？［多选题］

选项	小计	比例
中国共产党为什么“能”的基本道理	374	85.58%
马克思主义为什么“行”的基本道理	400	91.53%
中国特色社会主义为什么“好”的基本道理	384	87.87%
其他（请说明）	4	0.92%
本题有效填写人次	437	

12. 您会主动去了解党史吗？［单选题］

选项	小计	比例
A. 会	364	83.3%
B. 不会	73	16.7%
本题有效填写人次	437	

① 中共中央党史和文献研究院：《中国共产党一百年大事记》（1921 年 7 月—2021 年 6 月），人民出版社 2021 年版，第 243 页。

13. 您会为了什么去了解党史？　[多选题]

选项	小计	比例
A. 关心党和国家大事	371	84.9%
B. 提高政治素养	351	80.32%
C. 个人兴趣爱好	271	62.01%
D. 考试需要	239	54.69%
E. 学校强制要求	84	19.22%
F. 其他（请说明）	5	1.14%
本题有效填写人次	437	

14. 您学习党史的心态？　[单选题]

选项	小计	比例
A. 积极主动，要求进步	229	52.4%
B. 主动性一般，听从学校安排	184	42.11%
C. 看别人学，也跟着学	16	3.66%
D. 被迫学习	6	1.37%
E. 其他（请说明）	2	0.46%
本题有效填写人次	437	

15. 您平时是通过何种途径学习党史的？　[多选题]

选项	小计	比例
A. 党史相关课程、会议、讲座	335	76.66%
B. 电视网络报刊影片	341	78.03%
C. 阅读专业学术杂志	209	47.83%
D. 入党积极分子培训等党课	287	65.68%
E. 参观革命基地或纪念馆	305	69.79%
F. 其他（请说明）	10	2.29%
本题有效填写人次	437	

16. 您所在的学校有没有开展党史教育活动？ [单选题]

选项	小计	比例
A. 经常	325	74.37%
B. 偶尔	112	25.63%
C. 无	0	0%
本题有效填写人次	437	

17. 如果能自主选择，您愿意以何种方式学习党史？ [多选题]

选项	小计	比例
A. 学习思想政治教育课	240	54.92%
B. 电视网络报刊	305	69.79%
C. 书籍杂志	280	64.07%
D. 入党积极分子培训等党课	204	46.68%
E. 影视作品	369	84.44%
F. 参观革命基地或纪念馆等实践活动	307	70.25%
G. 其他（请说明）	2	0.46%
本题有效填写人次	437	

18. 您认为学好党史有哪些作用？ [多选题]

选项	小计	比例
A. 铭记历史，缅怀先烈	408	93.36%
B. 汲取经验，吸取教训	399	91.3%
C. 增强道路自信、理论自信、制度自信、文化自信	407	93.14%
D. 强化爱国情、强国志、报国行	397	90.85%
E. 其他（请说明）	4	0.92%
本题有效填写人次	437	

19. 您对哪个阶段的党史感兴趣？　［多选题］

选项	小计	比例
A. 新民主主义革命时期	282	64.53%
B. 社会主义革命和建设时期	253	57.89%
C. 改革开放和社会主义现代化建设新时期	299	68.42%
D. 中国特色社会主义新时代	262	59.95%
本题有效填写人次	437	

20. 您对党史的哪些内容比较感兴趣？　［多选题］

选项	小计	比例
A. 伟人事迹	368	84.21%
B. 革命遗址、纪念馆等物质载体	305	69.79%
C. 重要会议	197	45.08%
D. 精神谱系	255	58.35%
E. 历史成就及经验	343	78.49%
F. 其他（请说明）	4	0.92%
本题有效填写人次	437	

21. 您对党史的哪些维度比较感兴趣？　［多选题］

选项	小计	比例
A. 经济	303	69.34%
B. 政治	287	65.68%
C. 文化	331	75.74%
D. 社会生活	307	70.25%
E. 生态	170	38.9%
F. 军事	287	65.68%
G. 外交	280	64.07%
H. 其他（请说明）	1	0.23%
本题有效填写人次	437	

通过以上题目可以了解学生对党史的学习态度、把握程度、兴趣点以及倾向的党史学习方式。通过10—21题的调查结果发现，大多数学生对于党史的认同度较高，普遍认为党史学习可以帮助我们铭记历史，缅怀先烈；汲取经验，吸取教训；增强道路自信、理论自信、制度自信、文化自信；强化爱国情、强国志、报国行。他们普遍认同要做到“学史明理”应该明白中国共产党为什么“能”的基本道理、马克思主义为什么“行”的基本道理、中国特色社会主义为什么“好”的基本道理。但是，仅有少数学生对于“学史明理”的丰富内涵非常了解。

多数学生受关心党和国家大事、提高政治素养、个人兴趣爱好、考试需要等因素的驱动，平时会积极主动学习党史。学生学习党史大多是通过党史相关课程、会议、讲座以及电视网络报刊影片等。超过半数的学生希望可以通过学习思想政治教育课了解党史。

改革开放和社会主义现代化建设新时期的党史对学生的吸引力最强，但总体而言，学生对于中国共产党四个历史时期感兴趣程度较为平均。多数学生希望可以学习了解党史中的伟人事迹和历史成就及经验。超过70%的学生希望从文化、社会生活的维度了解党史。

第三部分：

22. 您认为党史与马克思主义基本原理具有内在契合度吗？［单选题］

选项	小计	比例
A. 有，中国共产党的百年奋斗史就是马克思主义中国化的历史	363	83.07%
B. 有一些契合的地方	67	15.33%
C. 没有	1	0.23%

续表

选项	小计	比例
D. 不太清楚	6	1.37%
本题有效填写人次	437	

23. 材料：1934 年 11 月上旬，突破国民党军第二道封锁线后，中央红军在汝城县境内进行了长征半个月以来首次较长时间的休整。红军纪律严明，战士们睡在屋檐下、空地里，不仅没有动村民的东西，还帮助村民打扫卫生、挑水等。

心疼这些战士，30 多岁的村民徐解秀拉了 3 位女红军住到自己家里。腾出自家那张宽 1.2 米的木床，垫上稻草，床边架上一条搭脚的长板凳，徐解秀带着 1 岁的儿子加上女红军们，就这样挤到了一张床上。看到简陋的床铺上仅有一件蓑衣和一条烂棉絮，女红军便拿出她们唯一的一条行军被，和徐解秀母子一起横着盖。

临走时，怕徐解秀母子寒冬难熬，3 位女红军执意把被子留给她，但徐解秀坚决不同意。推来推去僵持不下，一位女红军索性找来剪刀，把被子剪成两半，留下半条给徐解秀，还留下两句话：“红军是共产党领导的人民军队，打敌人是为了老百姓能过上好生活。等革命胜利了，我们还会回来看您的，送您一床新被子。”抱着半条被子，徐解秀含着泪，送了女红军一程又一程。

江山就是人民、人民就是江山，打江山、守江山，守的是人民的心。在庆祝中国共产党成立 100 周年大会上，习近平总书记强调以史为鉴、开创未来，必须团结带领中国人民不断为美好生活而奋斗。正是因为始终把人民作为“源”和“本”，深深植根于人民之中，我们党才能历经挫折而不断奋起、历尽磨难而淬火成钢，才能让百年前驶入惊涛的小小红船化作今天破浪而出的巍巍巨轮。

请问以上材料体现了哪些马克思主义基本原理？　[多选题]

选项	小计	比例
A. 人民群众是历史的创造者	411	94.05%
B. 一切从实际出发，实事求是	212	48.51%
C. 认识的本质及其发展规律	184	42.11%
D. 价值观与核心价值观	311	71.17%
E. 无产阶级政党的群众路线	396	90.62%
F. 其他（请说明）	0	0%
本题有效填写人次	437	

24. 您对“党史融入马克思主义基本原理”教学实践的态度是？［单选题］

选项	小计	比例
A. 支持	419	95.88%
B. 不支持	2	0.46%
C. 无所谓	16	3.66%
本题有效填写人次	437	

25. 您认为“党史融入马克思主义基本原理”教学实践对学生理解和运用马克思主义基本原理有帮助吗？［单选题］

选项	小计	比例
A. 非常有帮助	255	58.35%
B. 有一定帮助	176	40.27%
C. 没有帮助	2	0.46%
D. 不太了解	4	0.92%
本题有效填写人次	437	

26. 您认为“马克思主义基本原理”课程的理论学习对您理解党的历史、政策等有帮助吗？　[单选题]

选项	小计	比例
A. 很有帮助	260	59.5%
B. 有一定帮助	168	38.44%
C. 不太了解	7	1.6%
D. 没有帮助	2	0.46%
本题有效填写人次	437	

27. 您更偏向于哪种“党史融入马克思主义基本原理”教学实践的具体方式？　[多选题]

选项	小计	比例
A. 教师在授课过程中，结合党史故事讲解马克思主义基本原理	385	88.1%
B. 将主动权交给学生，以学生为主的研究性学习	227	51.95%
C. 创新教学载体，利用新媒体技术	291	66.59%
D. 在考试题目设计中体现党史融入马克思主义基本原理	102	23.34%
E. 课堂互动中，多涉及党史与马克思主义基本原理的融合话题	259	59.27%
F. 其他（请说明）	0	0%
本题有效填写人次	437	

28. 在“党史融入‘马克思主义基本原理’”教学实践中，您认为学生进行相关内容的课堂展示有哪些意义？ ［多选题］

选项	小计	比例
A. 丰富党史知识	376	86.04%
B. 理解马克思主义基本原理	348	79.63%
C. 活跃课堂气氛，提升课堂参与度	333	76.2%
D. 提升个人综合素质（例如，团队协作能力、PPT 制作能力、视频拍摄剪辑能力等）	330	75.51%
E. 展现自我，学习他人，共同进步	289	66.13%
F. 其他（请说明）	1	0.23%
本题有效填写人次	437	

29. 您认为“党史融入马克思主义基本原理的”教学实践有哪些意义？ ［多选题］

选项	小计	比例
A. 丰富课堂教学内容	405	92.68%
B. 降低理论理解难度	297	67.96%
C. 提高党史认识高度	362	82.84%
D. 增加党史知识储备	343	78.49%
E. 树立正确的历史意识，抵制历史虚无主义	342	78.26%
F. 其他（请说明）	0	0%
本题有效填写人次	437	

通过以上题目可以了解学生对党史融入“马克思主义基本原理”课程的态度看法、倾向的融入方式，运用党史资源立德树人的作

用，进一步明确党史融入“马克思主义基本原理”课程的可行性。从22—29题的调查结果发现，80%以上的学生认为党史与马克思主义基本原理具有内在契合度，坚持中国共产党的百年奋斗史就是马克思主义中国化的历史。

多数学生支持将党史融入“马克思主义基本原理”课程，并认为该教学改革对于理解和运用马克思主义基本原理、理解党的历史和政策均有很大帮助。此举可以丰富课堂教学内容、降低理论理解难度、提高党史认识高度、增加党史知识储备、树立正确的历史意识，抵制历史虚无主义。

在推进党史融入“马克思主义基本原理”课程的实践方面，多数学生倾向于教师在授课过程中，结合党史故事讲解马克思主义基本原理；创新教学载体，利用新媒体技术；课堂互动中，多涉及党史与马克思主义基本原理的融合话题；将主动权交给学生，进行以学生为主的研究性学习。除此之外，70%以上的学生认为在党史融入“马克思主义基本原理”教学实践中，课堂展示这一形式有利于丰富党史知识；帮助理解马克思主义基本原理；活跃课堂气氛，提升课堂参与度；提升个人综合素质（例如，团队协作能力、PPT制作能力、视频拍摄剪辑能力等）。

小结：

第一，通过了解学生对党史的学习态度、把握程度、兴趣点以及倾向的党史学习方式，进一步明确了党史学习的重要性和将党史融入“马克思主义基本原理”课程的必要性。大学生是未来中国特色社会主义建设事业的宝贵人力资源和主力军，关系着党、国家和民族的未来。青年大学生处于世界观、人生观、价值观形塑的关键期，学好党史有助于帮助广大青年大学生正确认识世界，扎根中国大地了解国情民情，厚植爱国主义情怀，培养艰苦奋斗、干事创业的精气神，坚定投身中国特色社会主义现代化建设事业的信心。

第二，通过了解学生对“马克思主义基本原理”课程的态度和看法以及“马克思主义基本原理”课程存在的问题，进一步明确了“马克思主义基本原理”课程教学需要持续创新和改革。夯实思政课铸魂育人主阵地的灵魂和根基，进一步明确对“马克思主义基本原理”课程进行改进的必要性。思政课是落实立德树人根本任务的关键课程，要成为社会主义建设者和接班人，必须树立正确的世界观、人生观、价值观、历史观，把实现个人价值同党和国家前途命运紧紧联系在一起。要增强思政课的思想性、理论性和亲和力、针对性，就要推动思想政治理论课改革创新，为思政课注入活力。

第三，通过了解学生对党史融入“马克思主义基本原理”课程的态度看法、倾向的融入方式，运用党史资源立德树人的作用，进一步明确了党史融入“马克思主义基本原理”课程的可行性、可操作性。党史融入“马克思主义基本原理”课程意义重大，是对思政课改革创新号召的响应，体现了价值性和知识性、灌输性和启发性的统一。此举实现了原理与党史内容、案例的有机结合，能够推动解决“马克思主义基本原理”课程教学的抽象化等问题，使马克思主义基本原理的讲解更加生动具象，对学生富有感染力、吸引力，使党史学习更具理论深度和哲学高度，实现党史与“马克思主义基本原理”课程的同向同行。

（三）案例撰写情况分析

第一，从学生案例撰写的数量和质量来看，学生对于党史融入“马克思主义基本原理”课程认同度高，兴趣积极，整体学习效果良好。从学生案例撰写的数量来看，结课后老师和助教共收到400余份案例，并且均按时完成。从学生案例撰写的内容来看，在撰写案例时，党史选择上能够有比较规范的出处，整体逻辑比较清晰、视野比较开阔，有一定的学术规范性，并且每个专业的学生在理解马克思主义基本原理时都会凸显自己所学专业的特点。

第二，从学生案例撰写的原理、党史选择偏好来看，学生对于新民主主义时期的党史了解较多，对于原理中马克思主义哲学部分的掌握程度较高。从党史选择偏好来看，学生选择的党史以新民主主义革命时期的历史为主，多数学生选择五四运动、遵义会议、中共六大、“农村包围城市”革命道路等作为党史融入“马克思主义基本原理”课程的党史内容。从马克思主义基本原理的选择偏好来看，多数学生以马克思主义哲学为主展开对于案例的思考。多数学生围绕马克思主义辩证法和历史唯物主义展开党史融入“马克思主义基本原理”课程的具体论述。

（四）当前项目开展的优点与改进方向

1. 优点

本教学改革项目是构建党史融入“马克思主义基本原理”课程教学体系的初步探索，有利于将党史的具体内容与马克思主义基本原理相融合，激发马克思主义基本原理的理论活力与现实张力，创新教学方法和教学载体，进而创新“马克思主义基本原理”课程教学体系。从课程开展效果和学生反馈来看，此次教学改革基本实现了党史与“马克思主义基本原理”课程的同向同行，可以为高校思政课教师尤其是从事“马克思主义基本原理”课程教学的教师提供教学参考。其中，有一些具体做法经实践检验可被推广实施。比如，使用云班课统计课堂教学效果；组织学生进行党史融入“马克思主义基本原理”课堂展示以提高学生自主学习能力；依据学生平时课堂表现，有针对性设计问卷并收集学生意见反馈；以党史融入“马克思主义基本原理”课程为主题布置课程作业，提高学生的参与度。

2. 改进方向

通过收集学生意见反馈，了解到在党史融入“马克思主义基本原理”课程的具体实施过程中，可以从以下几方面继续改进：丰富党史融入“马克思主义基本原理”课程的形式，不局限于课堂展示；以更加有趣的方式学习党史，例如，参观革命纪念博物馆，阅读《毛泽东选集》等相关书籍；举行读书分享会，观看党史影视类作品等；对学生提供更多党史和马克思主义基本原理的学习指导，例如，每节课结束后向学生推荐与本课程相关的资料进行阅读；更多结合身边的故事、伟人实际，引起学生的共鸣，增添趣味性和真实性；进一步提高学生的参与度和课堂活跃度；实现党史与马克思主义基本原理的多维度结合；学生对马克思主义基本原理知识点的掌握还需要进一步加强；学生们对党史的了解，需要进一步加深等。

四、研究结论

（一）党史与马克思主义基本原理课程具有深刻的内在契合性

马克思主义基本原理与党史是普遍与特殊、抽象与具体的关系。理论是在现实实践中形成发展起来的，马克思主义理论形成于人类历史发展进程，又发展于中国共产党百年奋斗史。回顾中国共产党的百年历史，处处体现着马克思主义基本原理的思想内涵。也正是在中国共产党的实践探索中，马克思主义基本原理同中国革命、建设和改革的实践结合起来，同中国的优秀历史传统和优秀文化结合起来，实现了马克思主义中国化，实现了自身的发展进步。同时，中国共产党也通过运用马克思主义基本原理指导实践，将自己的历史经验上升到科学、先进的理论高度。

党史融入“马克思主义基本原理”课程能够提升教学效果，实现教学目标。目前，“马克思主义基本原理”课程存在知识理解难度大、教学方法单一等问题。党史融入“马克思主义基本原理”课程是有效解决这些问题的方法之一。

相比于马克思主义基本原理的抽象性，党史具有丰富性、过程性。党史融入“马克思主义基本原理”课程能够丰富教学内容，拓展教学方法，增加教学载体，提高学生兴趣，保证课堂教学效果。党史融入“马克思主义基本原理”课程有助于降低学生对于马克思主义基本原理、马克思主义基本原理之间的联系和转化的把握与理解难度。“马克思主义基本原理”课程的教学目标是让大学生了解、认同、信仰马克思主义。党史深刻体现了马克思主义基本原理的科学性、真理性，党的百年奋斗通过实践检验了马克思主义基本原理。党史融入“马克思主义基本原理”课程可以促进大学生对马克思主义的深刻理解，牢固树立马克思主义信仰。此外，面临以历史虚无主义为代表的错误思潮的侵袭，党史融入“马克思主义基本原理”课程可以推动大学生用历史唯物主义的眼光看待党史，树立科学的历史观、国家观、民族观，抵御历史虚无主义和民族虚无主义等错误思潮。

（二）党史融入马克思主义基本原理课程具有较强的可操作性

党史融入“马克思主义基本原理”课程可操作性强，主要体现在以下几方面。

第一，教师结合党史故事讲授马克思主义基本原理。教师在备课时针对具体的马克思主义基本原理，选取恰当的党史故事，以生动、平实的语言阐明党史故事中如何体现了马克思主义基本原理。课上，教师在讲解马克思主义基本原理时，结合具体的党史故事阐释抽象理论，实现学生对马克思主义基本原理的理解，从而达到了解、认同、信仰马克思主义的目标。

第二，马克思主义学院硕士研究生进行党史融入“马克思主义基本原理”课程课堂展示示范。为了激发学生学习党史的积极性，使学生加快适应党史融入“马克思主义基本原理”课程的教学实践，为学生提供课堂展示样本。

第三，学生填写党史融入“马克思主义基本原理”课程研究调查问卷。课题组在授课前完成问卷初步设计，并在前期授课过程中结合教学效果和学生的意见反馈完善问卷，最终以问卷星的方式发放问卷，以期全面了解马克思主义基本原理教学的现实问题以及党史针对性融入“马克思主义基本原理”课程的具体问题，明晰党史的重要性和党史融入“马克思主义基本原理”课程的必要性。

第四，学生进行党史融入“马克思主义基本原理”课程课堂展示。教师组织学生以小组为单位选择党史融入“马克思主义基本原理”课程课堂展示主题，并在课堂上进行汇报展示，实现了学习贯彻党的创新理论同学习马克思主义基本原理的贯通。

第五，学生进行案例撰写。学生在党史融入“马克思主义基本原理”课程课堂展示的基础上进行案例撰写，形成文字稿。课题组对学生的文字稿进行认真批阅，以此评判教学改革的效果。

（三）党史融入“马克思主义基本原理”课程体现了政治性与学理性的统一

党史融入“马克思主义基本原理”课程能够以党史实现原理的具体性、以原理论证党史的科学性。将党史的具体内容与马克思主义基本原理相融合，能够使马克思主义基本原理的讲解更加生动具象，富有感染力、吸引力，使党史更具有理论深度和哲学高度，让党史和“马克思主义基本原理”课程在紧密互动中实现互补和发展。

在全党开展党史学习教育是一项重大战略决策，具有重大意义。在全党开展党史学习教育，是党中央立足党的百年历史新起点、统筹中华民族伟大复兴战略全局和世界百年未有之大变局、为动员全党全国满怀信心投身全面建设社会主义现代化国家而作出的重大决策，是牢记初心使命、推进中华民族伟大复兴历史伟业的必然要求，是坚定信仰信念、在新时代坚持和发展中国特色社会主义的必然要求，是推进党的自我革命、永葆党的生机活力的必然要求。

作为青年一代，大学生更需要接受党史学习教育，青年一代有理想、有担当，国家就有前途，民族就有希望，实现我们的发展目标就有源源不断的强大力量。同时，考虑到青少年阶段是人生的“拔节孕穗期”，这一时期青少年心智逐渐健全，思维进入最活跃状态，最需要精心引导和栽培，办好包含马克思主义基本原理课程在内的思想政治理论课具有重要意义，有助于引导学生增强中国特色社会主义道路自信、理论自信、制度自信、文化自信，厚植爱国主义情怀，把爱国情、强国志、报国行自觉融入坚持和发展中国特色社会主义事业、建设社会主义现代化强国、实现中华民族伟大复兴的奋斗之中。党史融入“马克思主义基本原理”课程有助于学生在“马克思主义基本原理”课程中学习党史，在了解党史过程中领悟马克思主义基本原理，响应了在思政课中加强以党史教育为重点的“四史”教育的要求，体现了“坚持唯物史观和正确党史观”的教学追求。

（四）党史融入“马克思主义基本原理”课程是高校思政课与其他课程发挥融入式、嵌入式、渗入式的立德树人协同效应的重要内容

学校思想政治工作不是单纯一条线的工作，而应该是全方位的。要完善课程体系，解决好各类课程和思政课相互配合的问题，鼓励教学名师到思政课堂上讲课，解决好推动其他教职员工和思政课教师相辅相成的问题，推动思想政治工作贯通人才培养体系，发挥融入式、嵌入式、渗入式的立德树人协同效应。党史融入“马克思主

义基本原理”课程，能够推动解决“马克思主义基本原理”课程教学抽象化、学生理解难度高等方面的问题，以融入式、嵌入式、渗入式方法增强“马克思主义基本原理”课程与其他课程立德树人的协同效应，以主渠道和分渠道的整合帮助大学生树立正确的世界观、人生观、价值观。党史融入“马克思主义基本原理”课程，能够帮助学生在准确理解马克思主义基本原理的同时，正确认识党史；在了解具体的党史故事的过程中，把握抽象的马克思主义基本原理。党史融入“马克思主义基本原理”课程实现了教学体系的创新完善，是对原教学体系的内涵拓展和优化升级，在教学目标、教学内容和教学方法上体现出了科学性，实现了教学内容在广度和深度上的合理拓展，丰富了学生的课堂体验，高度发挥了党史中红色精神的价值引领作用，充分增加了“马克思主义基本原理”课程的价值内涵。党史融入“马克思主义基本原理”课程能够落实立德树人根本任务，发挥融入式、嵌入式、渗透式的立德树人协同效应，综合运用课上、课下两个场合，传统授课和学生展示双重方式，问卷、视频、PPT 等多种载体来展开教学，做好思想政治工作，在带动所有教职员工和学生共同做好思想政治工作方面发挥重要作用。

未来，可以紧密结合武汉红色资源优势和学校教师教育办学特色，开设特色思政课程，形成必修课加选修课、常规课程与特色课程协同联动的课程体系；在课下充分挖掘并用活武汉独有的红色资源，组织学生前往思政课实践教学基地，探寻中央农民运动讲习所、中共五大开幕式旧址、武昌起义门旧址馆、八七会议会址等红色遗存。除了关注校内学生的教育，在学校外也发挥示范带动作用，例如，借助线上学习平台、新媒体平台、现代化科技，开设线上课程、开展品牌活动、发展教学项目。

附录二　党史融入“马克思主义基本原理”课程项目研究调查问卷

亲爱的同学：

您好！为了帮助老师进行2021年“马克思主义基本原理”课程教学改革，我们开展此次调查，调查结果仅用于研究和改进“马克思主义基本原理”课程教学工作。

填写问卷将花费大约8分钟的时间，并不会泄露您的个人隐私，请放心填写。

由衷地感谢您的支持和配合！也祝愿您一切顺心如意！

1. 您的姓名是［填空题］*

____

2. 您的学号是［填空题］*

____

3. 您的学院是［填空题］*

____

4. 您的专业是［填空题］*

____

5. 您的“马克思主义基本原理”课程任课教师

是［填空题］ *

____

6. 您的政治面貌是［单选题］ *

A. 中共党员

B. 中共预备党员

C. 共青团员

D. 民主党派成员

E. 群众

7. 您对“马克思主义基本原理”课程的印象是：［单选题］ *

A. 比较抽象、枯燥

B. 比较生动、有趣

C. 介于 A、B 之间

D. 无突出印象

8. 您认为您在理解马克思主义基本原理方面是否有困难？［单选题］ *

A. 没有困难，很好理解

B. 较为困难

C. 非常困难

9. 您希望“马克思主义基本原理”课程对自己产生哪些影响？［多选题］ *

A. 帮助建立正确的三观

B. 拓展知识面

C. 获得学分

D. 实现对马克思主义的了解、认同、信仰

E. 帮助自己建立正确的历史观

F. 学习马克思主义的方法论

G. 其他（请说明）____________ *

10. 习近平总书记在党史学习教育动员大会上提出，“全党同志要做到学史明理、学史增信、学史崇德、学史力行”。在这四个目标中，明理是基础。请问您是否了解并清晰“学史明理”的内涵？［单选题］ *

A. 非常了解

B. 比较了解

C. 了解一点

D. 不了解

11. 您认为“学史明理”的“理”指的是什么？［多选题］ *

A. 中国共产党为什么“能”的基本道理

B. 马克思主义为什么“行”的基本道理

C. 中国特色社会主义为什么“好”的基本道理

D. 其他（请说明）____________ *

12. 您会主动去了解党史吗？［单选题］ *

A. 会

B. 不会

13. 您会为了什么去了解党史？［多选题］ *

A. 关心党和国家大事

B. 提高政治素养

C. 个人兴趣爱好

D. 考试需要

E. 学校强制要求

F. 其他（请说明）____________ *

14. 您学习党史的心态？［单选题］ *

A. 积极主动，要求进步

B. 主动性一般，听从学校安排

C. 看别人学，也跟着学

D. 被迫学习

E. 其他（请说明）____________

15. 您平时是通过何种途径学习党史的？［多选题］ *

A. 党史相关课程、会议、讲座

B. 电视网络报刊影片

C. 阅读专业学术杂志

D. 入党积极分子培训等党课

E. 参观革命基地或纪念馆

F. 其他（请说明）____________ *

16. 您所在的学校有没有开展党史教育活动？［单选题］ *

A. 经常

B. 偶尔

C. 无

17. 如果能自主选择，您愿意以何种方式学习党史？［多选题］ *

A. 学习思想政治教育课

B. 电视网络报刊

C. 书籍杂志

D. 入党积极分子培训等党课

E. 影视作品

F. 参观革命基地或纪念馆等实践活动

G. 其他（请说明）____________ *

18. 您认为学好党史有哪些作用？［多选题］ *

A. 铭记历史，缅怀先烈

B. 汲取经验，吸取教训

C. 增强道路自信、理论自信、制度自信、文化自信

D. 强化爱国情、强国志、报国行

E. 其他（请说明）____________

19. 您对哪个阶段的党史感兴趣？[多选题] *

A. 新民主主义革命时期

B. 社会主义革命和建设时期

C. 改革开放和社会主义现代化建设新时期

D. 中国特色社会主义新时代

20. 您对党史的哪些内容比较感兴趣？[多选题] *

A. 伟人事迹

B. 革命遗址、纪念馆等物质载体

C. 重要会议

D. 精神谱系

E. 历史成就及经验

F. 其他（请说明）____________ *

21. 您对党史的哪些维度比较感兴趣？[多选题] *

A. 经济

B. 政治

C. 文化

D. 社会生活

E. 生态

F. 军事

G. 外交

H. 其他（请说明）____________ *

22. 您认为党史与马克思主义基本原理具有内在契合度吗？[单

选题] *

A. 有，中国共产党的百年奋斗史就是马克思主义中国化的历史

B. 有一些契合的地方

C. 没有

D. 不太清楚

23. 材料：1934 年 11 月上旬，突破国民党军第二道封锁线后，中央红军在汝城县境内进行了长征半个月来首次较长时间的休整。红军纪律严明，战士们睡在屋檐下、空地里，不仅没有动村民的东西，还帮助村民打扫卫生、挑水等。

心疼这些战士，30 多岁的村民徐解秀拉了 3 位女红军住到自己家里。腾出自家那张宽 1.2 米的木床，垫上稻草，床边架上一条搭脚的长板凳，徐解秀带着 1 岁的儿子加上女红军们，就这样挤到了一张床上。看到简陋的床铺上仅有一件蓑衣和一条烂棉絮，女红军便拿出她们唯一的一条行军被，和徐解秀母子一起横盖着。

临走时，怕徐解秀母子寒冬难熬，3 位女红军执意把被子留给她，但徐解秀坚决不同意。推来推去僵持不下，一位女红军索性找来剪刀，把被子剪成两半，留下半条给徐解秀，还留下两句话：“红军是共产党领导的人民军队，打敌人是为了老百姓能过上好生活。等革命胜利了，我们还会回来看您的，送您一床新被子。”抱着半条被子，徐解秀含着泪，送了女红军一程又一程。

江山就是人民、人民就是江山，打江山、守江山，守的是人民的心。在庆祝中国共产党成立 100 周年大会上，习近平总书记强调以史为鉴、开创未来，必须团结带领中国人民不断为美好生活而奋斗。正是因为始终把人民作为“源”和“本”，深深植根于人民之中，我们党才能历经挫折而不断奋起、历尽磨难而淬火成钢，才能让百年前驶入惊涛的小小红船化作今天破浪而出的巍巍巨轮。

请问以上材料体现了哪些马克思主义基本原理？［多选题］ *

A. 人民群众是历史的创造者

B. 一切从实际出发，实事求是

C. 认识的本质及其发展规律

D. 价值观与核心价值观

E. 无产阶级政党的群众路线

F. 其他（请说明）____________ *

24. 您对党史融入“马克思主义基本原理”教学实践的态度是？［单选题］ *

A. 支持

B. 不支持

C. 无所谓

25. 您认为党史融入“马克思主义基本原理”教学实践对学生理解和运用马克思主义基本原理有帮助吗？［单选题］ *

A. 非常有帮助

B. 有一定帮助

C. 没有帮助

D. 不太了解

26. 您认为“马克思主义基本原理”课程的理论学习对您理解党的历史、政策等有帮助吗？［单选题］ *

A. 很有帮助

B. 有一定帮助

C. 不太了解

D. 没有帮助

27. 您更偏向于哪种党史融入“马克思主义基本原理”教学实践的具体方式？［多选题］ *

A. 教师在授课过程中，结合党史故事讲解马克思主义基本原理

B. 将主动权交给学生，以学生为主的研究性学习

C. 创新教学载体，利用新媒体技术

D. 在考试题目设计中体现党史融入马克思主义基本原理

E. 课堂互动中，多涉及党史与马克思主义基本原理的融合话题

F. 其他（请说明）＿＿＿＿＿＿ *

28. 在党史融入“马克思主义基本原理”教学实践中，您认为学生进行相关内容的课堂展示有哪些意义？［多选题］ *

A. 丰富党史知识

B. 理解马克思主义基本原理

C. 活跃课堂气氛，提升课堂参与度

D. 提升个人综合素质（例如，团队协作能力、PPT 制作能力、视频拍摄剪辑能力等）

E. 展现自我，学习他人，共同进步

F. 其他（请说明）＿＿＿＿＿＿ *

29. 您认为党史融入“马克思主义基本原理”教学实践有哪些意义？［多选题］ *

A. 丰富课堂教学内容

B. 降低理论理解难度

C. 提高党史认识高度

D. 增加党史知识储备

E. 树立正确的历史意识，抵制历史虚无主义

F. 其他（请说明）＿＿＿＿＿＿ *

30. 您对党史融入“马克思主义基本原理”教学实践有何建议？［填空题］ *

＿＿＿＿＿＿＿＿＿＿＿＿＿＿＿＿＿＿＿＿＿＿＿＿＿＿＿＿＿＿

附录三　课题已发表的论文

党史融入“马克思主义基本原理”课程教学刍议*

董　慧　王绪念

摘要：中国共产党的百年光辉历史是最生动、最有说服力的教科书，是马克思主义基本原理课更好发挥立德树人作用的最好营养剂。将马克思主义理论教育与党史教育相结合是马克思主义理论本身的内在要求，是中国共产党进行思想政治教育工作的优良传统，是深化“马克思主义基本原理”课教学改革创新的必要举措，是应对历史虚无主义挑战的现实指向。要激发“马克思主义基本原理”课教学的理论活力与现实张力，必须挖掘党史中蕴含的思想政治教育资源，在将党史融入“马克思主义基本原理”课教学的实践中实现二者的同向同行。证明党史融入“马克思主义基本原理”课教学的合法性和合理性，可从党史

---

* 原文发表于《学校党建与思想教育》2022 年第 5 期。本文系华中科技大学 2021 年教学研究项目“党史融入‘马克思主义基本原理’课程研究”（2021044）、2021 年度教育部哲学社会科学研究重大课题攻关项目“中国共产党领导下中国现代化道路探索历程与经验研究”（项目批准号：21JZD006）的阶段性成果。

与马克思主义基本原理在基本立场、基本观点、基本方法的内在契合中阐释此举何以可能；需从优化课程教学理念、丰富课程教学内容、创新课程教学方法、强化课程教师队伍、完善课程教学资源的实践进路中探究此举何以可行。

关键词：党史　马克思主义基本原理课　融入　教学

中共中央办公厅、国务院、教育部等部门多次印发相关文件，明确指出要调整创新思想政治理论课（以下简称“思政课”）课程体系。2021年4月，教育部办公厅印发的《关于在思政课中加强以党史教育为重点的“四史”教育的通知》强调，有条件的高校要开设以党史教育为重点的“四史”思政课程。习近平总书记对思政课高度重视，多次强调思政课在落实立德树人根本任务上的关键作用，明确指出要从世界百年未有之大变局以及党和国家事业发展全局的高度来看待思政课，扎实推动思政课改革创新，挖掘其他课程和教学方式中蕴含的思想政治教育资源，不断增强思政课的思想性、理论性和亲和力、针对性。在省部级主要领导干部学习贯彻党的十九届六中全会精神专题研讨班开班式上，习近平总书记进一步强调要用好学校思政课渠道，推动党史更好进教材、进课堂、进头脑。这一思想丰富了党的教育方针的科学内涵与基本内容，为新时代思政课改革创新、贯通理论武装与党史学习提供了实践启示与基本遵循。

随着思政课改革创新工作持续推进，党史学习教育有效开展，在中国共产党成立一百周年的关键节点，学界对于以党史为重点的“四史”融入思政课的关注度持续上升，相关讨论层出不穷。现有研究主要围绕“四史”或党史融入思政课的意义和路径等，为本文奠定了理论基础和策略启示，但仍存在理论研究欠缺和实践探索不足的问题，尤其缺乏直接探讨党史融入“原理”课教学的深入研究，对党史和“原理”课的整体把握及对二者契合性的深度挖掘尚属空白。综上，探索党史融入“原理”课教学实践，是落实中共中央决策部署、推动实现“发挥融入式、嵌入式、渗入式的立德树人协同效应”的重大理论课题和实践课题。立足党的百年历史新起点，探讨党史融入“原理”课教学何以必要、何以可能、何以可行，是夯实思政课铸魂育人主阵地根基，推进“原理”课“因事而化、因时而进、因势而新”的必由之路。

一、必要性：党史融入“原理”课教学的多重缘由

“原理”课主要讲授和传播马克思主义世界观与方法论的基本原理和主要观点，是其他思政课的理论基础和方法依据。作为全国高校思政课的主干课程之一，“原理”课与其他思政课共同担负着立德树人的根本任务。将马克思主义理论教育与党史教育相结合有其现实必要性，它是马克思主义理论的内在要求，是中国共产党进行思想政治教育工作的优良传统，是深化“原理”课教学改革创新的必要举措，是应对历史虚无主义挑战的现实指向。

其一，将马克思主义理论教育与党史教育相结合是马克思主义理论本身的内在要求。马克思主义理论从来都不是书斋中的学问。从它的产生和发展来看，马克思主义理论正是在与工人运动相结合中，即在理论与实践的互动中才逐步发展和完善；按照其使命和作用来说，它是直接地服务于实践的科学理论。因此，理论与实践的统一是马克思主义理论的基本原则，也是马克思主义理论本身的内在要求。马克思主义理论的这一原则要求马克思主义理论教育必须在理论与实践的统一中引导学生把握马克思主义理论的真谛，即用“有的放矢的态度”对待马克思主义。这种态度要求我们不能割断历

史，要弄清楚马克思主义理论发展史，还要懂得中国的历史，尤其是中国共产党领导下推进马克思主义中国化的历史。具体来说，就是要正确处理“原理”的一般性和百年党史特殊性之间的关系，正确解释党史中所发生的实际问题，在中国的经济、政治、文化、社会、生态种种问题上给予理论说明。反之，则会犯“教哲学的不引导学生研究中国革命的逻辑，教经济学的不引导学生研究中国经济的特点……”诸如此类的错误，在学生中造成一种“反常的心理”，导致学生“对中国问题反而无兴趣，对党的指示反而不重视，他们一心向往的，就是从先生那里学来的据说是万古不变的教条。”所以，只有将马克思主义理论教育与党史教育结合起来，才能实现马克思主义理论本身的与时俱进，推进马克思主义理论在中国化的过程中落地生根，在本土化的过程中深入人心。

其二，将马克思主义理论教育与党史教育相结合是中国共产党进行思想政治教育工作的优良传统。正如邓小平强调，学习马克思主义，“必须联系中国革命的历史”，“了解党是怎样领导革命的”。中国共产党自诞生之日起，就开始着手创建自己的思想政治教育工作体系。中国共产党在百年思想政治教育工作实践中积累和总结历史经验，逐步确立了一整套进行思想政治教育工作的原则、内容、方针和制度。其中，将马克思主义理论教育与党史教育相结合是中国共产党进行思想政治教育工作的优良传统。马克思主义理论在工人和农民运动中传播初期，蔡和森与瞿秋白作为中共党史研究的开拓者，先后著书《中国共产党史的发展》（蔡和森）、《中国共产党历史概论》（瞿秋白）、《中国党史纲要大纲》（瞿秋白）等党史著作，为马克思主义理论教育奠定了历史基础。大革命时期，为适应农民运动发展需要，中国共产党有意识地在农民运动讲习所中结合党史实现马克思主义理论教育。例如，在第六届农民运动讲习所中，由恽代英讲授《中国史概要》，萧楚女讲授《中国民族革命运动史》等。后中国共产党又高度重视将学校的马克思主义理论教育与党史教育相结合，从革命时期的联共（布）党史、中国革命史、世界革命史、中共党史、社会发展史等课程到新中国成立以后的新民主主义论课程等，都体现了中国共产党结合党史教育实现马克思主义理论教育，为党育人、固本铸魂的工作要求。

其三，将马克思主义理论教育与党史教育相结合是深化“原理”课教学改革创新的必要举措。习近平总书记指出，目前思政课建设成效显著，教学方法逐步创新。但思政课建设仍然存在一些问题亟待解决。例如，提升课程教学效果，加大教学研究力度、拓展教学思路、增强各类课程同思政课建设的协同效应等。就“原理”课而言，依据教育部2005年颁布的高校思政课设置的新方案，“原理”课自2007年在全国高校正式开设，至今已15年有余。课程在实践探索中不断得到更新和发展，教学模式和方法益发注重整体性，教师队伍规模和素质也稳步提升。然而，“原理”具有内在的抽象性和思辨性，决定了该课程在教授方面与大学生主体在认知方面的困难。具体而言，一方面，“原理”课教师以理论讲授为主，单一的教学方法使得教学效果大打折扣，容易陷入灌输式困境；另一方面，原理的抽象性和思辨性导致学生普遍认为该门课程晦涩难懂，以致课程内容难以吸引学生，难以达到“入脑入心”的教育目标。因此，“原理”课面临着“向改革创新要活力”的要求，迫切需要提高课程教学的亲和力和感染力。将党史融入“原理”课教学可以使原理讲解生动具象，富有吸引力，借此也可以使党史学习更具理论深度和哲学高度，从而在党史和原理的紧密互动中实现二者的互补和发展。两者相结合，也可以体现思政课政治性和学理性的统一。此举不仅能够增强原理讲授的党性、思想性和政治性，而且能够更加明确高校思政课“为谁培养人”的指向性，体现思政课立德树人的根本目的。

其四，将马克思主义理论教育与党史教育相结合是应对历史虚无主义挑战的现实指向。在党史学习动员大会上，习近平总书记强调要“旗帜鲜明反对历史虚无主义，加强思想引导和理论辨析”。历史虚无主义并非一种学术观念或者流派，它在我国主要表现为利用大众文化的形式，以孤立、片面、曲解的方法虚化历史事实、消解民族意识、颠覆已有历史结论、诋毁中国特色社会主义道路等。从二十世纪二三十年代“全面西化”的思想浪潮到改革开放之后以“人道主义的马克思主义”“告别革命论”等思潮出现的第二轮历史虚无主义浪潮，可见它是一种呈周期性出现的政治性思潮，常出现在重要的历史转折期。因此，在国内外各领域安全形势极其复杂，意识形态斗争越发激烈的背景下，在“两个一百年”的奋斗目标交汇点，需要利用思政课主渠道的作用在教学中坚持以党的三个历史决议（指的是《关于若干历史问题的决议》《关于建国以来党的若干历史问题的决议》《中共中央关于党的百年奋斗重大成就和历史经验的决议》）为依据，引导学生在党史的主题主线、主流本质上树立清醒认知，在党史的重大事件、重要会议、重要人物上做到科学评价和正确判断。将党史融入“原理”课教学是破除历史虚无主义影响、在青年大学生中树立正确历史观的重要法宝，对当下应对错误思潮，落实思想政治工作的实效性具有重要的现实意义。此举有助于青年大学生在历史虚无主义思潮的冲击中，运用正确的历史思维，厘清党史的发展脉络，更深刻地理解我们所处的历史方位，分析现状、认清趋势、把握未来，提高历史自信和历史自觉，把握历史主动以成为能够担当民族复兴大任的时代新人。

二、可能性：党史与马克思主义基本原理之间内在契合

党史之所以能够融入“原理”课教学，一方面是由于党史学习教育和“原理”课本身的教育目的和教育目标是统一的，即立德树人；另一方面是因为党史与“原理”之间深刻的历史关联和内在契合。“原理”是对马克思主义的基本立场、基本观点和基本方法的集中概括。中国共产党的百年光辉历史就是把“原理”同中国具体实际相结合、同中华优秀传统文化相结合的历史。“原理”既形成于人类历史的滚滚长河，又发展于中国共产党百年奋斗的光辉历程之中。二者在历史、理论、实践、价值多重维度上的深层一致性，体现在具体层面就是基本立场、基本观点和基本方法的内在契合。

在基本立场上，人民至上是马克思主义的政治立场，也是中国共产党一百年来积累的宝贵历史经验。所谓立场，就是观察、思考、认识和处理问题的出发点和落脚点。马克思、恩格斯在《共产党宣言》中明确强调“共产党人不屑于隐瞒自己的观点和意图”，共产党人会旗帜鲜明地阐明他们的无产阶级立场和人民大众立场。基于人民立场在理论观点上的科学性和人类道义上的崇高性，共产党人才能够指出“无产阶级的运动是绝大多数人的、为绝大多数人谋利益的独立的运动”。一部党史就是一部相信人民、依靠人民、诚心诚意为着人民谋利益的历史。中国共产党自登上中国政治舞台的那一刻起，就始终坚持人民立场，矢志不渝为中国人民谋幸福，为中华民族谋复兴。中国共产党的建立是开天辟地的大事变，从此，中国人民开始自己掌握自己的命运，人民幸福的斗争有了主心骨和领路人。从毛泽东强调必须“全心全意地为中国人民服务”，到改革开放初期邓小平强调要将人民拥护不拥护、赞成不赞成、高兴不高兴、答应不答应作为全党想事情、做工作对不对、好不好的基本尺

度，到江泽民明确中国共产党必须始终代表最广大人民的根本利益，到胡锦涛坚持把人民的利益作为一切工作的出发点和落脚点，再到习近平指出“江山就是人民、人民就是江山，打江山、守江山，守的是人民的心”，不难看出贯穿中国共产党百年历史的主线就是“始终站在人民大众立场上”，“党的根基在人民、血脉在人民、力量在人民，人民是党执政兴国的最大底气”。

在基本观点上，一部中国共产党的历史，就是一部坚持运用并自觉发展马克思主义基本观点的历史，也是在实践中证明马克思主义基本观点的科学性和革命性的历史。所谓观点，就是人们对于事物的认识，是关于自然、社会和人类思维发展一般规律的科学看法与判断。“原理”内蕴着一系列的科学观点，是对人类思想成果和社会实践经验的科学总结。以“原理”中关于社会形态更替的一般规律及特殊形式的基本观点为例，中国共产党人团结带领中国人民“救国”“兴国”“富国”“强国”的历程充分反映了社会形态更替的统一性、必然性、前进性和多样性、历史选择性、曲折性。从马克思在《德意志意识形态》中以所有制的演进序列角度来分析社会形态的更替，到《1857~1858年经济学手稿》中马克思以人的发展角度分析社会形态的三阶段，到1859年马克思在《〈政治经济学批判〉序言》中以“亚细亚的、古代的、封建的和现代资产阶级的生产方式”作为社会形态的历史演进趋势，可以看到社会形态的更替具有统一性、必然性和前进性。马克思主义关于社会形态发展规律及其历史趋势的基本观点激励和鼓舞了一代又一代中国共产党人为共产主义事业奋斗终身、流血牺牲，在实践中建立了社会主义制度，探索出中国式现代化新道路，创造了人类文明新形态，体现了社会形态从低阶段向高阶段的发展。而马克思主义认为社会形态演进的一般规律和基本趋势并不排斥某一民族或国家社会形态更替的特殊性、历史选择性和曲折性。19世纪80年代，马克思就俄国农村公社跨越“卡夫丁峡谷”问题给查苏利奇回信，认为如果俄国革命可以成为西方无产阶级革命的信号，进而双方互相补充，那么俄国的土地公社所有制就可以成为共产主义发展的起点。这是马克思对于社会形态可能跨越式发展观点的肯定。列宁指出，历史的一般规律并不排斥特殊性，个别发展阶段在发展的形式或者顺序上的特殊性是世界历史发展的前提。社会形态更替的规律并不否定人们历史活动的能动性，更高的社会制度取代旧社会制度有时是在旧制度发展不充分的地方进行突破。中国人民选择社会主义制度，社会主义在中国焕发出强大的生机和活力是这一观点的最好例证。同时，毛泽东的新民主主义社会形态理论、邓小平的社会主义初级阶段理论，都是在马克思主义关于社会形态基本观点的指导下所进行的理论创新和实践创新。除此之外，“原理”中关于未来社会基本特征的观点与社会主义本质论，所有制观点与社会主义初级阶段基本经济制度，发展观与新发展理念，世界历史观与人类命运共同体理念等都体现了中国共产党人在历史实践中对于马克思主义基本观点的坚持和发展。

在基本方法上，中国共产党的方法就是建立在辩证唯物主义和历史唯物主义世界观、方法论基础上的思想方法和工作方法。所谓方法，就是分析、解决问题的策略、途径和方式。恩格斯指出“马克思的整个世界观不是教义，而是方法”。马克思主义的基本方法主要包括辩证分析法、矛盾分析法、历史分析法、阶级分析法、实事求是的方法、群众路线的方法等。以上方法都是中国共产党人在百年征程中武装头脑、指导实践所坚持的基本原则。以实事求是的方法为例，“实事求是”是马克思主义世界观和方法论的高度统一，也是中国共产党思想路线的核心。新民主主义革命时期，毛泽东面对中国革命中出现的错误，提出“反对本本主义”的想法，后在《实践论》《矛盾论》中揭露了教条主义的认识论根源，并在《改造我们的学习》中对“实事求是”的内涵作出科学解释，为党的实事求是思想路线奠定了理论基础。改革开放初期，邓小平支持和领导了真理标准问题大讨论，重新确立了实事求是的思想路线。其后，江泽民、胡锦涛都对实事求是的思想路线进行了新的阐释。党的十八大以来，习近平对于党的思想路线既守正又创新，指出“实事求是，集中体现了马克思主义唯物的、辩证的认识论，是我们党始终坚持的根本思想方法”。从毛泽东在革命时期确立实事求是的思想路线，到邓小平捍卫和重新恢复这条路线，再到江泽民、胡锦涛、习近平关于“实事求是”思想路线的新阐释，反映了“原理”中实事求是的方法在党史中运用和发展的过程，体现了党史与“原理”在方法上的内在契合。

三、可行性：党史融入“原理”课教学的实践进路

基于党史教育与“原理”课教学结合的逻辑契合点，可以以融入式方法增强二者立德树人的协同效应，让马克思主义的“思想闪电”在党史的触发之下射入当代大学生的思想园地。具体而言，可以在教学理念、教学内容、教学方法、教师队伍、教学资源上着力，实现党史科学、广泛、有效地融入“原理”课教学。习近平总书记指出，“要认真总结这次党史学习教育的成功经验，建立常态化、长效化制度机制，不断巩固拓展党史学习教育成果”。在“原理”课教学中也需要建立党史教育的“常态化和长效化制度机制”，通过建立深度融合的制度机制，推动党史融入“原理”课教学的规范化、体系化，借助“原理”课的主渠道让党史学习成为高校师生的共识。

第一，树立正确的党史观，优化“原理”课教学理念。在为实

现“两个一百年”奋斗目标而努力的关键时期，“原理”课的历史责任是利用主渠道作用引导学生增强“四个自信”，厚植爱国主义情怀。为此，要优化教学理念。“原理”课的教学目标不应该只局限于传播理论，还要推动大学生用历史唯物主义眼光看待党史，在“原理”课教学实践中增加“树立正确党史观”这一教学环节。具体而言，可以以“学史明理、学史增信、学史崇德、学史力行”四个目标为导向，在具体章节的“原理”课教学中帮助大学生树立正确的党史观，从而树立正确的世界观、人生观、价值观。其一，重点在“原理”课前三章，即重点讲授马克思主义哲学的教学中融入证明“中国共产党能”和“中国特色社会主义好”的史实与数据，引导学生明白“马克思主义行”的历史逻辑和现实逻辑，从而深化对于马克思主义的理论认知。其二，在第五章“资本主义的发展及其趋势”、第六章“社会主义的发展及其规律”中融入社会主义在中国焕发出强大生机活力的史实依据，善用比较法，利用史实深化中西对比，讲清社会主义代替资本主义是人类历史发展的必然趋势，增强学生担当民族复兴重任的信心、底气和定力。其三，在教学中借助“半床棉被”等党史故事和“伟大建党精神”等中国共产党人的精神谱系，为“原理”课教学注入精神力量和情感依托，强化学生情感上的共鸣，从中感悟“原理”强大的道义力量，从而锤炼学生自身的道德品质。其四，在实践论教学中引导学生体会中国共产党人知行合一的品格，重点讲清马克思主义者在“解释世界”的同时致力于“改变世界”的要求。行为是对认知的深化和拓展，在“原理”课教学中融入“学史力行”的理念，是推进学生致知笃行，自觉将爱国情、强国志、报国行融入实现中华民族伟大复兴的奋斗之中的必要之举。

第二，合理运用党史素材，丰富“原理”课教学内容。党史中蕴含着丰富的思想政治教育资源，具体包括人、物、事、魂，是丰富“原理”课教学内容的天然素材。以党史素材融入“原理”课教学的具体内容举例，可以将党的实事求是思想路线融入唯物论，将新发展理念融入马克思主义发展观，将党的指导思想融入意识形态理论，将人民主体地位和群众路线融入群众史观，将社会主义市场经济体制融入所有制理论，将党的纲领目标融入共产主义理想信念，将党领导开创的中国式现代化新道路融入社会主义发展道路的多样性等。党史融入“原理”课教学固然能够使得原理讲授更为生动、具体，但要实现两者融合的科学性，有效增强教学的感染力和理论的说服力，需以辩证的观点把握党史与“原理”之间的关系，做好内容顶层设计。具体而言，需要做到以下三点。其一，明确党史融入“原理”课教学的定位是实现以史释理，落脚点仍然是强化学生对于“原理”的认识和掌握，在教学实践中适度引用党史素材，避免重史轻理。其二，选择合适的党史素材，在保持党史素材完整性的同时避免冗长性；依据不同原理选择适配的素材，适应原理讲授的需要，尽量做到通俗易懂，引发学生共鸣。其三，明确思政课应有的政治立场，在选择党史素材时提升政治高度，把握真实性原则，选用权威机构出版发行的党史资料，从而将“原理”课打造成为合格的高校意识形态宣传主渠道。

第三，挖掘党史实践要素，创新“原理”课教学方法。“原理”课长期以单一灌输法进行教学，课堂易缺乏生机和活力。党史中蕴含着丰富的实践要素，有助于创新“原理”课的教学方法。其一，可以以革命遗址、伟人故居、烈士陵园等为物质载体开展体验式教育活动。就武汉市而言，据武汉市党史办的数据记载，武汉市在新民主主义革命时期残存的遗址共约 149 处，重要的历史机构旧址有约 32 处，历史事件的任务活动的遗址约 19 处，领导人的故居

15所，烈士的纪年墓约18处，另外还包括约30个纪念设施以及30个损毁的遗址。这些都可以成为拓宽“马克思主义基本原理”课教学的空间载体。其二，可以以党史图文、视频、音乐、漫画、话题互动等开展沉浸式原理学习。党史的生动性有助于放大“原理”课教学的“眼球效应”，令课程教学更易于被学生接受。其三，可以以学生为主体开展用党史学、思、践、悟“原理”的探究式学习，引导学生小组合作进行课堂展示。此举可以给学生自我表现的机会和空间，激发他们的学习兴趣，有利于调动学生的积极性和主动性，使得“原理”课更具平等民主性、互促互补性、全员参与性。

第四，提高教师党史知识储备，加强“原理”课教师队伍建设。理论只要说服人，就能掌握群众；而理论只要彻底，就能说服人。“原理”本身具有彻底性，但需要马克思主义传播者，即“原理”课教师将道理讲明白、说清楚，办好思政课关键在教师。这要求“原理”课教师具有历史视野，尤其是要有中国共产党一百年的奋斗史，在生动、深入、具体的纵横比较中，实现“原理”课教学的彻底性。作为教学的主导力量，教师的教学能力和水平决定了教学的成效。经师易求，人师难得，能够将“原理”和党史融会贯通进行讲授的教师更为难得。在创新教学方式的同时，讲好“原理”仍然要以讲授的方式为主，使学生在有限的教学时长内获得系统连贯的知识。为此，需要教师拥有充分的“原理”和党史知识储备。当前，“原理”课教师多以马克思主义理论为研究专长。因此，要实现党史融入“原理”课教学有人可用，需提高教师教学能力，着重增强教师党史教育意识、提高教师党史知识储备、提升教师党史教育业务能力、拓展教师知识视野和历史视野、完善激励机制以引导教师以“原理”与党史之间的结合开展学术研究与交流，实现科研成果向教学效果的转化，打造教学互动提升平台。

第五，丰富课程教学配置，整合“原理”课教学资源。要保障党史融入“原理”课教学的实际效果，必须丰富教学资源配置，即增加配套教学经费、打造平台基地、配备教学设施，尤其是在教材资源和教学数据的整合运用上着力。首先，要结合高校教学改革具体情况完成项目报告，构建可推广的教学案例集，实现以点带面的最终成效。形成如《党史融入“马克思主义基本原理”课程教学案例》相关专著，为高校思政课建设、思政课教师尤其是从事“原理”课教学的教师提供教学参考。其次，要在试点高校以学生为主体进行问卷调查，了解学生对“原理”课教学的态度和看法、“原理”课教学存在的问题，明确“原理”课教学改革的方向；把握学生对于党史的学习态度、把握程度、兴趣点以及偏好的党史学习方式、对于党史融入“原理”课教学的态度看法、倾向的融入方式，从而优化党史融入“原理”课教学的方式方法，为其他高校开展相关教学改革提供有效借鉴。

辩证理解“思政课的本质是讲道理”的科学内涵*

董　慧　王绪念

2022 年 4 月 25 日，习近平总书记考察中国人民大学并发表重要讲话，是自 2019 年主持召开学校思想政治理论课教师座谈会和 2021 年全国“两会”期间作出“大思政课”重要指示以来，又一次身体力行、高位推动思想政治理论课（以下简称“思政课”）建设的重要举措。在观摩思政课现场教学之后，习近平总书记首次明确提出思政课的本质问题，强调“思政课的本质是讲道理”①。

---

* 原文 2022 年 6 月 6 日发表于中国社会科学网。

① 习近平：《习近平在中国人民大学考察时强调 坚持党的领导传承红色基因扎根中国大地走出一条建设中国特色世界一流大学新路》，新华网，2022 年 4 月 25 日。

用“讲道理”这一生长和发根于中国传统思想文化与中国社会生活实践中的重要概念说明思政课的本质，体现了习近平总书记贯彻“两个结合”的实践自觉。以“本质”这一揭示事物的共同属性和内在规律的界定对思政课作出阐释，体现了习近平总书记对思政课的高度重视，明确了思政课教学提质增效的前进方向。本质是静态层面的规律，是事物的根本性质，是人类运用理性思维所实现的对一事物超出外在现象界的内在把握。“讲道理”言简意赅、内涵丰富，是需要深入把握的科学命题。辩证唯物主义是科学的世界观和方法论，要进一步理解这一科学命题必须揭示思政课本质的辩证内涵，用辩证思维谋划思政课高质量发展。

中华民族是极为重视“道理”及“讲道理”的民族。“道理”不同于西方传统哲学中的“真理”。“道”与“理”本属两义，大体言之，“道”乃行之而然，与人的价值选择、实践导向相联系，旨在揭示事物之“应然”及“何然”；“理”则指向事物的内在规律，旨在揭示事物之“实然”及“所以然”。“道理”作为中国日常生活实践中常用的复合词汇，既包含“道”的合目的性，又具有“理”的合规律性。与西方传统哲学分离真与善、知与行的抽象思辨不同，马克思主义哲学、中华传统优秀文化都要求在实践中实现二者的辩证统一，“道理”一词恰内在蕴含着二者的辩证统一。另一方面，“讲道理”不仅仅等同于“发现”“揭示”道理，更意味着用合乎规律、逻辑的语言和方式去“言说”“传播”道理，从而为某种价值主张作合理性辩护，以形成共识。从构成要素和表现方式的角度来理解，“讲道理”体现了“道理”的内在内容与“讲”的外在形式的辩证统一。习近平总书记对思政课的本质作出这一内涵丰富又生动朴素的中国式阐释，为深入推进思政课改革创新、着力建好立德树人关键课程明确了行动指南，要求高校在政治性和学理性、价值性和知识性、理论性和实践性、掌握道理和传播道理的辩证统一中扎实推进新时代思政课高质量发展。

“讲道理”以实现思政课的政治性和价值性为根本。“讲道理”作为一个言说、讨论和辩护的过程，其目的和归宿不仅仅是“摆出事实、陈述道理”，而是“统一思想、形成共识”，具有强烈的导向性。“为谁培养人、培养什么人、怎样培养人”始终是教育的根本问题，也是一个政治性问题和价值性问题。作为立德树人的关键课程，高校思政课肩负着“为党育人、为国育才”的重要使命，具有鲜明的意识形态属性。政治引导是思政课的基本功能，价值塑造是思政课的关键任务，高校思政课必须理直气壮地彰显思政课的政治属性和价值属性，引导学生树立正确的世界观、人生观、价值观。思政课的政治性和价值性不等同于一般的政治宣讲和简单的价值灌输，而是通过透彻的学理分析和深刻的知识讲授帮助学生厚植对中国共产党的信赖、对中国特色社会主义的信心、对马克思主义的信仰。“理论只要彻底，就能说服人”①。要保持正向的意识形态引领作用，要求思政课摆脱简单、枯燥、僵化的政治宣传和空洞、机械、乏味的价值说教，致力于寓政治引导于彻底的理论讲解之中、寓价值塑造于精深的知识传授之中，实现润物无声的教育和引导效果。

“讲道理”以提升思政课的学理性和知识性为关键。“道理”虽不等同于“真理”，但是内在隐含着真理性的规定。在中国的传统语境中，通常说“摆事实，讲道理”。“摆事实”是“讲道理”的关键前提。这里的“事实”指的是符合实际的真理性观念。就思政课而言，“摆事实”就是要阐明马克思主义科学的理论体系，即关于自然、社会和人类思维的内在本质和一般规律；而“讲道理”就是要讲清中国共产党为什么能、中国特色社会主义为什么好、马克思主

① 《马克思恩格斯选集》第一卷，人民出版社2012年版，第10页。

义为什么行的深层缘由和内在根据。作为讲授马克思主义科学理论的课程，高校思政课首先以学理性分析、知识性阐释为其前提支撑。马克思主义是一个完整、系统的知识体系和理论抽象，它的诞生和发展建立在对现实问题的学理性思考之上。要真正理解马克思主义的真理性就必须正确把握马克思主义的学理性和知识性。“一个民族要想站在科学的最高峰，就一刻也不能没有理论思维。”[①] 一个思政课教师要想讲好马克思主义的科学“道理”，就一刻也不能离开理论思维。这要求思政课教师具有求真精神，加强马克思主义理论功底，扎扎实实读原著、悟原理，学深悟透党的创新理论，尤其是习近平新时代中国特色社会主义思想，讲清理论重点，破解理论难点，以透彻的学理分析回应学生，以彻底的思想理论说服学生，用真理的强大力量引导学生，用党的创新理论武装学生，推进思政课的内涵式发展。

“讲道理”以增强思政课的实践性和现实性为重点。“道理”不是西方传统真理符合论的认知关系中的对象性规定，而更多地体现于与人的实践活动相联系的实践关系中的主客体统一，即“道理”超出了纯粹的认知领域，是实践领域中的“真理”，蕴含着丰富的“实践智慧”。这也是马克思主义真理观的基本要求，“人的思维是否具有客观的真理性，这并不是一个理论的问题，而是一个实践的问题”[②]。同时，实践性也是马克思主义理论区别于其他理论最显著的特征。“思政课的本质是讲道理”体现了思政课强烈的实践性和现实性，要求思政课教师提高思政课的现实感，在理论与实践的有机统一中引导学生感悟马克思主义的道理。一方面，新时代思政课教师应该着力提高回应现实问题的实践自觉，把理论与现实问题联系

---

① 《马克思恩格斯文集》第九卷，人民出版社 2009 年版，第 437 页。
② 《马克思恩格斯选集》第一卷，人民出版社 2012 年版，第 134 页。

起来，尤其是把“世界怎么了”“人类向何处去”的时代之题和学生关心的理论热点和社会难点问题纳入思政课课堂，有针对性地为学生答疑解惑。世界是不断变化发展的，马克思主义理论教学要不断结合实际情况，才能让接受主体，即使学生感受到理论的强大力量和现实说服力。另一方面，思政课教师应科学引导学生感悟马克思主义不是“用不同的方式解释世界”而是“改变世界”的伟大实践品格，有效落实思政课实践教学的学时学分要求，用好社会大课堂，以此教育青年学生牢记身上肩负的历史使命，深入基层、服务社会、增长才干，投身于中国特色社会主义的伟大实践。

“讲道理”以遵守思政课讲授的规律性和逻辑性为保障。“讲道理”在日常语境中还意味着某个主张“讲得通”，即“讲道理”是某个观点或认知的理性表达，要求讲理主体在言说道理的过程中合乎表达的规律和逻辑。就思政课而言，“讲道理”要求思政课教师在教学过程中遵循科学的思政课教学规律和逻辑。一方面，思政课教师要在实际教学中遵守教育教学的内在规律，不仅是普遍的教育教学规律，更要把握学生的成长规律和思政课教学的特殊规律。讲道理是一门艺术，要把道理“讲深、讲透、讲活”就必须赋予思政课教学以学术价值，通过教育部的“繁荣计划”等激励措施支持思政课教师像研究理论一样研究思政课讲道理这门学问，重点研究学生的认知规律和接受特点，思政课的教学方法、教学改革、教学创新，大中小学思政课一体化建设等，确保思政课教师能够针对不同类型和专业的学生需求制定不同的教学方案。另一方面，要提高思政课教学的逻辑性就要求思政课教师的课堂表达遵循缜密的思维逻辑，在科学、清晰的讲授形式中保证“讲道理”的实际效果。其一，充分吸收、梳理、整合教材知识点，厘清知识点的内在层次，科学设计不同知识点相互联系的过渡案例，保证思政课教学内容在逻辑上形成环环相扣的效果。其二，有效落实完整的教学过程，在科学的课堂导入、知识讲授、理论归纳、作业布置中引导学生循序渐进地理解和掌握马克思主义的科学道理。